LE MONDE *diplomatique*

30 Jahre gegen den Strich

Im Mai 1995 erschien die erste deutschsprachige Ausgabe der großen Pariser Monatszeitung für internationale Politik. Wer mehr wissen will über die historischen Ursachen der aktuellen Krisen und Kriege, liest Le Monde diplomatique. Diese Zeitung hört nicht auf hinzuschauen, wenn Verbrechen gegen Mensch und Natur geschehen, deckt Interessenkonflikte auf und erweitert den Horizont!

Mehr Informationen unter:
monde-diplomatique.de/jubi-abo

Dieses Angebot gilt bis zum 2. Mai 2025.
zzgl. Versandkosten ins Ausland

taz Verlags- und Vertriebs GmbH, Friedrichstr. 21, 10969 Berlin

Autorinnen in diesem Heft

- Ben Aris ist Chefredakteur von bne/IntelliNews.
- Adel Bakawan ist der Direktor des Centre français de recherche sur l'Irak (CFRI).
- Pascal Beucker ist Redakteur bei der *taz*.
- Laurent Bonelli ist Dozent für Politikwissenschaft an der Universität Paris-Nanterre.
- Benoît Bréville ist Direktor von *Le Monde diplomatique*, Paris.
- Hernando Calvo Ospina ist Journalist.
- Bruce Cumings ist Ostasienhistoriker und lehrte an der University of Chicago.
- Katharina Döbler ist Schriftstellerin und Redakteurin bei *Le Monde diplomatique*, Berlin.
- Anna Feigenbaum ist Professorin an der Universität Bournemouth in Großbritannien.
- Anna Haifisch ist Comiczeichnerin und Illustratorin.
- Coline Houssais ist Journalistin und Spezialistin für arabische Kulturen.
- Michael T. Klare ist emeritierter Professor am Hampshire College in Amherst (Massachusetts).
- Olivier Koch ist IT-Ingenieur und Forscher an der Universität Sorbonne Paris Nord.
- Damien Lefauconnier ist Journalist.
- Philippe Leymarie ist Journalist.
- Maëlle Mariette ist Journalistin.
- Daniel Marwecki lehrt Internationale Beziehungen an der University of Hong Kong.
- Jordan Pouille ist Journalist.
- Franck Poupeau ist Soziologe.
- Driss Rejichi ist Journalist.
- Jonas Schneider ist Wissenschaftler in der Forschungsgruppe Sicherheitspolitik der Stiftung Wissenschaft und Politik (SWP) in Berlin.
- Günter Seufert ist ehemaliger Leiter des Centrums für angewandte Türkeistudien bei der SWP.
- Bruce Stanley ist Professor für Internationale Beziehungen an der Richmond American International University in London.
- Tom Stevenson ist freier Journalist.
- Johannes Streeck ist freier Journalist in den USA.
- Eva Thiébaud ist Journalistin.
- Alex de Waal ist Geschäftsführer der World Peace Foundation an der Fletcher School of Law and Diplomacy (Tufts University).

Das nächste Heft der **Edition Le Monde diplomatique** erscheint im Frühjahr 2025

Indien Die Farbe der Macht

Bestellen Sie einzelne Hefte oder gleich ein Abo auf monde-diplomatique.de

Impressum • Edition Le Monde diplomatique N° 36 • 2025

Le Monde diplomatique, Berlin

Redaktionsadresse:
Friedrichstraße 21, 10969 Berlin
T +49 (0)30 259 02-276, **F** +49 (0)30 259 02-676

monde-diplomatique.de

Redaktion und Bildredaktion: Dorothee D'Aprile (v. i. S. d. P.), Jakob Farah, Katharina Döbler, Niels Kadritzke, Anna Lerch
Korrektur: Stefan Mahlke, Franziska Özer

Umschlag: Adolf Buitenhuis
Gestaltung und Infografik: Adolf Buitenhuis

Verlagsadresse:
taz Verlags- und Vertriebs GmbH
Friedrichstraße 21, 10969 Berlin
T +49 (0)30 259 02-0

Anzeigen: Daniela Lipka, dlipka@monde-diplomatique.de
T +49 (0)30 25 902-965

Vertrieb: Ute Keilhauer, vertrieb@taz.de

Le Monde diplomatique, Paris

Redaktionsadresse:
1, avenue Stephan-Pichon, 75013 Paris
T +33 1 539 496-01, **F** +33 1 539 496-26

www.monde-diplomatique.fr

Direktor: Benoît Bréville
Berater der Direktion: Serge Halimi
Chefredakteur: Akram Belkaïd
Redaktion: Philippe Descamps, Renaud Lambert, Évelyne Pieiller, Hélène Richard, Pierre Rimbert, Anne-Cécile Robert, Grégory Rzepski, Christophe Ventura, Cécile Marin (Infografik)
Dokumentation: Olivier Pironet

Verlagsadresse:
Le Monde Publicité S. A.,
133, avenue des Champs-Élysées, 75409 Paris Cédex 08

ISSN (Print) 1864-3876 • ISBN (Print) 978-3-98682-032-9
ISSN (eBook) 2511-6819 • ISBN (eBook) 978-3-98682-033-6

taz genossenschaft

Die deutsche Ausgabe von *Le Monde diplomatique* geht auf eine Initiative der taz Genossenschaft im Jahr 1994 zurück. Mehr über die Genossenschaft erfahren Sie unter: **taz.de/genossenschaft**

Druck: Möller Pro Media, Ahrensfelde
Gedruckt auf 100 % Recyclingpapier
Printed in Germany

PRESSE & BUCH IM BAHNHOF

Erhältlich in den Bahnhofs- und Flughafenbuchhandlungen in Deutschland

Editorial

Immer mehr Waffen

Beladung eines B-1B-Bombers mit einer Luft-Boden-Rakete. Anderson Air Force Base, Guam, Mai 2020.

Von Dorothee D'Aprile, Jakob Farah und Anna Lerch

Es herrscht Krieg – in der Ukraine, im Sudan, in Gaza. Und während die Medien täglich neue Nachrichten von Tod, Vertreibung und Zerstörung liefern, wirkt der internationale Rüstungsmarkt wie elektrisiert. Denn wo geschossen wird, da braucht es Waffen.

Am 25. Februar 2022, einen Tag nachdem russische Truppen in die Ukraine einmarschiert waren, sprach der CEO des US-Rüstungskonzerns Raytheon Technologies, Greg Hayes, gegenüber der *Harvard Business Review* von den Gewinnen, die dieser Konflikt seinem Unternehmen beschert. Nach dem üblichen Hinweis, dass die Javelin- und Stinger-Raketen helfen würden, die Demokratie zu verteidigen, erklärte er: »Fakt ist, dass wir mit der Zeit einige Gewinne für unsere Geschäfte sehen werden. Dafür entschuldige ich mich nicht.«

Hayes sollte recht behalten. Die Schrecken des Kriegs in der Ukraine und anderswo sorgen für einen wahren Auftragsboom in der Rüstungsindustrie. Nach Angaben des Internationalen Friedensforschungsinstituts in Stockholm (Sipri) sind die weltweiten Rüstungsausgaben 2023 zum neunten Mal in Folge gestiegen. Mit knapp 2,5 Billionen Euro waren sie so hoch wie nie zuvor.

Unangefochten an der Spitze stehen weiterhin die USA. Ihr Verteidigungsetat umfasste im Jahr 2023 insgesamt 916 Milliarden US-Dollar, das sind 37 Prozent der weltweiten Verteidigungsausgaben. Dass Washington so viele Milliarden in die Rüstung pumpt, liegt vor allem daran, dass sich die USA auf einen hypothetischen Großkrieg mit China vorbereiten – und im Zuge dessen auch immer mehr Geld in KI-gestützte Systeme investieren.

Diese spielen auch bei Israels Vernichtungskrieg gegen die Hamas im Gazastreifen eine immer größere Rolle, wie im Frühjahr 2024 die Nachrichtenwebsites *+972* und *Local Call* enthüllten. Doch die KI unterscheidet bei Weitem nicht immer zuverlässig zwischen Kombattanten und Zivilisten, und so nimmt die israelische Armee bewusst den Tod von unbeteiligten Männern, Frauen und Kindern in Kauf.

Den zweiten Platz unter den Militärnationen nimmt nach den USA mit deutlichem Abstand China ein. Seit rund 20 Jahren unternimmt die Volksrepublik massive Rüstungsanstrengungen – was in den kontinuierlich steigenden Militärausgaben ablesbar ist – 2023 waren es 296 Milliarden Dollar. In Japan ist Ähnliches zu beobachten. Angesichts der zunehmenden Spannungen im Indopazifik hat sich die Regierung in Tokio vom historischen Verfassungspazifismus verabschiedet. Bis 2027 will das Land seinen Verteidigungsetat verdoppeln, und im Juli 2024 unterzeichnete Japan mit den Philippinen sein erstes Verteidigungsabkommen in Asien seit dem Zweiten Weltkrieg.

In Deutschland ist die »Zeitenwende« mittlerweile ein geflügeltes Wort. Für die Bundeswehr wurde kurz nach Russlands Angriff auf die Ukraine ein Sondervermögen von 100 Milliarden Euro eingerichtet. 2024 sollen sich die deutschen Rüstungsausgaben auf insgesamt 90,6 Milliarden Euro belaufen (Wehretat plus andere rüstungsrelevante Ausgaben). Mit dieser Rekordsumme wird Deutschland erstmals das umstrittene 2-Prozent-Ziel der Nato erfüllen.

Auch für den Nato-Staat Türkei bedeute »der Ukrainekrieg eine Chance für unsere Verteidigungsindustrie«, sagt der frühere Marine-Offizier und heutige Analyst Suat Delgen. Ein Exportschlager ist etwa die Drohne Bayraktar TB2, die von der Ukraine in ihrem Abwehrkampf gegen Russland eingesetzt wird. Und das türkische Unternehmen Repkon soll bis 2025 knapp 30 Prozent des US-Bedarfs an 155-mm-Artilleriegeschossen decken.

Die allgemeine Aufrüstung ist jedoch nicht nur am wachsenden Output von Panzern, Drohnen und Haubitzen abzulesen. Insbesondere im Ukrainekrieg werden auch Sprache und Geschichte als Waffen instrumentalisiert. So wird der Konflikt immer wieder mit dem Zweiten Weltkrieg verglichen – und zwar auf beiden Seiten. Während Putin den »Großen Vaterländischen Krieg« beschwört und alle seine Feinde als »Nazis« bezeichnet, wird er selbst mit Adolf Hitler verglichen, Mariupol mit Stalingrad und die Annexion der Krim mit der Annexion des Sudetenlands. Je dramatischer das Ereignis, desto wirkungsvoller die Analogie, die Empathie und Zustimmung erzeugen soll.

Auch in Deutschland sind Worte wie »Schlagkraft«, »Kriegstüchtigkeit« und »Wehrhaftigkeit« ins Alltagsvokabular zurückgekehrt. Erleben wir eine neue Militarisierung der Gesellschaft? Der Gedanke scheint nicht aus der Luft gegriffen: In Frankreich werden soziale Proteste immer häufiger durch den Einsatz von Tränengasgranaten und Gummigeschossen beendet. In den USA legen sich mittlerweile auch Frauen, Schwarze und Sozialisten privat ein Sturmgewehr zu. Und dass ein Politiker der Grünen – einst die Partei der Pazifisten – den ernstgemeinten Spitznamen »Panzer-Toni« trägt, hätte man sich vor dem 24. Februar 2022 auch nicht vorstellen können.

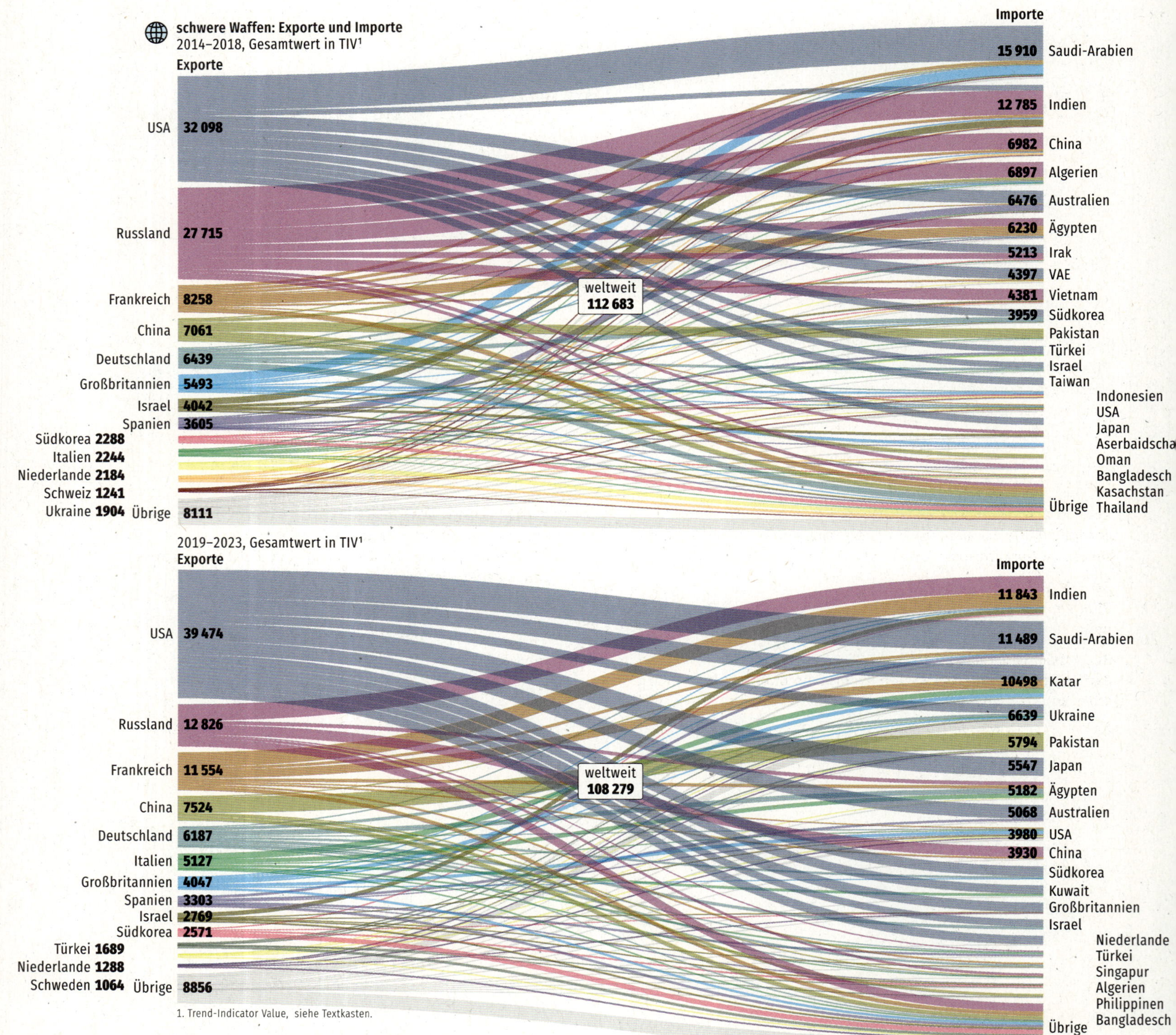

Der Handel mit schweren Waffen

Lückenhaft und widersprüchlich – so beschreibt das Stockholmer Institut für Internationale Friedensforschung (Sipri) die Quellenlage zum internationalen Handel mit schweren Waffen.[2]

Die Organisation bewertet Im- und Export dieser Waffen mit einer eigenen Maßeinheit, dem Trend-Indicator Value (Tendenz-Indikator-Wert, TIV). Der TIV ist keine wirtschaftliche Kennzahl, er kann also nicht mit Kennzahlen, wie dem Bruttoinlandsprodukt (BIP) oder den Militärausgaben eines Landes verglichen werden. Er ermöglicht aber Ländervergleiche und die Darstellung historischer Entwicklungen.

2. Flugzeuge, Hubschrauber und Drohnen; Luftverteidigungssysteme; U-Boot-Abwehrsysteme; Panzer und Panzerfahrzeuge; großkalibrige Geschütze und Geschütztürme, Marschflugkörper, Torpedos und Raketen; Schiffe; Großmotoren, Satelliten und Sensoren für den militärischen Einsatz. Quelle: Sipri, Arms Transfers Database, doi: 10.55163/SAFC1241. ■ Adolf Buitenhuis | Le Monde diplomatique, Berlin

Inhalt

FOTO UMSCHLAG
Lyssytschansk, Ukraine, Mai 2022. ■ RICK MAVE | SOPA/ZUMA PRES/PICTURE ALLIANCE

Die Welt rüstet auf

Die globalen Rüstungsausgaben haben ein nie dagewesenes Niveau erreicht

Herstellung von Artilleriegeschossen im Rheinmetall-Werk in Unterluess, Niedersachsen, Juni 2023. ULRICH BAUMGARTEN | PICTURE ALLIANCE

Von Philippe Leymarie

Im April 2024 berichtete das Internationale Friedensforschungsinstitut in Stockholm (Sipri), dass die weltweiten Rüstungsausgaben zum neunten Mal in Folge gestiegen sind.[1] Mit 2,44 Billionen Euro – das entspricht 2,3 Prozent des globalen Bruttonationaleinkommens – waren sie 2023 so hoch wie niemals zuvor. Zum ersten Mal seit 2009 war im Jahr 2023 in allen fünf Weltregionen ein Anstieg der Militärausgaben zu verzeichnen.

General Pierre Schill, Stabschef des französischen Heeres, warnt vor der »dramatischen Rückkehr großer Kriege, die wieder zu einem bevorzugten Mittel der Streitbeilegung geworden sind«.[2] In diesen Kriegen komme es zu »exzessiver Gewaltanwendung, in deren Verlauf alle moralischen und rechtlichen Grenzen gesprengt werden, während man doch glaubte, sie seien in die Geschichtsbücher verbannt«.

Die Hemmungen scheinen zu fallen seit der Annexion der ukrainischen Region Krim 2014 durch Russland und natürlich seit Beginn des russischen Angriffskriegs gegen die Ukraine im Februar 2022. Seither rüsten die Staaten auf, die Rüstungskonzerne steigern die Produktion und konkurrieren um Kunden.

Russland, das aus mehreren Abrüstungsabkommen ausgetreten ist, sieht in seinem Haushaltsplan für 2024 eine Erhöhung der Militärausgaben um 70 Prozent vor und erreicht damit wieder das Niveau der 1980er und 1990er Jahre.[3] »Alles für die Front, alles für den Sieg«, trompetete der russische Finanzminister Anton Siluanow bei der Vorstellung des Haushalts.

Die angekündigten 10,8 Billionen Rubel (109 Milliarden Euro) – 7,1 Prozent des russischen Bruttoinlandsprodukts (BIP) – sind vor allem für die Produktion von Granaten, Panzern und Drohnen vorgesehen, aber auch für die Entlohnung der Soldaten und Entschädigungen für die Familien der Gefallenen. Schätzungen zufolge hat die russische Armee 2023 mehr als 2 Millionen Granaten verschossen, doppelt so viele wie im Jahr zuvor. Die Website Oryx beziffert die Zahl der in der Ukraine beschädigten oder zerstörten russischen Militärfahrzeuge mit 10 000.

Die russischen Hersteller, die bei den globalen Waffenexporten regelmäßig auf Platz zwei hinter dem unangefochtenen Champion USA standen, lieferten bislang rund ein Fünftel der weltweit verkauften Rüstungsgüter. Der Großteil der russischen Waffenexporte ging dabei in die Märkte in Asien, Afrika und im Nahen Osten.

Da sie nun für den Krieg in der Ukraine produzieren müssen, wo es zu seit dem letzten Weltkrieg nicht mehr dagewesenen Verlusten kommt, gerieten die russischen Waffenhersteller jedoch bereits 2022 bei den Exporten ins Hintertreffen. Die russischen Waffenexporte gingen im Zeitraum 2019 bis 2023 im Vergleich zum Zeitraum 2014 bis 2018 um 53 Prozent zurück.[4]

Darüber hinaus haben westliche Sanktionen die russische Regierung am Abschluss wichtiger Lieferverträge mit den Philippinen (Hubschrauber), Indonesien (Jagdbomber) und Kuwait (Panzer) gehindert. Im Jahr 2023 betrug Russlands Anteil an den weltweiten Rüstungsexporten nur noch 11 Prozent. Damit lag das Land nur noch auf Platz drei, knapp hinter Frankreich.

Russland kann auch nicht mehr auf Aufträge der Staaten des ehemaligen Warschauer Pakts oder des Baltikums zählen, die seit 2004 Mitglieder der Nato sind. Dabei sind die Militärausgaben Litauens zwischen 2014 und 2022 um 270 Prozent gestiegen, die Lettlands um 173 Prozent, und die Verteidigungshaushalte Finnlands, Ungarns, Rumäniens, Tschechiens und der Slowakei schossen ebenfalls in die Höhe.

Polen gibt mittlerweile 4 Prozent seines BIPs für die Verteidigung aus und will die Zahl seiner Soldaten verdoppeln. Das Land kauft unter anderem Abrams-Panzer, Himars-Raketenwerfer und Apache-Hubschrauber aus den USA sowie Panzer und Haubitzen aus Südkorea, wodurch es zu einem der militärischen Schwergewichte in der Nato wird – ebenso wie Deutschland.

Die Bundesregierung hat 2022 – ebenfalls vor dem Hintergrund des russischen Angriffskriegs – ein Sondervermögen von 100 Milliarden Euro für die Modernisierung der Bundeswehr beschlossen. Die Forderungen nach einer Privilegierung europäischer Rüstungsfirmen hat sie allerdings nicht erhört: Bestellt sind ein amerikanisch-israelisches Raketenabwehrsystem und F-35-Kampfjets von Lockheed Martin, dem größten Rüstungskonzern der Welt.

Dass Frankreich auf Platz zwei in der Weltrangliste der Waffenverkäufer aufstieg, lag neben dem Einbruch der russischen Exporte auch an einem massiven Anstieg der französischen Ausfuhren, die allein im Jahr 2022 einen Wert von 27 Milliarden Euro erreichten. Dieser Rekord wurde vor allem dank des Vertrags erreicht, den Dassault in den Vereinigten Arabischen Emiraten an Land gezogen hat: Das Mehrzweckkampfflugzeug Rafale, das lange Zeit als praktisch unverkäuflich galt, ist zu einem wichtigen Posten in der französischen Exportpalette geworden.

Neben den üblichen europäischen Waffenherstellern wie Großbritannien, Deutschland, Italien und Spanien sind inzwischen auch neue Akteure auf dem Vormarsch. Insbesondere Südkorea, das bereits zu den Top Ten der Lieferländer gehört, strebt den vierten Platz hinter den USA, Frankreich und Russland an, wobei es stark vom »Ukraine-Effekt« profitiert.[5]

Japan wiederum ist die Frage der Aufrüstung zwar eher unangenehm, doch Premierminister Fumio Kishida befürchtet, dass »das, was in der Ukraine passiert, auch in Nordostasien passieren könnte«. Die Regierung macht sich Sorgen wegen der zunehmenden Spannungen zwischen China und den USA, auf deren Seite das Land seit der Kapitulation 1945 steht. Sie hat daher beschlossen, »eine neue Seite des Pazifismus aufzuschlagen«.[6] Die neue nationale Sicherheitsstrategie verweist auf die »beispiellose Herausforderung«, die Chinas Ambitionen in der Region darstellen.

Der japanische Militärhaushalt lag 2023 bei 50,2 Milliarden US-Dollar, was aber nur gut 1,2 Prozent des BIPs ausmacht. Er soll bis 2027 auf 2 Prozent steigen. Dadurch dürfte das Land nicht nur zu einem wichtigen regionalen Akteur werden, sondern auch zu einem neuen Kunden für Rüstungskonzerne. Im Januar 2024 unterzeichnete die Regierung in Tokio mit den USA einen Vertrag zum Kauf von bis zu 400 Tomahawk-Langstreckenraketen – ein Privileg, das bislang Großbritannien und Australien vorbehalten war.

In Osteuropa haben mehrere Länder, darunter auch Polen, einen Teil ihrer alten, oftmals noch sowjetischen Ausrüstung an die ukrainische Armee abgegeben. Dies gilt auch für die Slowakei, deren Rüstungsindustrie seit dem Ende des Kalten Kriegs mangels Kunden im Winterschlaf lag. Nun produziert das Land – ebenfalls eine Folge des russischen Angriffs gegen die Ukraine – Panzerhaubitzen für die Modernisierung ihrer eigenen Armee sowie für die ukrainischen Streitkräfte.

Auch Frankreich hat 2023 zwei Milliarden Euro für den Kauf von Munition ausgegeben. So will das Land seine Bestände nach größeren Lieferungen an die Ukraine wieder auffüllen. Das französische Verteidigungsbudget für 2024 beläuft sich auf 47,2 Milliarden Euro, 7,5 Prozent mehr als im Vorjahr.

Der Krieg Israels gegen Gaza nach dem Angriff der Hamas am 7. Oktober 2023 hat vor allem die Rüstungsausgaben der Netanjahu-Regierung in die Höhe getrieben. Im Jahr 2023 wuchs das israelische Militärbudget im Vergleich zum Vorjahr um 24 Prozent und erreichte 27,5 Milliarden US-Dollar. Zusätzlich zu den eigenen Rüstungsausgaben hat die israelische Regierung im Kontext des Gaza-Kriegs umfangreiche Militärhilfe aus Washington erhalten. Im April 2024 bewilligte der US-Kongress 15 Milliarden US-Dollar Militärhilfe für Israel, etwa für Panzermunition, Militärfahrzeuge und Mörsergranaten.

Die Produktion von und der Handel mit Waffen sind ein Geschäftsbereich, in dem Ethik und Moral nicht an erster Stelle stehen. So entschloss sich die US-Regierung beispielsweise im Juli 2023 zur Lieferung von Streumunition an die Ukraine. Es sei »eine sehr schwierige Entscheidung« gewesen, versicherte Präsident Biden, auch wenn es seiner Meinung nach »das Richtige« war. 120 Staaten – nicht aber die USA, Russland oder die Ukraine – haben diese Munition geächtet, die ziellos tötet und über einen längeren Zeitraum hinweg viele zivile Opfer fordert.

Einen schlagenden Beleg dafür, wie in diesem Business von hehren Prinzipien abgewichen wird, lieferte die Kyiv School of Economics (KSE) in Zusammenarbeit mit der internationalen Yermak-McFaul-Expertengruppe. In ihrem Bericht vom Januar 2024[7] legten sie dar, wie Russland die verhängten Sanktionen umgeht: In einem Großteil der russischen Waffen, sogar in ballistischen Raketen und Marschflugkörpern, stecken elektronische Bauteile aus den USA, Großbritannien, Deutschland, den Niederlanden, Japan, Israel und China. Es handelt sich um sensible Ausrüstung, die eigentlich den Sanktionen unterliegt, aber auf Umwegen mit Hilfe chinesischer Händler trotzdem erworben werden konnte.

Der weltweite Waffenmarkt, der durch die aktuellen Kriege wie elektrisiert ist, profitiert zudem von der Ausweitung auf neue Geschäftsbereiche. So werden neben Drohnen aller Art, die aus den Arsenalen schon nicht mehr wegzudenken sind, immer häufiger Satelliten für militärische Zwecke eingesetzt.

Die US-Amerikaner haben einen erheblichen Vorsprung bei deren Nutzung. Zu nennen sind auch Instrumente zur Erforschung des Meeresbodens – um diesen zu kontrollieren, zum Beispiel für Unterseekabel, oder für die künftige Ausbeutung von Rohstoffen, etwa Manganknollen.

Auch Hyperschallwaffen, für die sich immer mehr Staaten interessieren, zählen dazu. Hier liefern sich die USA und Russland einen Wettlauf. Weitere Beispiele sind Instrumente für Cyberabwehr und Cyberangriffe, für den »Informationskrieg« und zur Verteidigung von Kommunikationsnetzen. Und selbstverständlich werden ständig neue Versionen von Panzern, Jagdflugzeugen und Kampfschiffen entwickelt.

Aus dem Französischen von Nicola Liebert

1 »Trends in World Military Expenditure, 2023« Sipri, April 2024.
2 »Le retour des guerres majeurs«, B2 Le quotidien de l'Europe géopolitique, Brüssel, 13. Oktober 2023.
3 »Another Budget for a Country at War: Military Expenditure in Russia's Federal Budget for 2024 and beyond«, Sipri, Dezember 2023.
4 »Trends in International Arms Transfers, 2023« Sipri, März 2024.
5 Samuel Emch, »Südkoreanische Waffen: Panzer und Munition aus Ostasien für den Krieg in Europa«, SRF, 25. Dezember 2023.
6 Siehe Jordan Pouille, »Zeitenwende in Tokio«, *Le Monde diplomatique,* März 2023.
7 »Challenges of Export Controls Enforcement«, Kyiv School of Economics (KSE) und Yermak-McFaul International Working Group on Russian Sanctions, Januar 2024.

Erstmals erschienen in *Le Monde diplomatique* vom Januar 2024. Aktualisiert.

USA: Militärausgaben
1961–2023, in Prozent des Bruttoinlandprodukts (BIP)

9,16 · 7,59 · 8,03 · 1970 · 5,62 · 1980 · 5,15 · 6,45 · 1990 · 5,61

Der militärisch-industrielle Komplex

Abschiedsrede von US-Präsident Dwight D. Eisenhower, Washington, D.C., 17. Januar 1961.

1961, mitten im Kalten Krieg warnte der scheidende US-Präsident Dwight D. Eisenhower in seiner letzten Fernsehansprache vor einer neuen Entwicklung: »Diese Verbindung eines enormen Militärapparats und einer großen Rüstungsindustrie ist neu in der amerikanischen Geschichte. Der gesamte Einfluss – wirtschaftlich, politisch und sogar geistig – ist in jeder Stadt, in jedem Bundesstaat und in jedem Amt der Bundesregierung zu spüren. Wir erkennen die Notwendigkeit dieser Entwicklung an. Dennoch dürfen wir ihre schwerwiegenden Auswirkungen nicht verkennen.« Damit war der Begriff »militärisch-industrieller Komplex« in die Welt gesetzt.

Auch 2024 sind in den USA – und nicht nur da – die Verbindungen zwischen Militär und Rüstungsindustrie eng und ihr Einfluss auf Regierung, Verwaltung und Öffentlichkeit ist groß.

Anschaulich sind die Zahlen des US-Beamtenapparats. Die US-Bundesregierung beschäftigt etwa 3,5 Millionen Menschen – fast drei Viertel dieses Personals (Beamte des Verteidigungsministeriums, uniformiertes Militärpersonal und Angestellte in Veteranenangelegenheiten: insgesamt 72 Prozent) geht einer verteidigungsbezogenen Beschäftigung nach. Im Vergleich: Das Außenministerium stellt 1 Prozent der Bundesbediensteten und das Bundesministerium für Gesundheit und Soziales kommt auf 4 Prozent.

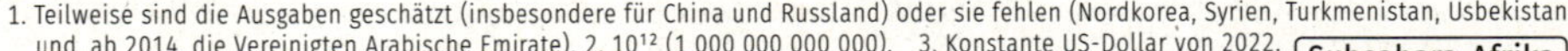

Welt: Militärausgaben[1] 1989–2023, in Billionen[2] US-Dollar[3]

1. Teilweise sind die Ausgaben geschätzt (insbesondere für China und Russland) oder sie fehlen (Nordkorea, Syrien, Turkmenistan, Usbekistan und, ab 2014, die Vereinigten Arabische Emirate). 2. 10^{12} (1 000 000 000 000). 3. Konstante US-Dollar von 2022.

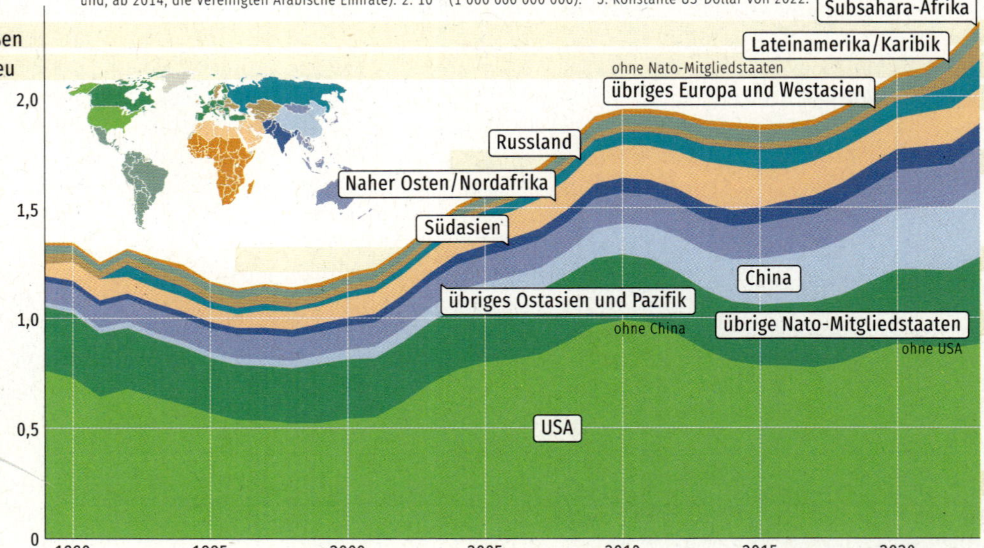

Lockheed Martin: 1994–2023
Nettoumsatz, in Mrd. US-Dollar

Nettoertrag, in Mrd. US-Dollar

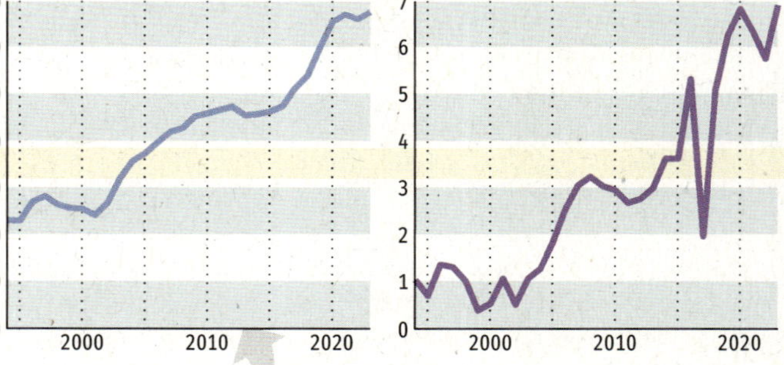

Lockheed Martin: August 2024
Aktienbesitz

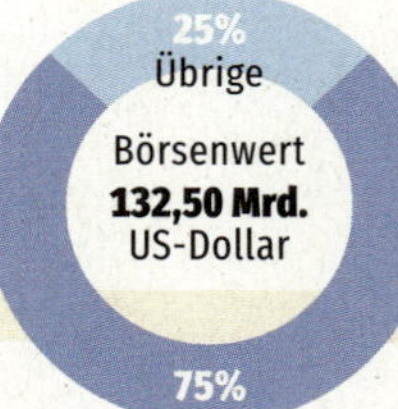

institutionelle Anleger (insgesamt 2554), davon:[6]

- 15,3 % State Street
- 9,1 % Vanguard Group
- 7,8 % Blackrock
- 2,9 % Charles Schwab Investment Management
- 2,1 % Morgan Stanley
- 2,0 % Geode Capital Management
- 1,8 % Capital World Investors

USA: Haushaltszuweisungen für das Verteidigungsministerium
in Mrd. US-Dollar

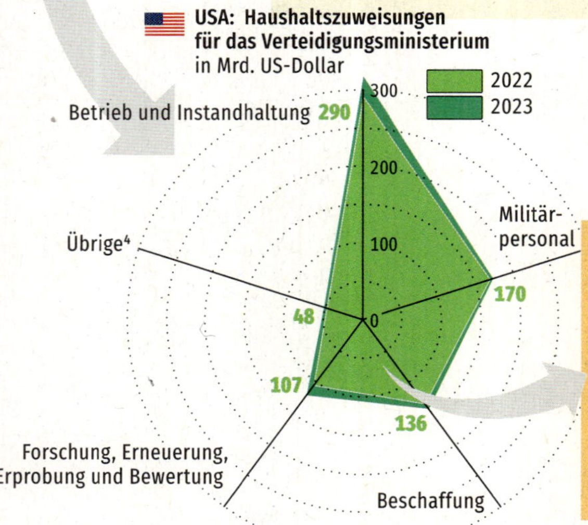

Auftragnehmer[5] des US-Verteidigungsministeriums
2022, Vertragswert in Mrd. US-Dollar

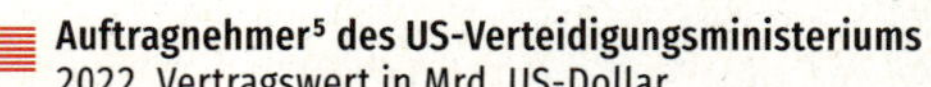

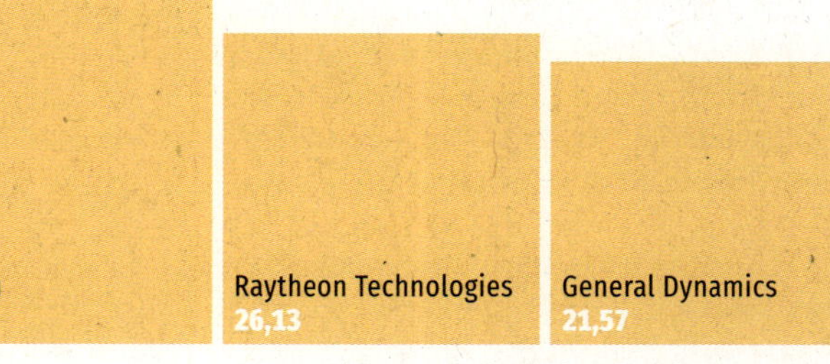

4. Unter anderem Ausgaben für das Atomenergieprogramm des US-Energieministeriums, Wohnungsbauprogramme für Militärangehörige und den Bau militärischer Anlagen.

5. Nur Rüstungsunternehmen mit Verträgen im Wert > 0,5 Prozent des Gesamtauftragvolumens.

6. Finanzdienstleister mit über 1,5 Prozent Aktienbesitz.

Quellen: Nasdaq, www.nasdaq.com/market-activity/stocks/lmt/institutional-holdings; Heidi Peltier, *We Get What We Pay For: The Cycle of Military Spending, Industry Power, and Economic Dependence*, watson.brown.edu/costsofwar/papers; U.S. Congressional Budget Office (CBO), www.cbo.gov/topics/defense-and-national-security; U.S. General Services Administration, sam.gov/reports/awards/static; U.S. Securities and Exchange Commission (SEC), www.sec.gov/edgar/browse/?CIK=936468; Sipri, Arms Industry Database, www.sipri.org/databases/armsindustry; Sipri, Military Expenditure Database, doi: 10.55163/CQGC9685; The White House, Office of Management and Budget, vwww.whitehouse.gov/omb/budget/historical-tables.

Adolf Buitenhuis | Le Monde diplomatique, Berlin

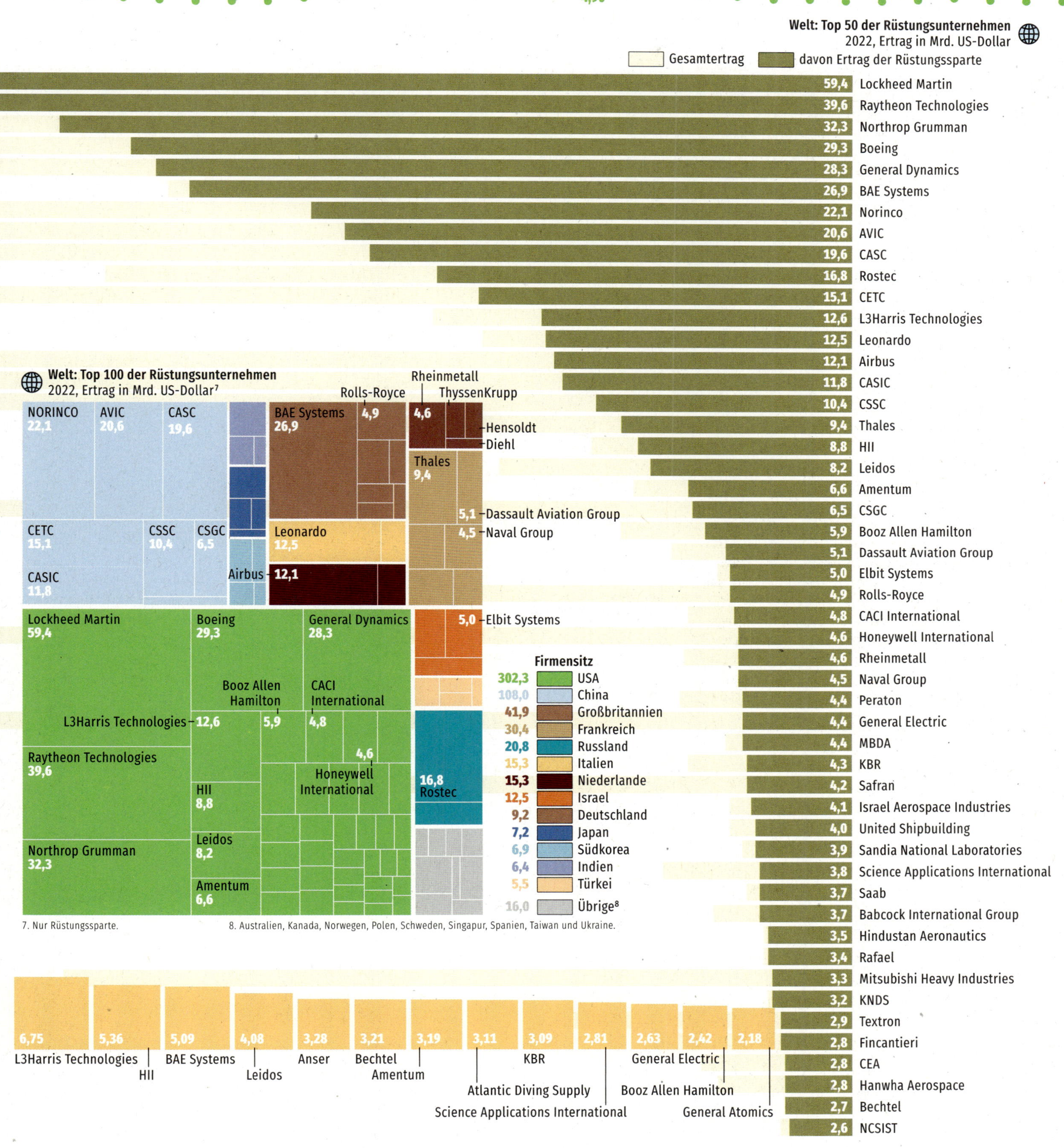
2000
2010
2020
3,86
3,11
4,09
4,90
3,46
3,65
3,36
Welt: Top 50 der Rüstungsunternehmen
2022, Ertrag in Mrd. US-Dollar
Gesamtertrag
davon Ertrag der Rüstungssparte
59,4 Lockheed Martin
39,6 Raytheon Technologies
32,3 Northrop Grumman
29,3 Boeing
28,3 General Dynamics
26,9 BAE Systems
22,1 Norinco
20,6 AVIC
19,6 CASC
16,8 Rostec
15,1 CETC
12,6 L3Harris Technologies
12,5 Leonardo
12,1 Airbus
11,8 CASIC
10,4 CSSC
9,4 Thales
8,8 HII
8,2 Leidos
6,6 Amentum
6,5 CSGC
5,9 Booz Allen Hamilton
5,1 Dassault Aviation Group
5,0 Elbit Systems
4,9 Rolls-Royce
4,8 CACI International
4,6 Honeywell International
4,6 Rheinmetall
4,5 Naval Group
4,4 Peraton
4,4 General Electric
4,4 MBDA
4,3 KBR
4,2 Safran
4,1 Israel Aerospace Industries
4,0 United Shipbuilding
3,9 Sandia National Laboratories
3,8 Science Applications International
3,7 Saab
3,7 Babcock International Group
3,5 Hindustan Aeronautics
3,4 Rafael
3,3 Mitsubishi Heavy Industries
3,2 KNDS
2,9 Textron
2,8 Fincantieri
2,8 CEA
2,8 Hanwha Aerospace
2,7 Bechtel
2,6 NCSIST
Welt: Top 100 der Rüstungsunternehmen
2022, Ertrag in Mrd. US-Dollar[7]
NORINCO 22,1
AVIC 20,6
CASC 19,6
CETC 15,1
CSSC 10,4
CSGC 6,5
CASIC 11,8
Airbus 12,1
BAE Systems 26,9
Rolls-Royce 4,9
Rheinmetall 4,6
ThyssenKrupp
Hensoldt
Diehl
Thales 9,4
5,1 Dassault Aviation Group
4,5 Naval Group
Leonardo 12,5
Lockheed Martin 59,4
Boeing 29,3
General Dynamics 28,3
5,0 Elbit Systems
Booz Allen Hamilton 5,9
CACI International 4,8
L3Harris Technologies 12,6
Raytheon Technologies 39,6
Honeywell International 4,6
HII 8,8
16,8 Rostec
Leidos 8,2
Northrop Grumman 32,3
Amentum 6,6
Firmensitz
302,3 USA
108,0 China
41,9 Großbritannien
30,4 Frankreich
20,8 Russland
15,3 Italien
15,3 Niederlande
12,5 Israel
9,2 Deutschland
7,2 Japan
6,9 Südkorea
6,4 Indien
5,5 Türkei
16,0 Übrige[8]
7. Nur Rüstungssparte.
8. Australien, Kanada, Norwegen, Polen, Schweden, Singapur, Spanien, Taiwan und Ukraine.
6,75 L3Harris Technologies
5,36 HII
5,09 BAE Systems
4,08 Leidos
3,28 Anser
3,21 Bechtel
3,19 Amentum
3,11 Atlantic Diving Supply
3,09 KBR
2,81 Science Applications International
2,63 General Electric
2,42 Booz Allen Hamilton
2,18 General Atomics

Schlachtfeld der Zukunft

Das Pentagon setzt auf künstliche Intelligenz, um China in einem hypothetischen Dritten Weltkrieg zu besiegen

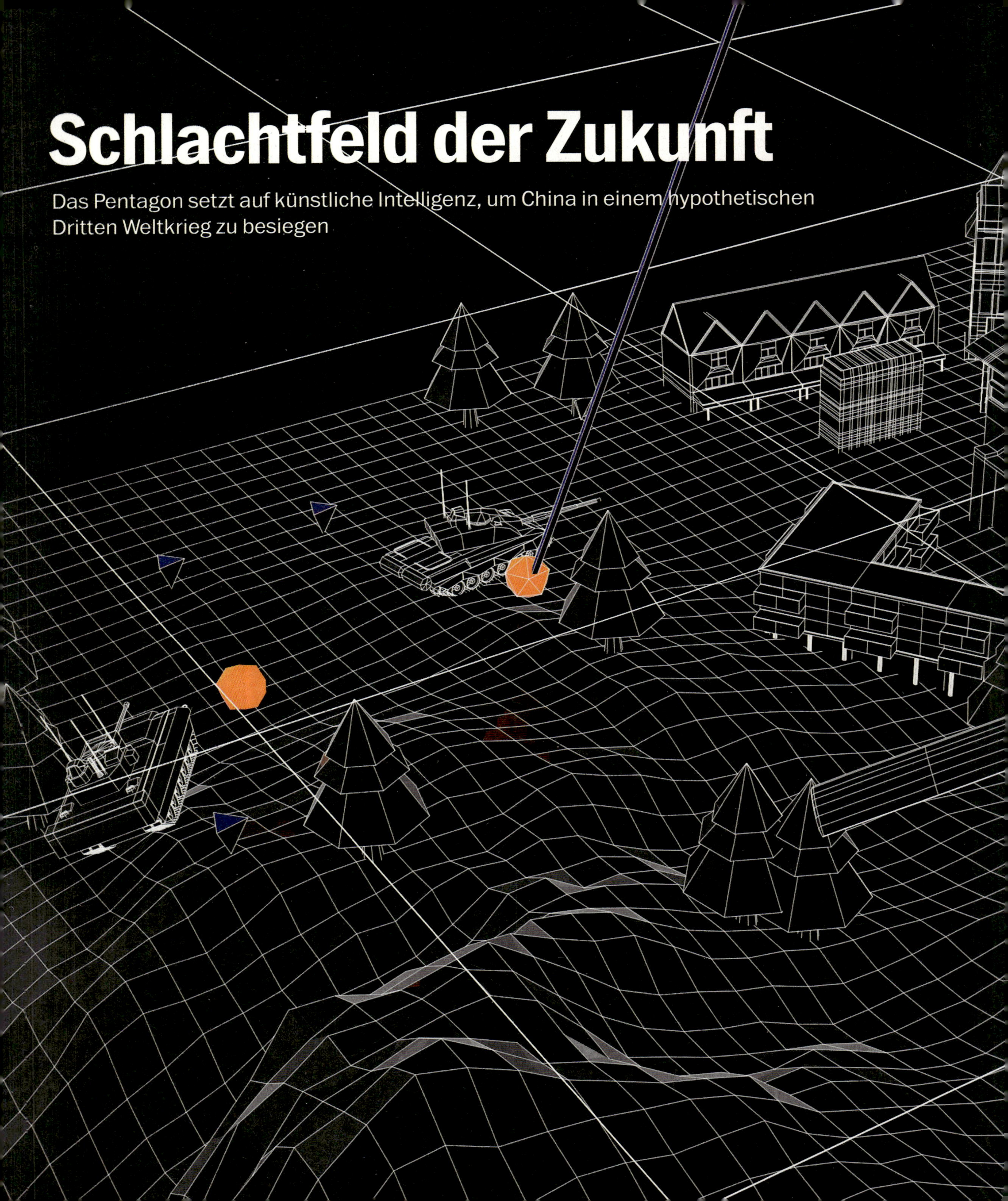

Von Michael T. Klare

US-Marines-Stützpunkt Camp Pendleton in Kalifornien am 5. März 2024: Auf dem Boden im Innern eines Besprechungszeltes zeigt ein großer Bildschirm, wie sich angreifende »rote« und verteidigende »blaue« Streitkräfte im westlichen Pazifik beharken. Immer wieder drängen Luft- und Seeeinheiten der roten Streitkräfte tief in das von den USA und ihren Verbündeten gehaltene »blaue« Gebiet ein, um dann von den blauen Streitkräften zurückgeschlagen oder zerstört zu werden.

»Die Roten« stehen in diesem Planspiel für einen sogenannten Near-Peer Adversary, einen Gegner mit militärischen Kapazitäten, die denen der USA nahezu gleichwertig sind – in diesem Fall China. In einem Szenario, das unweigerlich an die Schlachten im Pazifik während des Zweiten Weltkriegs erinnert, schlagen »die Blauen« mit Luft- und Seestreitkräften sowie Landetruppen die roten Invasoren von mehreren Inseln zurück, die diese zu Beginn der Übung erobert hatten.

Während ich diese computergenerierten Gefechte verfolgte, führten zeitgleich echte US-Truppen und Einheiten von Verbündeten – in der Rolle der roten und blauen Streitkräfte – Luft-, See- und Bodenmanöver in einem Gebiet durch, das sich von Hawaii bis Texas erstreckte. Größtenteils simulierten sie den Schlagabtausch zwischen Schiffen, Flugzeugen und Panzern, wie ihn wohl jede militärische Auseinandersetzung zwischen Großmächten mit sich bringen würde.

Doch diese Übung unterschied sich von den üblichen US-Manövern: Das Hauptziel der »Project Convergence Capstone 4« (PCC4) benannten Übung bestand nicht darin, die konventionelle Feuerkraft zu testen. Vielmehr ging es darum, den Einsatz künstlicher Intelligenz (KI), automatisierter Datenverteilung und anderer moderner Technologien zu erproben, um verschiedene Kampftruppen der USA und ihrer Verbündeten miteinander zu vernetzen und so ihren Erfolg auf dem Schlachtfeld sicherzustellen.

»Künftige gemeinsam und über die Grenzen der Teilstreitkräfte hinaus operierende, multinationale Kampftruppen benötigen integrierte, mit Maschinengeschwindigkeit arbeitende Kapazitäten, um auf den hyperaktiven Schlachtfeldern der Zukunft zu gewinnen«, hieß es in der Ankündigung der U.S. Army von PCC4. Capstone 4 sei der »Höhepunkt eines Lernprozesses, der durch kontinuierliches Experimentieren diese unverzichtbaren Fähigkeiten entwickelt«.

Die Convergence-Manöver werden seit einiger Zeit ungefähr jährlich vom Futures Command der U.S. Army durchgeführt. Diese 2018 gegründete Einheit entwickelt die Waffen und Taktiken für die Streitkräfte der nächsten Generation. Die erste Übung dieser Art, Project Convergence 2020 (PC20), fand auf dem Truppenübungsplatz Yuma Proving Ground in Arizona statt – mit 500 Angehörigen der U.S. Army. Danach wurde das Manöver von Mal zu Mal komplexer: 2021 nahmen bereits verschiedene Teilstreitkräfte teil, und beim PC22 im Jahr 2022 waren gleich mehrere Nationen beteiligt. Im Jahr 2023 fand keine Übung statt.

Das diesjährige PCC4 war die bisher aufwändigste und komplexeste Übung, mit 4000 Teilnehmenden aus allen fünf US-Teilstreitkräften (Army, Navy, Air Force, Marine Corps und Space Command) und der Mitwirkung von Militärs aus Australien, Frankreich, Japan, Kanada, Neuseeland und dem Vereinigten Königreich. Das PCC4 lief in zwei Phasen ab, die sich über einen Zeitraum von vier Wochen erstreckten. Die vom 23. Februar bis zum 3. März in Camp Pendleton abgehaltene Phase I konzentrierte sich auf ein »maritimes Szenario im Indopazifik« und beinhaltete hauptsächlich Luft- und Seegefechte. Phase II wurde vom 11. bis 20. März im Nationalen Ausbildungszentrum der Army in Fort Irwin, Kalifornien, durchgeführt und konzentrierte sich auf Landkampfmanöver, wobei auch unbemannte Waffensysteme eingesetzt wurden.

Die Öffentlichkeit war bei PCC4 weitgehend ausgeschlossen, doch ich hatte Glück: Als einer von rund 20 Pressevertretern wurde ich am 5. März zu einer Reihe von Briefings und Waffendemonstrationen nach Camp Pendleton eingeladen.

»In diesem Jahr haben wir den Bedrohungsumfang im Vergleich zu PC22 um das Zehnfache erhöht«, erklärte Generalleutnant Ross Coffman, stellvertretender Befehlshaber des Futures Command der Army, gegenüber den Medienvertretern. Zur Verbesserung des Datenaustauschs und der Kommunikation seien zwei bereichsübergreifende Task Forces gebildet worden. »Zum ersten Mal sind wir in einem indopazifischen Szenario in der Lage, Daten effektiv in einem noch nie dagewesenen Ausmaß zu teilen«, so Coffman.

Bei seiner Ansprache im Camp Pendleton erläuterte Coffman, dass im Rahmen von PCC4 ein Netzwerk für den Datenaustausch eingerichtet worden sei, was er als elektronische »Brücke« bezeichnete. Dieses Netzwerk habe den Austausch von Gefechtsinformationen in Echtzeit zwischen allen Einheiten der beteiligten Streitkräfte ermöglicht.

Die Fähigkeit zum raschen Informationsaustausch zwischen den über die Weiten des Pazifiks verstreuten Kampfverbänden wurde als wesentliche Voraussetzung dafür genannt, dass die USA und ihre Verbündeten einen künftigen Konflikt mit China – beziehungsweise einem »Near-Peer Adversary«, wie es hieß – gewinnen können. Da der mutmaßliche Feind über ein umfangreiches Arsenal an Schiffen, Flugzeugen und Raketen verfüge, müsse die von den USA geführte Koalition in der Lage sein, diese Streitkräfte schnell ausfindig zu machen und außer Gefecht zu setzen, bevor sie ernsthaften Schaden anrichten können – und zwar durch den Einsatz der am besten positionierten »shooters«. Werde nicht schnell gehandelt, so das Argument, könnte dies zu erheblichen Verlusten für die USA und ihre Verbündeten sowie zu einem langen Zermürbungskrieg ohne klaren Sieger führen.

Das PCC4-Netzwerk wurde nicht nur zur Übermittlung von Zieldaten und Angriffsbefehlen während des Manövers verwendet, sondern diente auch als Modell für das »Combined Joint All-Domain Command and Control«-System (CJADC2) des Pentagons – ein ausgeklügeltes Netzwerk aus Sensoren, Datenverbindungen und automatisierten Gefechtsführungssystemen, das alle US-Militäreinheiten miteinander verbindet.

»CJADC2 ist für die Kriegsführung notwendig, um mit der Menge und Komplexität der Daten im modernen Kriegswesen Schritt zu halten und Gegner entscheidend zu schlagen«, erklärte Pentagon-Sprecher Eric Pahon am 5. März. Das System versetze die Streitkräfte in die Lage, »mit Hilfe von Automatisierung, künstlicher Intelligenz, prädiktiver Analytik und maschinellem Lernen schnell Informatio-

Werbebild für die von der US-Armee organisierten multinationalen Militärübung Project Convergence Capstone 4 (PCC4), März 2024. ■ UK ARMY EXPERIMENTATION AND TRIALS GROUP

nen über das gesamte Kampfgebiet hinweg zu erfassen und auszuwerten und auf dieser Grundlage zu handeln.«

Bislang erhielt die Öffentlichkeit nur relativ wenige Detailinformationen über das CJADC2, seine Kosten, Komponenten und Auftragnehmer. In einer der seltenen öffentlichen Erörterungen zum Projekt erklärte die stellvertretende Verteidigungsministerin Kathleen Hicks im August 2023 auf einem Kongress des US-Rüstungsindustrieverbands National Defense Industrial Association (NDIA): »Es handelt sich um eine ganze Reihe von Konzepten, Technologien und Strategien. Im Rahmen von CJADC2 integrieren wir Sensoren und fusionieren Daten aus allen Bereichen. Gleichzeitig setzen wir modernste Instrumente zur Entscheidungsunterstützung ein, um Operationen unter hohem Zeitdruck zu ermöglichen.«[1]

Für wie bedeutsam hochrangige Pentagon-Beamte CJADC2 halten, zeigte Hicks' Besuch in Camp Pendleton am 4. März 2024, wo sie sich über das Convergence-Projekt informierte und den Tests der CJADC2-Technologien beiwohnte. Laut einem Pentagon-Protokoll über ihren Besuch beriet sich Hicks mit hochrangigen Offizieren über den Stand der Bemühungen, die bisher inkompatiblen Kommunikationsnetze der jeweiligen Teilstreitkräfte in ein gemeinsames Netz zu überführen – eine Mammutaufgabe, die offenbar zahlreiche »Herausforderungen« mit sich bringt.

Während ihres Aufenthalts in Camp Pendleton informierte sich Hicks zudem über die Fortschritte des Militärs bei der Integration von autonomen Waffensystemen – also von Geräten, die größtenteils von KI und nicht von menschlichem Personal gesteuert werden. Die Entwicklung und der Einsatz solcher Systeme sei unerlässlich, wenn die US-Streitkräfte in einem künftigen Konflikt mit der chinesischen Volksbefreiungsarmee die Oberhand behalten sollen, hatte sie in ihrer Rede auf dem Rüstungskongress im August 2023 erklärt.

Angesichts des Vorsprungs des chinesischen Militärs bei konventionellen Waffen – »mehr Schiffe, mehr Raketen, mehr Menschen«, wie sie es ausdrückte – müsse das US-Militär das Schlachtfeld in einem künftigen Kriegsszenario mit einer Vielzahl von »verschleißbaren, autonomen Systemen« überschwemmen. Gemeint sind damit kostengünstige, selbstgesteuerte Einweg-Drohnen aller Art. »Wir werden der Masse der Volksbefreiungsarmee unsere eigene Masse entgegensetzen, die jedoch schwieriger vorherzusehen, schwieriger zu treffen und schwieriger zu schlagen sein wird«, so Hicks.

Sie räumte jedoch ein, dass das aktuelle Beschaffungssystem des Pentagon nicht für die Anschaffung zahlreicher High-Tech-Geräte dieser Art ausgelegt ist. Denn seit Langem konzentriert es sich auf den Kauf von kostenintensiven »Big-Ticket«-Einheiten, also Schiffen, Flugzeugen und Panzern, von den führenden Waffenherstellern. Diese Unternehmen sind die wichtigste Bastion des bestehenden militärisch-industriellen Komplexes. Sie leisten laut Hicks auf ihrem Gebiet gute Arbeit, verfügen aber nicht über die technischen und unternehmerischen Fähigkeiten, um schnell eine große Zahl von KI-gesteuerten »verschleißbaren, autonomen« Waffen zu produzieren.

Um die erforderlichen Kapazitäten in diesem Bereich bereitzustellen, wird sich das Pentagon vielmehr auf Start-up-Firmen verlassen müssen, die ihre Wurzeln vielfach im Silicon Valley haben. Den Aufbau dieser Kapazitäten zu fördern, ist laut Hicks das Hauptziel eines Programms unter dem Namen »Replicator« (Vervielfältiger). »Amerika nutzt immer noch Plattformen, die groß, exquisit und teuer sind und eine geringe Stückzahl aufweisen«, erklärte sie im August 2023. Replicator werde mit Blick auf die militärischen Innovationen in den USA den Wandel hin zur Nutzung »einer großen Zahl von kleinen, intelligenten und billigen Plattformen« vorantreiben.

Replicator ist eine neue Initiative, erhält aber schon jetzt umfangreiche Unterstützung durch den Kongress. Das US-Parlament hat im Verteidigungshaushalt 2024 in letzter Minute 200 Millionen US-Dollar für das Projekt bewilligt und weitere 500 Millionen US-Dollar für den Haushalt 2025 zugesagt. Weitere Millionen, wenn nicht gar Milliarden dürften folgen, wenn das Programm Fahrt aufnimmt. Vor diesem Hintergrund stellen viele Hightech-Start-ups im Verteidigungssektor, wie Anduril, Palantir und ShieldAI, ihre Produkte für Militärübungen wie das Convergence-Projekt zur Verfügung. Sie hoffen, so an langfristige Beschaffungsverträge zu kommen.

Beim PCC4 beispielsweise hat das blaue Team eine Reihe von Anduril Ghost-X-Überwachungsdrohnen eingesetzt, um Stellungen des roten Teams auszuspionieren und ihre Standorte für spätere Bodenangriffe zu markieren. Die Ghost-X ist ein schlankes, insektenähnliches Fluggerät mit einem etwa einen Meter langen Rotor, das eine Reichweite von 25 Kilometern hat und verschiedene Sensorsysteme tragen kann.

Beim PCC4 wurde auch das unbemannte Flugsystem (Unmanned Aerial System, UAS) Hive vorgestellt. Diese Drohne wurde speziell für den Flug in »autonomen Schwärmen« entwickelt, also in Drohnenverbänden, die ihre Bewegungen koordinieren und die gegnerische Verteidigung mit verschiedenen Munitionsarten bekämpfen können. Die in Fort Irwin getesteten Hive-Drohnen sind laut einem Armeeangehörigen, der den Einsatz überwacht hat, »Prototypen für einen offensiven Schwarm kleiner unbemannter Flugsysteme, die in einer Gruppe von drei oder mehr UAS operieren und ihre Aufgaben kooperativ und dezentral erfüllen«, ohne auf eine detaillierte Steuerung durch menschliches Personal angewiesen zu sein.

Laut General Coffman hat sich der Einsatz unbemannter Waffensysteme beim diesjährigen Convergence-Manöver im Vergleich zur vorherigen Ausgabe »verzehnfacht«, was auf eine Fortsetzung dieses Trends in der Zukunft schließen lässt. Beim PCC4 wiesen neben der stellvertretenden Verteidigungsministerin Hicks jedoch auch Coffman und andere hohe Offiziere darauf hin, dass die benötigte Technologie weder in den eigenen Munitionslagern des Pentagon noch bei traditionellen Verteidigungsunternehmen wie Boeing und Lockheed Martin verfügbar ist. Sie müsse vielmehr von Start-ups wie Anduril und Palantir entwickelt werden, die über das erforderliche Know-how verfügen. »Die kommerzielle Technologie ist in vielerlei Hinsicht führend, insbesondere bei Datennetzen und unbemannten Systemen«, sagte der Army-Generalstabschef, General Randy A. George, während eines Briefings am 5. März in Camp Pendleton.

Es ist abzusehen, dass das Verteidigungsministerium für die verschiedenen unbemannten Systeme Milliarden US-Dollar ausgeben wird, sodass Technologie-Start-ups im Lauf der Zeit ein Vermögen verdienen dürften. Vor diesem Hintergrund ist die Entstehung eines neuen militärisch-industriellen Komplexes zu beobachten, der sich vor allem rund um das Silicon Valley ansiedelt. Es ist daher wenig überraschend, dass viele Militäroffiziere nach ihrem aktiven Dienst auf lukrative Posten in der Tech-Industrie wechseln. Zugleich stecken private Investmentfonds viel Geld in die neuen Unternehmen.

Laut einer Ende 2023 durchgeführten Umfrage der *New York Times* arbeiten mittlerweile mindestens 50 ehemalige Beamte des Pentagons und des nationalen Sicherheitsapparats, die ihre Posten größtenteils innerhalb der letzten fünf Jahre aufgegeben haben, für

Risikokapital- oder Private-Equity-Firmen im Rüstungsbereich.[2] Zu ihnen zählt Mark T. Esper, der unter Trump Verteidigungsminister war. Heute vertritt er die Risikokapitalfirma Red Cell, die in Militär-Start-ups wie Epirus investiert hat, einen Hersteller von Anti-Drohnen-Technologie. Ein weiteres Beispiel ist der ehemalige Heeresamtsleiter Ryan McCarthy (2019–2021). Er hat an der Gründung des Futures Command mitgewirkt und vertritt nun eine Risikokapitalfirma, die in den Rüstungssektor investiert.

Das Projekt Convergence Capstone 4 kann als perfekter Mikrokosmos der gegenwärtigen politisch-militärisch-technologischen Konstellation Amerikas betrachtet werden – und es gibt Hinweise darauf, in welche Richtung sich die Dinge entwickeln. Aus der mehrwöchigen Übung lassen sich insbesondere drei Erkenntnisse ableiten: Erstens ist das US-Militär völlig darauf fixiert, sich auf einen Krieg mit China vorzubereiten. Dies zeigt sich sowohl in der offiziellen Pentagon-Doktrin als auch in den Worten und Handlungen hochrangiger Offiziere. So bestand das Szenario des PCC4 eindeutig in einem hypothetischen Angriff Chinas auf einen mit den USA befreundeten Inselstaat im Westpazifik – möglicherweise Taiwan oder die Philippinen – und einem daraus resultierenden Konflikt in der gesamten Region, an dem die Streitkräfte Australiens, Japans, Neuseelands, der USA und des Vereinigten Königreichs beteiligt waren.

Entsprechend zielte die Übung vor allem darauf ab, die Kommunikations- und Gefechtsverbindungen zwischen diesen Streitkräften zu testen. »Klar ist: Wenn wir irgendwo auf der Welt in den Kampf ziehen, werden wir zusammen mit unseren Partnern kämpfen«, verkündete General George bei der Besprechung am 5. März. »Dabei müssen wir uns auf jeden Sensor und jeden Schützen verlassen und sie miteinander verbinden.«

Meine Gesprächspartner in Camp Pendleton – egal ob Militäroffiziere oder zivile Vertreter von Auftragnehmern – schienen sich kaum Gedanken darüber zu machen, wozu diese einseitige Konzentration auf die Vorbereitung eines Kriegs mit China führen könnte. »Wir hoffen, einen Krieg vermeiden zu können«, bekräftigte General Coffman. »Aber wenn es nötig sein sollte, werden die Männer und Frauen dieses Landes Seite an Seite mit unseren Verbündeten und Partnern kämpfen.«

Nimmt man dieses Aussage – die eine Beteiligung Australiens, Neuseelands und der anderen beim PCC4 vertretenen Länder an einem künftigen Krieg mit China impliziert – und kombiniert sie mit der Simulation von Einsätzen in der gesamten Region, dann legt das ein ähnliches Szenario wie im Zweiten Weltkrieg nahe – nur dass der Krieg hier mit modernen Waffen geführt würde. Ein solcher Krieg zöge immense Zerstörungen auf allen Seiten nach sich. Und wer kann vor diesem Hintergrund garantieren, dass die beiden Kriegsparteien nicht auf Atomwaffen zurückgreifen, um eine Niederlage abzuwenden? Im Rahmen des Convergence-Projekts wurden solche Zusicherungen jedenfalls nicht gegeben.

Zweitens lässt sich festhalten, dass offizielle US-Vertreter fest entschlossen sind, KI und andere modernen Technologien einzusetzen, um China in einem möglichen Konflikt zu besiegen. Dies ist das übergeordnete Ziel der Replicator-Initiative und es war auch die Grundlage für die Organisation des PCC4-Gefechtsszenarios. Mehrfach wurde mir erklärt, das US-Militär müsse fortschrittliche Technologien einsetzen, um in einem künftigen Krieg zwischen den USA und China »Informationsdominanz« zu erlangen. Nur so könnten die US-Streitkräfte und ihre Verbündeten Bedrohungen durch China aufspüren und bekämpfen, bevor ihnen selbst erheblicher Schaden zugefügt wird.

Allerdings wurde nur sehr wenig darüber gesprochen, welche Gefahren ein übermäßiges Vertrauen in die künstliche Intelligenz und die mit ihr verwandten Technologien birgt. Die hochentwickelten Algorithmen, die zur Entwicklung von ChatGPT und anderen Programmen im Bereich der »generativen KI« verwendet werden, können zwar bemerkenswerte Ergebnisse erzielen. Sie können aber auch falsche oder irreführende Informationen produzieren, die von Brancheninsidern als »Halluzinationen« bezeichnet werden.

Sich auf KI-Programme zu verlassen, um Militärsysteme – insbesondere zur Führung und Kontrolle von Kampftruppen – zu steuern, birgt daher ein erhebliches Risiko. Sollten die Systeme versagen, könnte dies das Leben der eigenen Soldatinnen und Soldaten in Gefahr bringen oder unbeabsichtigt einen Konflikt eskalieren. Hicks und andere hochrangige Beamte versuchen die Skeptiker mit der Aussage zu beschwichtigen, der Mensch bleibe bei kritischen Kampfentscheidungen ja immer »in the loop«. In Pendleton habe ich allerdings den Eindruck gewonnen, dass die militärische Nutzung von KI und autonomen Systemen um jeden Preis beschleunigt werden soll. Und das lässt befürchten, dass die Kontrolle durch den Menschen schnell weiter abnehmen wird.

Drittens muss man konstatieren, dass sich auf der Grundlage einer Allianz zwischen dem Pentagon und dem Silicon Valley ein neuer militärisch-industrieller Komplexes entwickelt. Was dieser Wandel für die Innen- und Außenpolitik der USA bedeutet, bleibt abzuwarten. Sicher ist aber, dass der Druck auf den Kongress zur Erhöhung der Militärausgaben steigt und die Vorbereitung auf einen Krieg mit China noch mehr in den Fokus rückt. Wie die traditionellen Rüstungsunternehmen haben auch die neuen Technologiefirmen eine Schar von Lobbyisten angeheuert, um ihre Sache im Kongress voranzubringen. Gleichzeitig sprechen viele Akteure öffentlich über die Notwendigkeit, Peking die Stirn zu bieten – womit sie die bereits grassierende Kriegshysterie in Washington weiter anheizen.

Über die Gefahren, die sich aus diesen Entwicklungen ergeben, berichten die US-Medien nur sehr spärlich. Dabei bergen diese Trends erhebliche Risiken für die Stabilität in den USA und auf internationaler Ebene. Deshalb sollten wir wachsam bleiben und entschlossene regulatorische Maßnahmen fordern. Insbesondere sollten wir unsere Sorge über die überstürzte Einbindung von KI und autonomen Systemen in die Kriegsführung zum Ausdruck bringen und darauf bestehen, dass unter allen Umständen Menschen die volle Kontrolle über alle kriegsrelevanten Systeme behalten müssen. ●

Aus dem Englischen von Markus Greiß

1 »Deputy Secretary of Defense Kathleen Hicks Keynote Address: ›The Urgency to Innovate‹«, U.S. Department of Defense, 28. August 2023.
2 »New Spin on a Revolving Door: Pentagon Officials Turned Venture Capitalists«, *The New York Times*, 30. Dezember 2023.

Angriff im All

Wird der Orbit zum Kriegsschauplatz?

Start einer Rakete des Unternehmens SpaceX von der Vandenberg Space Force Base. An Bord: der erste Spionagesatellit Südkoreas. Kalifornien, USA, 1. Dezember 2023. SPACEX/ASSOCIATED PRESS/PICTURE ALLIANCE

Von Johannes Streeck

Nach Darstellungen der USA hat Russland am 16. Mai 2024 einen Satelliten in den erdnahen Orbit gebracht, den das Pentagon als potenzielle »Weltraumwaffe« einstuft. Waffen im Weltall? Die Vorstellung einer russischen Aggression, die sich auch im Orbit entfalten könnte, sorgte sofort international für Schlagzeilen.

»Kosmos 2576«, so die offizielle Bezeichnung des Satelliten, besorgt die Amerikaner vor allem, weil er dem eigenen Satelliten USA 314 zu nahe kommen könnte. Dieser wiederum gehört dem National Reconnaissance Office (NRO). Das NRO ist ein kaum bekannter militärischer Nachrichtendienst, der für die Konzeption, den Betrieb und den Bau von Spionagesatelliten zuständig ist.

Die russische Regierung schweigt zwar genauso über den Auftrag von Kosmos 2576 wie die US-Regierung über den von USA 314, doch Expert:innen glauben, dass das russische Raumgefährt ein sogenannter Inspektor ist, der andere Satelliten bei der Arbeit beobachten oder sogar stören könnte.

Was vom Pentagon und weiten Teilen der Presse dabei unterschlagen wurde, ist, dass Waffen im All keinen Paradigmenwechsel, sondern eine Kontinuität in der Geschichte der Raumfahrt darstellen. Versuche mit sogenannten co-orbitalen Waffen wie Kosmos 2576 wurden schon in den 1950ern von den Amerikanern selbst unternommen, so zum Beispiel unter dem Decknamen »Projekt Saint«. Und als Antwort auf den Start des ersten russischen Satelliten »Sputnik« schickten die USA am 28. Februar 1959 erstmals den Prototyp eines Spionagesatelliten ins All.

Dieser war Teil des umfassenden »Corona«-Programms. War man bis dahin bei der Observierung der Sowjetunion auf Aufklärungsflüge in 20 000 Metern Höhe angewiesen – mit Sicherheitsrisiken für die Piloten –, übernahmen diese Arbeit nun Satelliten. Zwischen 1960 und 1972 fotografierten mehr als 130 Corona-Satelliten im Auftrag der CIA die geheimsten Orte der Sowjetunion und ihrer Verbündeten.

Der US-amerikanischen Öffentlichkeit wurde das Ganze unter dem Namen »Discoverer« verkauft, einem angeblich zivilen Forschungsprogramm zur bemannten Raumfahrt. Zur Tarnung wurden zusammen mit den hochauflösenden Kameras lebende Rhesusaffen und Mäuse in den Orbit geschickt. Während des Entwicklungsprozesses für die CIA entdeckte man beim Hersteller Lockheed Martin eine Methode, die Satelliten in die Atmosphäre zurückzuholen – was einige Jahre später wiederum die Mondlandung ermöglichte. Forschung und militärische Nutzung sind im All seit jeher eng verwoben, und die Kriegsführung profitiert von jeder Errungenschaft der zivilen Raumfahrt.

»Wenn einer Streitkraft ihr Werkzeug – nämlich ihre Waffen – verweigert wird, erfüllt sie ihren Job nicht«, schrieb Everett C. Dolman, Experte für Astropolitik am Air War College des US-Militärs, im Frühjahr 2022 in einem Plädoyer für erweiterte Befugnisse für die »Space

Force«.[1] 2019 hatte Präsident Donald Trump die Space Force zu einer unabhängigen Abteilung der US-Streitkräfte erklärt, mit eigenen Emblemen, Uniformen und Stützpunkten. Womit er allerdings nur ein seit Langem angestrebtes Ziel von amerikanischen Militärs und Akademiker:innen umgesetzt hat, die das All wie Dolman als »Domäne der Kriegsführung« definieren.

Doch nicht nur die ehemaligen Kontrahenten des Kalten Kriegs rasseln mit den Säbeln. Im Frühjahr 2024 gab China die Neuorganisation seiner »Aerospace Forces« bekannt; Indien verfügt seit 2019 über eine »Defense Space Agency«; die Bundeswehr stellte 2021 ein neues »Weltraumkommando« in Dienst; und Frankreich benannte 2020 seine Luftwaffe in Luft- und Weltraum-Streitkräfte (Armée de l'air et d'espace) um.

»Überfüllt und umkämpft,« nannte der Pressesprecher des Pentagon im Juni 2024 das All. Immer mehr Satelliten drängen sich auf den Erdumlaufbahnen. Satelliten ermöglichen die Ortsbestimmung und Navigation mittels GPS, sie sammeln Wetterdaten, mit ihrer Hilfe werden EC-Überweisungen, Kreditkartenzahlungen und das Internet übertragen. Sie sind unabdingbar für die Landwirtschaft und den internationalen Warenverkehr, da sie hochauflösende Aufnahmen von Feldern, Schiffsrouten und Verkehrsaufkommen erstellen. Die Umlaufbahnen, die für diese Aufgaben nutzbar sind, werden jedoch immer voller; und dass immer mehr Daten über den Weltraum übertragen werden, weckt wiederum das militärische Interesse an ihm.

Der orbitale Platzmangel hängt vor allem mit den stark gesunkenen Kosten für die Raumfahrt zusammen. Für ein paar hunderttausend US-Dollar können sich kleine Länder, Firmen und Forschungsinstitute heute das leisten, was früher nur Supermächten vorbehalten war: eigene Satelliten. Über das sogenannte Ridesharing können sich Interessierte einen Platz bei einem privaten Raumfahrtunternehmen sichern und ihre eigenen »Nanosatelliten« im All platzieren. Meist handelt es sich dabei um sogenannte CubeSats, Kleinstsatelliten, die aus einem oder mehreren würfelförmigen Modulen mit einer Seitenlänge von 10 Zentimetern bestehen. So bekam Äthiopien 2021 seinen ersten Satelliten, der bei einer chinesischen Rakete vom Typ »Langer Marsch 4« mitflog. Uganda und Simbabwe teilten sich 2022 die Ehre einer Mitfahrgelegenheit beim US-Rüstungskonzern Northrop Grumman.

Die Zahlen sprechen für sich. Waren 2018 knapp 2000 aktive Satelliten im Umlauf, wurde im Sommer 2024 die 10 000er Marke geknackt. Der Großteil der Neuankömmlinge gehört aber nicht akademischen Einrichtungen oder Staaten, die bisher von der Raumfahrt ausgeschlossen wurden, sondern privaten Unternehmen. Drei Viertel der derzeit aktiven Satelliten gehören allein dem Konzern SpaceX von Elon Musk. Langfristig soll dessen Starlink-System sogar 42 000 Satelliten umfassen, um überall auf der Welt Breitbandinternet anbieten zu können.

Damit ist Starlink derzeit die mit Abstand größte Megakonstellation, wie man solche Satellitennetzwerke nennt. 2026 will der Konzern Blue Origin des Amazon-Gründers Chef Bezos sein Netzwerk »Kuiper« in Betrieb nehmen. Bis dahin soll die Hälfte von insgesamt mehr als 3000 geplanten Satelliten im All sein. Die chinesische »G60«-Konstellation soll bis 2030 aus 14 000 Satelliten bestehen, die ersten 18 wurden Anfang August 2024 ins All geschossen.[2] Und »OneWeb«, die Konstellation des französischen Konzerns Eutelsat, setzt sich nach eigenen Angaben aus über 630 aktive Satelliten zusammen, um die 1000 sollen es am Ende werden.

Es sind die erdnahen Umlaufbahnen in einer Höhe von 200 bis 2000 Kilometern, die besonders begehrt sind. Die genaue Berechnung ihrer Höchstkapazität ist schwierig, doch nach den Meinungen vieler Expert:innen noch lange nicht erreicht. Dieser Umstand könnte sich aber schlagartig ändern, wenn Raumgefährte zur militärischen Nutzung hinzukämen. Denn anders als die robuste Rhetorik, die derzeit in Sachen Orbit an den Tag gelegt wird, sind die Objekte, die dort kreisen, äußerst fragil. Ein einziges zentimetergroßes Stück Weltraumschrott reicht aus, um einem Satelliten oder sogar einer Raumstation katastrophale Schäden zuzufügen. 26 000 Objekte mit einer Größe von mehr als zehn Zentimetern werden von der Europäischen Raumfahrtagentur (ESA) beobachtet, die Anzahl der kleineren Teile schätzt sie auf mehrere Millionen.[3]

Welche Spuren abgeschossene Satelliten auch Jahre nach ihrem Einsatz im All hinterlassen können, zeigt das Schicksal des ausgedienten chinesischen Wettersatelliten Fengyun-1C. Ende der 1990er Jahre in Betrieb genommen, wurde dieser 2007 von seiner eigenen Regierung mit Hilfe einer modifizierten Mittelstreckenrakete zerstört, um die Möglichkeiten zu testen, Satelliten vom Boden aus abzuschießen. Mindestens 3000 Teile Weltraumschrott wurden durch den Abschuss produziert, die Internationale Raumstation (ISS) musste mehrfach ihren Kurs ändern, um der Trümmerwolke auszuweichen.

Auch Verteidigungsministerien und Geheimdienste lassen sich von den günstigen Preisen der privaten Anbieter locken und nutzen deren Trägerraketen für ihre Missionen. Zwar macht SpaceX vor allem Schlagzeilen wegen Starlink und dem Bestreben seines Gründers, den Mars zu kolonisieren. Aber in erster Linie ist die Firma ein Rüstungskonzern. 1,8 Milliarden Dollar soll SpaceX vom Nachrichtendienst NRO für den Aufbau von »Starshield« bekommen, einer Konstellation aus hunderten Spionagesatelliten.[4] Südkoreas erste zwei Spionagesatelliten – Nordkorea hatte Ende 2023 seinen ersten Spähsatelliten ins Alls geschossen –wurden von Falcon-9-Raketen von SpaceX von Weltraumbahnhöfen in den USA aus gestartet. Auch die ESA zahlte SpaceX im April 2024 180 Millionen Euro, um zwei »Galileo«-Satelliten in den Orbit zu befördern, die ebenfalls militärisch genutzt werden. Deutschland ist mit rund einem Drittel des Budgets der größte Geldgeber der Agentur, die auf SpaceX zurückgreifen musste, weil sich die Entwicklung der eigenen neuen Trägerrakete »Ariane 6« verzögert hatte. Die amerikanische Space Force setzt fast ausschließlich auf die günstigen Konditionen von SpaceX.

Weltraum und Militär hängen schon seit der Geburtsstunde der Raumfahrt miteinander zusammen, doch im Zeitalter der Megakonstellationen und mächtiger ziviler Akteure werden diese Kontinuitäten nicht nur deutlicher, sondern auch gefährlicher. Ein Konkurrenzkampf um Umlaufbahnen oder gar eine kriegerische Eskalation im All würde sich vor allem dort auswirken, wo sie angefangen hat: auf dem Boden.

1 Everett C. Dolman, »Space is a Warfighting Domain«, *Æther: A Journal of Strategic Airpower & Spacepower*, Nr. 1, Bd. 1, Frühjahr 2022.
2 Simone McCarthy ,»China launches satellites to rival SpaceX's Starlink in boost for its space ambitions«, CNN, 9. August 2024.
3 »ESA Space Environment Report 2024«, 19. Juli 2024.
4 Joey Roulette und Marisa Taylor, »Musk's SpaceX is building spy satellite network for US intelligence agency, sources say«, Reuters, 16. März 2024.

Die Recherche zu diesem Beitrag wurde durch das Netzwerk Recherche/Olin-Stipendium unterstützt.

Der Drohnenkrieg

Auf dem ukrainisch-russischen Schlachtfeld sind unbemannte Flugobjekte gefechtsentscheidend

Von Ben Aris

Drohnen haben sich zu einem entscheidenden Faktor im Krieg zwischen Russland und der Ukraine entwickelt. Anfangs hatte die Ukraine in diesem Bereich die Nase vorn, mittlerweile fällt Kiew aber zurück, weil Moskau mehr produziert und innovativer ist. Das bedeutet jedoch nicht, dass die Ukraine in absehbarer Zeit besiegt werden wird. Russland kann zwar eine überwältigende Kampfkraft aufbieten, aber das wachsende Drohnenarsenal der Ukraine hält dank seiner tödlichen Treffsicherheit die vorrückenden russischen Truppen in Schach und bringt ihnen enorme Verluste bei. Die Drohnenschwärme, die im Niemandsland an der Front zum Einsatz kommen, haben dieses Gebiet zu einer »Kill Zone« gemacht, in der ein Überleben unwahrscheinlich ist.

»In diesem Konflikt offenbaren sich die Gefechtsvorteile von Drohnen. Sie werden kleiner und treffsicherer, sind immer leichter zu bedienen und fast für jedermann verfügbar«, heißt es in einem Bericht des Council on Foreign Relations vom Januar 2024[1]. »Sie verdichten die sogenannte Kill Chain, indem sie den Zeitabstand zwischen Zielerkennung und Zielvernichtung verkürzen, und können einer Armee bessere Aufklärungsmöglichkeiten für die vorderen Frontbereiche verschaffen.«

Die Ukraine erarbeitete sich Anfangs einen Vorteil, indem sie kommerzielle Drohnenmodelle, die nur 1000 US-Dollar kosteten, an der Unterseite mit Granaten aus Sowjetzeiten bestückte und diese auf teure Artilleriegeschütze lenkte oder verheerende Überraschungsangriffe auf russische Patrouillentrupps startete. Seitdem hat sich das Spektrum der eingesetzten Drohnen dramatisch ausgeweitet.

»Die Palette reicht von sehr kleinen Drohnen – wie der Black Hornet mit nur 12 Zentimeter Rotordurchmesser – bis zu Modellen mit Spannweiten über 15 Meter,« heißt es in einem Bericht des European Council on Foreign Relations (ECFR).[2] In der Ukraine spielten besonders kleine Systeme eine wichtige Rolle, so der Bericht. »Quadrokopter und andere Rotordrohnen werden hauptsächlich von kommerziellen Herstellern wie dem chinesischen Unternehmen DJI produziert und gehören zu den am weitesten verbreiteten Drohnen.« Große Kampfdrohnen wie die in der Türkei hergestellte Bayraktar TB2 setzte die Ukraine vor allem zu Beginn des Konflikts ein, als die russische Luftabwehr noch wenig effizient war.

Nach anfänglichen Rückschlägen hat Russland die Konsequenzen gezogen und bringt seine eigenen Drohnen zum Einsatz, kauft mehr Drohnen von Iran und zieht seine eigene Produktion auf, seit Präsident Wladimir Putin komplett auf Kriegswirtschaft umgeschaltet hat. Zugleich ist zwischen den beiden Konfliktparteien ein Technologie- und Innovationswettlauf um die Entwicklung von Drohnen mit größerer Reichweite und elektronischen Gegenmaßnahmen (EloGM) ausgebrochen.

Der Einsatz unbemannter Luftfahrzeuge (Unmanned Aerial Vehicles, UAV) hat die Methoden der Kriegsführung in der Ukraine bereits jetzt stark verändert. UAV sind so preisgünstig und effektiv, dass sie inzwischen in der Struktur der ukrainischen und russischen Streitkräfte einen festen Platz haben. Fast jede Kampfbrigade hat eine eigene Angriffsdrohnen-Kompanie, und die meisten Einheiten verfügen über kleine Aufklärungsdrohnen. Damit sind Drohnen aus der strategischen und offensiven Kriegsführung nicht mehr wegzudenken.

Auch das russische Drohnenarsenal wächst in rasantem Tempo. In der Frühphase des Kriegs importierte Russland iranische Shahed-136-Kamikaze-Drohnen, die genauso wirkungsvoll waren wie Raketen, aber erheblich billiger. Als die Ukraine sich darauf einstellte und immer mehr Shahed-Drohnen abschoss, stieg Russland ähnlich wie die Ukraine auf kleinere und tödlichere Varianten wie die Orion, Eleron-3, Orlan-10 und Lancet um und setzt inzwischen zudem tödliche Gleitbomben ein, gegen die sich die Ukraine aufgrund ihrer hohen Anfluggeschwindigkeit schlecht verteidigen kann.

Russland hat eine sogenannte Hunter-Killer-Kombination entwickelt, bestehend aus der Orlan-10, die Ziele aufspürt, und der Lancet-Angriffsdrohne, die die erkannten Ziele ausschalten kann. Diesem Doppelsystem hat die Ukraine bislang kein Pendant entgegenzusetzen. Die Orion-Drohnen, die mit Raketen bestückt werden können, nutzt Russland für Angriffe auf Truppen am Boden. Die Shahed-Drohnen, die nach wie vor eingesetzt werden, sind sogenannte lauernde Lenkwaffen (loitering weapons) für den Einmalgebrauch, die erst über einem Ziel kreisen, bevor sie sich hinabstürzen und explodieren.

Durch die Drohnen verändert sich auch die Taktik am Boden. Meist inspizieren Aufklärungs- und Überwachungsdrohnen zunächst das Gefechtsfeld und identifizieren Ziele aus der Ferne. Die Ukraine verwendet dafür sogenannte Sharks aus eigener Produktion, die in großer Höhe fliegen und mit einer hoch auflösenden Kamera und leistungsfähigem Zoom ausgestattet sind. Russland setzt für ähnliche Zwecke die Orlan-10 ein. Im nächsten Schritt übermitteln die Aufklärungsdrohnen den Standort des Feinds als Video-Livestream an die Piloten der niedrig fliegenden und extrem wendigen FPV-Drohnen (First Person View), die Präzisionsschläge gegen ortsfeste und bewegliche Ziele ausführen können. All das geschieht aus sicherer Entfernung von der Frontlinie. Nachdem die Drohnen erste Ziele eliminiert haben, kämpfen sich Militärfahrzeuge durch die Minenfelder und leiten den Bodenangriff ein.

Beim Angriff auf die Stadt Awdijiwka, die im Februar 2024 von Russland eingenommen wurde, waren es noch vor allem Bodentruppen, die für die Zielerfassung verantwortlich waren. Die russische Armee ließ Gruppen schlecht ausgebildeter Wehrpflichtiger und Strafgefangener die ukrainische Front angreifen und zwang die ukrainischen Truppen dadurch, zu reagieren und ihre getarnten Stellungen zu verlassen. Anschließend wurden diese Stellungen mit Artillerie oder hochpräzisen Drohnenangriffen unter Beschuss genommen.

Der Einsatz von Drohnen hat auch dazu geführt, dass Panzerkämpfe weitgehend der Vergangenheit angehören. 2023 wurde lange und lautstark die Lieferung deutscher Leopard-2 und US-amerikanischer Abrams-Kampfpanzer an die Ukraine gefordert, die dem russischen T-72-Panzer haushoch überlegen sind. Zu einer Panzerschlacht kam es allerdings nie. Die westlichen Panzer wurden von Schwärmen russischer Billigdrohnen beschädigt, kampfunfähig gemacht und in manchen Fällen ganz zerstört. Daraufhin wurden sie aus dem Verkehr gezogen.

Als Verteidigung gegen Angriffe aus der Luft setzt die Ukraine auch deutsche Gepard-Flakpanzer und US-amerikanische Patriot-Systeme

Ein Freiwilliger des Projekts »Siegesvögel« packt der ukrainischen Armee gespendete FPV-Drohnen (First Person View) aus. Lviv, Mai 2024. MYKOLA TYS | ASSOCIATED PRESS/PICTURE ALLIANCE

ein. Aber erstens geht der Vorrat dieser beiden Flugabwehrsysteme zur Neige, und zweitens ist die dafür benötigte Munition erheblich teurer als der nahezu unbegrenzte Nachschub an Billigdrohnen.

Der Kostenunterschied zwischen einer Flugabwehrrakete und einer Drohne ist so groß, dass der Einsatz dieser Systeme gegen Drohnen keine praktikable Lösung ist. Sehr viel effektiver ist es, die Signalübertragung der Drohne zu stören und sie vom Kurs abzubringen oder sich in ihr Betriebssystem einzuhacken. Laut dem Bericht des ECFR wurden in der Ukraine auch Netzwerfer zur Drohnenbekämpfung erprobt, und man versuchte sogar, Greifvögel so abzurichten, dass sie kleinere Drohnen abfangen können.

Bei der Entwicklung von Elektronischen Gegenmaßnahmen (EloGM) ist Russland der Ukraine mittlerweile weit voraus. Eine der Stärken der Sowjetunion im Kalten Krieg war die Radartechnik. Russland hat diese Technologie ausgeweitet und nutzt sie für Störsysteme gegen ukrainische Drohnen. Diese gehören zu den leistungsfähigsten weltweit und sind so stark, dass sie teilweise den Funkverkehr von Verkehrsflugzeugen in Nordeuropa stören.

Ein wirksamer Schutz durch Elektronische Kampfführung (EloKA) ist inzwischen eine essenzielle Voraussetzung für das Überleben der eigenen Soldaten. Die Systeme müssen technologisch effektiv sein, und die Armeen brauchen genügend EloKA-Einheiten, um ihre Mannschaften, Fahrzeuge und Panzer zu schützen. Russland hat in beiden Punkten einen großen Vorsprung vor der Ukraine, wie die *Ukrajinska Pravda* Ende April 2024 berichtete.

Früher habe man EloKA-Ausrüstung hergestellt, die die Steuerung von Drohnen im Frequenzbereich um die 900 Megahertz störte, berichtete ein Mitglied des ukrainischen Generalstabs der Zeitung. »Das reichte in der Regel aus. Mittlerweile produzieren die Orks [die Russen] Drohnen im Spektrum von 700 bis 1000 Megahertz. Die EloKA-Ausrüstung, die wir bisher produziert haben, ist also bereits wirkungslos«.

Die meisten EloKA-Systeme haben einen begrenzten Frequenzbereich. Das führt zu einem technologischen Katz-und-Maus-Spiel an der Front: Die Operatoren der EloKA-Systeme versuchen Drohnen zu stören, die auf andauernd wechselnden Frequenzen fliegen, und Russland hat innerhalb kurzer Zeit neue Drohnen eingeführt, die auf ungewöhnlichen Frequenzen arbeiten oder zwischen den Frequenzen hin und her wechseln, damit sie schwerer zu stören sind.

Auch die Ukraine hat innovative neue Systeme entwickelt. Seit Beginn des russischen Großangriffs ist die ukrainische EloKA-Ausrüstung von großen Systemen auf Geräte im Taschenformat geschrumpft, genannt »trenchies«. Im Frühjahr 2024 entwickelte Kiew einen neuen EloKA-Rucksack, der im Frequenzbereich von 720 bis 1050 Megahertz arbeitet und so ein breites Spektrum von UAVs stören und außer Gefecht setzen kann.

Seit Februar 2022 ist die Produktion von EloKA-Systemen in der Ukraine um 40 bis 50 Prozent gestiegen, aber laut Maria Berlinska, einer ehemaligen Pilotin von Aufklärungsdrohnen, deckte die ukrainische EloKA-Produktion in der ersten Jahreshälfte 2024 nicht einmal 5 Prozent des Bedarfs an der Front. Auf ukrainischer Seite sollen dort nur durchschnittlich zwei EloKA-Geräte pro Bataillon zur Verfügung stehen – ein Bataillon umfasst 300 bis 800 Soldaten.

Aufgrund der Effektivität von Drohnen und dem Mangel an Raketen und Artilleriemunition, versucht die Ukraine die UAV-Produktion so schnell wie möglich auszuweiten. Nach Aussage des ukrainischen Oberkommandos verlor die Ukraine im Frühjahr 2024 jeden Monat 10 000 Drohnen, die Bestände müssen also kontinuierlich aufgefüllt werden. Als eigenständigen Teil der Streitkräfte hat die Ukraine im Juni 2024 die »Unmanned Systems Force« (USF) eingerichtet, die auch den Drohnennachschub steuern soll.

Bei Kriegsbeginn gab es in der Ukraine laut Ministerpräsident Denys Schmyhal sieben Drohnenhersteller; Anfang 2024 waren es rund 200. Der Ausbau der heimischen Produktion ist also in vollem Gange und führt dazu, dass mittlerweile einhundertmal so viele Drohnen im Inland produziert werden wie im ersten Jahr nach Beginn der russischen Invasion. Vor diesem Hintergrund haben ukrainische Regierungsvertreter als Zielmarke ausgegeben, dass 2024 mehr als 1 Million Drohnen im eigenen Land produziert werden sollen. Das ist das Doppelte dessen, was die gesamte Europäische Union im vergangenen Jahr an Artilleriegranaten geliefert hat. Eine Koalition aus zehn Ländern sagte der Ukraine Anfang 2024 zudem die Lieferung weiterer 1 Million Drohnen bis Februar 2025 zu.

Auch Russland hat erwartungsgemäß seine Drohnenproduktion massiv hochgefahren. Im ersten Kriegsjahr importierte Russland tausende von Shahed-Drohnen aus Iran. Mittlerweile hat es seine eigenen Produktionsstätten aufgebaut. Für 2024 wird geschätzt, dass Russland 2024 2 Millionen Drohnen produzieren wird.

In der Ukraine beteiligen sich mittlerweile auch Privatleute an der Herstellung von UAVs. In den sozialen Medien wimmelt es von Posts aus winzigen Werkstätten, in denen ukrainische Normalbürger mit Hilfe von 3D-Druckern jeden Monat tausende Drohnen anfertigen. »Viele dieser ›Do-it-yourself-Drohnen‹ werden dank Crowdfunding angeschafft oder sind sogenannte Dronations – also ›Drohnenspenden‹«, berichtet der Council on Foreign Relations.

»Der russische Einmarsch hat die Ukraine in ein gigantisches Kriegslabor verwandelt und liefert den Beweis, dass Drohnen die Waffen der Zukunft sind«, schrieb Mykola Bielieskov vom Nationalen Institut für strategische Studien in Kiew im Februar 2024 in einem Artikel für den *Atlantic Council*. Angesichts stockender Militärhilfe aus dem Ausland seien Drohnen eine kostengünstige Lösung, bei der die Ukraine die Stärken des eigenen Tech-Sektors ausspielen könne.

Nur ein geringer Teil des ukrainischen Verteidigungsbudgets (etwa 40 Milliarden USD in 2024) ist für die Anschaffung von Drohnen reserviert. Das bedeutet auch: Viele der Firmen, die in der Ukraine Drohnen herstellen, werden leer ausgehen und womöglich das Geschäft aufgeben müssen. Ein weiteres Problem für die Drohnenhersteller ist das Kriegsrecht. Es verbietet ihnen den Export, wodurch sie von alternativen Verdienstmöglichkeiten abgeschnitten sind. Im Februar 2024 teilte das ukrainische Verteidigungsministerium mit, dass nur 58 der rund 200 ukrainischen Drohnenhersteller staatliche Aufträge erhalten haben.

Dabei boomt die Nachfrage nach Drohnen. Die baltischen Staaten gaben Ende Mai 2024 bekannt, dass sie entlang ihrer Grenzen zu Russland und zu dessen Verbündeten Belarus eine »Drohnenmauer« planen, um mögliche Angriffe abzuwehren und das Gebiet zu überwachen. Litauens Innenministerin Agne Bilotaite sprach in diesem Zusammenhang von einem »absoluten Novum«.

Vor dem Hintergrund, dass in der Ukraine bereits die ersten autonomen KI-gesteuerten Drohnen zum Einsatz kommen, dürfte das Potenzial der unbenannten Flugobjekte weiter exponentiell wachsen. Eine Handvoll Operatoren könnte in Zukunft ganze Drohnenschwärme steuern, weil die Flugkörper sich selbst lenken, sobald ein Ziel ausgewählt wurde. Damit werden auch elektronische Gegenmaßnahmen, die den Kontakt zu den Operatoren abschneiden, wirkungslos.

Ein entscheidender Faktor für Russlands Erfolge auf dem Schlachtfeld im Jahr 2024 ist der extensive Einsatz von Gleitbomben. Obwohl sie technologisch simpel sind und wenig kosten, sind Gleitbomben zu einer der wirkungsvollsten Waffen Russlands geworden. Streng genommen handelt es sich nicht um Drohnen, sondern um einfache Freifallbomben aus Sowjetzeiten, über die Russland in rauen Mengen verfügt. Sie sind ein weiteres Beispiel für die Low-Tech-Innovation, die für diesen Krieg von Anfang an charakteristisch war: Russland hat die Bomben modifiziert und mit Tragflächen – einem »Universellen Gleit- und Korrekturmodul« (UMPK) – aufgerüstet und lässt sie in Frontnähe von Flugzeugen aus abwerfen. Durch die Modifizierung wird aus einer einfachen Bombe ein billiger Ersatz für eine kostspielige Lenkwaffe.

Eine solche Gleitbombe mit einem 390-Kilogramm-Sprengkopf kostet nur 24 000 Dollar. Ein Kalibr-Marschflugkörper, der einen 450-Kilogramm-Sprengkopf über eine Distanz von 1500 Kilometern befördert, schlägt mit fast 6,5 Millionen Dollar zu Buche. Die größten FAB-Bomben im russischen Arsenal, die Moskau laut Berichten seit Juli 2024 ebenfalls als Gleitbomben einsetzt, haben ein Gewicht von 3 Tonnen.

Hunderte solcher großen und todbringenden Waffen prasseln jede Woche auf ukrainische Stellungen ein, reißen 20 Meter breite Krater in den Boden und löschen ganze Stellungen aus. Da Gleitbomben mehr fallen als fliegen und sehr schnell einschlagen, ist es nahezu unmöglich, sie abzufangen. Zudem sind sie mit einer dicken Metallummantelung versehen. Auch EloGM sind gegen Gleitbomben wirkungslos, weil es keine Lenkwaffen sind. Die einzige Möglichkeit, Gleitbombenangriffe wirksam zu verhindern, ist der Abschuss der sie transportierenden Flugzeuge.

Ungeachtet des zunehmenden Kräfteungleichgewichts im drohnengestützten Landkrieg kann Kiew dank der Entwicklung treffsicherer Seedrohnen einige große Erfolge verbuchen: Es hat erreicht, dass Russlands Schwarzmeerflotte auf der Krim nicht mehr die Hausmacht ist, und die Seeblockade so weit aufgebrochen, dass die Exporte über den Seeweg wiederaufgenommen wurden.

Bereits im Herbst 2022 wurden unbemannte ukrainische Drohnenboote beim Angriff auf die russische Schwarzmeerflotte in Sevastopol eingesetzt, berichtet der ECFR. Und im August 2023 beschädigten ukrainische Streitkräfte mit Seedrohnen ein russisches amphibisches Landungsschiff und trafen einen russischen Öltanker. Ähnlich wie Russland seine FAB-Bomben adaptieren die Ukrainer ihre Seedrohnen: Sie bestücken sie mit sowjetischen Luft-Luft-Raketen und lenken sie dann gegen das Ziel.

Am 5. März 2024 zerstörten die ukrainischen Streitkräfte mit fünf Magura-V5-Seedrohnen aus eigener Produktion (Kostenpunkt 250 000 Dollar) eines der Patrouillenschiffe der russischen Schwarzmeerflotte – die »Sergei Kotow«, deren Bau rund rund 65 Millionen Dollar kostete. Da russische Schiffe, anders als im Zweiten Weltkrieg üblich, nicht im großen Stil mit Flugabwehrkanonen ausgestattet sind, kann Russland sich gegen diese Seedrohnen offenbar kaum verteidigen. Dadurch hat sich das Kräftegleichgewicht vor der ukrainischen Küste verschoben. In einer Bestandsaufnahme der Verluste, die sie Moskau in den mehr als zwei Jahren seit Kriegsbeginn beigebracht hat, kommt die Ukraine auf 26 zerstörte russische Schiffe.

Gleitbomben und Seedrohnen sind die großen Waffen, die am meisten ins Auge fallen, aber begonnen hat alles mit den »First Person View«-Drohnen (FPV-Drohnen). Sie werden von einem Menschen mit Videobrille und Fernbedienung gesteuert und sind nach wie vor die tragende Säule des Drohnenkriegs. Wer ukrainische Kommandeure gleich welcher Rangstufe fragt, mit welcher Waffe aus ihrem Arsenal sich Panzer am besten außer Gefecht setzen lassen, bekommt von allen die gleiche Antwort: mit FPV-Drohnen. Sie zählen bis heute zu den billigsten und treffsichersten Drohnentypen. Für 2024 plant die Ukraine die Herstellung von 1 Million FPV-Drohnen.

In der Eröffnungsphase eines Angriffs bieten FPV-Drohnen flexiblere Möglichkeiten als der Artilleriebeschuss. Bei einem herkömmlichen Angriff muss das Feuer eingestellt werden, sobald die eigenen Soldaten sich den feindlichen Schützengrabenlinien nähern. FPV-Drohnen treffen jedoch so präzise, dass ukrainische Piloten russische Ziele so lange weiter unter Beschuss nehmen können, bis ihre Kameraden nur noch wenige Meter vom Feind entfernt sind. Die FPV-Drohnen haben viel dazu beigetragen, die ausgebliebenen Waffenlieferungen aus dem Westen zu kompensieren. Zudem kann jeder ukrainische Normalbürger sie mit einem 3D-Drucker und einigen Youtube-Tutorials im Eigenbau herstellen.

Gestartet werden die FPV-Drohnen, die nur 500 Dollar pro Stück kosten, von improvisierten Plattformen einige Kilometer von der Frontlinie entfernt. Je nach Größe, Akku und Nutzlast variiert die Reichweite von 5 bis 20 Kilometern oder mehr. Von der massiven Überlegenheit ihrer Artillerie haben die russischen Streitkräfte bislang auch deshalb nur begrenzt profitieren können, weil die russischen Soldaten bei jedem Versuch, das Niemandsland zu überwinden, durch ukrainische FPV-Drohnen aufgespürt und zum Rückzug gezwungen werden.

Hinzu kommt, dass ständig neue Drohnen in den Kampf geschickt werden. Im Mai 2024 präsentierte ein ukrainisches Start-up namens Swarmer eine neue Serie KI-gesteuerten Drohnen, die von einer einzigen Person bedient werden können. Mit Hilfe von künstlicher Intelligenz arbeiten die Drohnen als koordinierter Schwarm zusammen.

Die Aufklärungsdrohne fliegt voraus, wählt ihren Weg eigenständig und hält nach einem Ziel Ausschau. Sobald der Operator das Ziel bestätigt, treten schwere Bomberdrohnen in Aktion und zerstören es. Abschließend fliegt eine kleine Aufklärungsdrohne hinterher und bestätigt, dass das Ziel getroffen wurde. Alle Drohnen werden von der KI gesteuert; der menschliche Operator wählt nur das Ziel und bestätigt den Schussbefehl.

Einige Prototypen KI-gesteuerter Drohnen befinden sich bereits im Kampfeinsatz und könnten sich als Game Changer erweisen. Ihr größter Vorteil ist, dass sie eigenständige Entscheidungen treffen können und daher nicht auf eine Signalverbindung zum kilometerweit entfernten Piloten angewiesen sind. Sobald der Schussbefehl erteilt wurde, agieren sie unabhängig und können nur durch Abschuss aufgehalten werden.

Aus dem Englischen von Andreas Bredenfeld

1 Kristen D. Thompson, »How the Drone War in Ukraine Is Transforming Conflict«, Council on Foreign Relations, 16. Januar 2024.

2 Ulrike Franke, »Drones in Ukraine and beyond: Everything you need to know«, European Council on Foreign Relations, 11. August 2023.

3 »There are so many drones that we just can't make it without electronic warfare systems. Why Ukraine is losing to Russia in the technology race«, *Ukrayinska Pravda*, 25. April 2024.

Dieser Text erschien zuerst auf bne/IntelliNews.

Alles neu bei der Bundeswehr?

Mit viel Geld soll die Truppe kriegstüchtig gemacht werden. Doch die Probleme bei der Beschaffung bleiben

Von Pascal Beucker

Wenn eine Rede von Olaf Scholz nach seiner Amtszeit als Bundeskanzler in Erinnerung bleiben wird, dann wird es wohl seine Regierungserklärung vom 27. Februar 2022 sein. »Wir erleben eine Zeitenwende«, sagte er auf einer Sondersitzung des Bundestags drei Tage nach dem Überfall Russlands auf die Ukraine. »Und das bedeutet: Die Welt danach ist nicht mehr dieselbe wie die Welt davor.« Gleich fünfmal benutzte der Sozialdemokrat das Wort »Zeitenwende« in seiner knapp halbstündigen Rede, um die deutsche Bevölkerung auf die tiefgreifenden Folgen des Angriffs auch für die Bundesrepublik einzustimmen. Seine Kernbotschaft: »Wir müssen deutlich mehr in die Sicherheit unseres Landes investieren, um auf diese Weise unsere Freiheit und unsere Demokratie zu schützen.« Damit meinte er die massive Erhöhung der deutschen Verteidigungsausgaben.

Konkret kündigte Scholz die Einrichtung eines 100 Milliarden Euro schweren »Sondervermögens Bundeswehr« an, mit dem »notwendige Investitionen und Rüstungsvorhaben« finanziert werden sollen. Außerdem werde Deutschland ab 2024 »Jahr für Jahr mehr als 2 Prozent« des Bruttoinlandsprodukts (BIP) in seine Verteidigung investieren. Tatsächlich hat die Bundesregierung für 2024 laut einer von der Nato veröffentlichten Mitteilung voraussichtliche Verteidigungsausgaben nach den Kriterien des Militärbündnisses von insgesamt 90,6 Milliarden Euro gemeldet, was 2,12 Prozent des prognostizierten deutschen BIPs entspricht.

Mit dieser Rekordsumme erfüllt Deutschland erstmalig das lange Zeit umstrittene 2-Prozent-Ziel der Nato. Dieses Ziel geht zurück auf die Erweiterungsdebatte Anfang des Jahrhunderts. Als auf dem Nato-Gipfel 2002 Bulgarien, Rumänien, die Slowakei, Slowenien sowie Estland, Lettland und Litauen nach Beitrittsgesuchen eingeladen wurden, Mitglieder der Allianz zu werden, war das verbunden mit der Aufforderung, »genügend Ressourcen« in die Verteidigung zu investieren. Als Richtwert galt dabei 2 Prozent des jeweiligen BIPs. Die USA drängten immer wieder darauf, eine solche Orientierungsmarke verbindlich zu vereinbaren. Festgeschrieben wurde das 2-Prozent-Ziel auf dem Gipfeltreffen 2014 in Wales, wo sich die Nato-Staaten in ihrer Abschlusserklärung verpflichteten, »darauf ab(zu)zielen, sich innerhalb von 10 Jahren auf den Richtwert von 2 Prozent zuzubewegen« und mindestens 20 Prozent davon in »neues Großgerät einschließlich damit zusammenhängender Forschung und Entwicklung« zu investieren.

Bis zum russischen Überfall auf die Ukraine war das 2-Prozent-Ziel allerdings für die Mehrzahl der Nato-Staaten nicht mehr als ein Lippenbekenntnis. 2024 erreichen es zwar 23 der 32 Nato-Staaten, drei Jahre zuvor beschränkte sich der Kreis jedoch noch auf Estland, Griechenland, Litauen, Polen, Großbritannien und die USA. Allen anderen erschien die Belastung für ihren Landeshaushalt noch zu groß. Das galt auch für Deutschland, wo das 2-Prozent-Ziel nicht nur bei der Linkspartei auf scharfe Ablehnung stieß, sondern auch von den Grünen und Teilen der SPD äußerst kritisch gesehen wurde. Aber auch CDU und CSU zeigten jenseits verbaler Bekundungen keinen besonderen Eifer, die Absichtserklärung von Wales Realität werden zu lassen. So hieß es im Koalitionsvertrag von CDU/CSU und SPD von 2018 nur vage, Deutschland werde »dem Zielkorridor der Vereinbarungen in der Nato folgen«. Zwar stieg der deutsche Verteidigungsetat von 33,1 Milliarden Euro im Jahr 2014 bis auf 47,2 Milliarden Euro im Jahr 2021, aber das war immer noch meilenweit vom 2-Prozent-Ziel entfernt.

Der Nato meldete die schwarz-rote Bundesregierung von Kanzlerin Angela Merkel 2021 Verteidigungsausgaben in Höhe von 52,4 Milliarden Euro, was 1,45 Prozent des BIPs entsprach. Die Differenz zu den 47,2 Milliarden Euro resultierte daraus, dass nach Nato-Kriterien auch verteidigungsrelevante Ausgaben aus anderen Haushaltsposten, etwa des Auswärtigen Amts, mitgezählt werden können. Ebenfalls eingerechnet werden können beispielsweise Pensionsverpflichtungen für ehemalige Soldat:innen oder das Kindergeld für Bundeswehrbeschäftigte.

Die Differenz zwischen dem regulären Verteidigungsetat für 2024 (51,95 Milliarden Euro) und den gemeldeten Verteidigungsausgaben nach Nato-Kriterien (90,6 Milliarden Euro) fällt noch größer aus, weil die rot-grün-gelbe Bundesregierung von Olaf Scholz noch 19,8 Milliarden aus dem »Sondervermögen« und darüber hinaus militärische Unterstützungsleistungen für die Ukraine dazugerechnet hat. Das »Sondervermögen« kann die Regierung auch noch 2025 und 2026 in Anschlag bringen, dann allerdings wird es aufgebraucht sein. Ab 2028 müsse daher der reguläre Verteidigungsetat auf 80 Milliarden Euro steigen, hat der Kanzler unlängst vorgerechnet. Wie jedoch unter Einhaltung der grundgesetzlich festgeschriebenen Schuldenbremse das 2-Prozent-Ziel allein aus dem Bundeshaushalt finanziert werden soll, erscheint derzeit noch als Rätsel. Ohne massive soziale Verwerfungen dürfte das nicht zu realisieren sein.

Das ist jedoch nicht das einzige Problem. Aus gutem Grund hatten die Grünen in ihrem Bundestagswahlprogramm von 2021 das 2-Prozent-Ziel der Nato als willkürlich bezeichnet und damals noch für eine »neue Zielbestimmung« plädiert, »die nicht abstrakt und statisch ist, sondern von den Aufgaben ausgeht«. Auch in Bezug auf das »Sondervermögen« wäre es sicherlich effektiver gewesen, erst den realen Bedarf zu ermitteln und sich dann auf eine entsprechende Summe zu verständigen. So jedoch erscheint der Geldregen für die Bundeswehr vor allem als Konjunkturprogramm für die Rüstungsindustrie, die sich über Rekordgewinne freuen kann. Der Börsenwert etwa von Rheinmetall stieg zwischen Februar 2022 und Februar 2024 auf das Vierfache.

Wobei der Begriff »Sondervermögen« ohnehin missverständlich ist. Tatsächlich geht es um die Aufnahme von außerordentlichen Krediten, die von der Schuldenbremse des Grundgesetzes ausgenommen sind. Schulden, die zurückgezahlt werden müssen, bleiben es trotzdem. Dienen sollen sie »der Finanzierung von Ausrüstungsvorhaben der Bundeswehr«, was »insbesondere bedeutsame Maßnahmen im Bereich der Rüstungsinvestitionen nebst mit diesen zusammenhängender Forschung, Munitionsausgaben, Infrastrukturprojekte sowie Projekte auf den Gebieten der Informationstechnologie, zum Schutz von und zur Sicherstellung des Zugangs zu Schlüsseltechnologie und Logistik für die Bundeswehr« umfasst, wie es in dem im Juni 2022 vom Bundestag verabschiedeten »Bundeswehrfinanzierungs- und sondervermögensgesetz« (BwFinSVermG) heißt. Noch bevor es beschlossen wurde, waren große Teile des Geldes bereits verplant.

Deutschlands Verteidigungsminister Boris Pistorius beobachtet die Nato-Übung »Griffin Storm«, Litauen, Juni 2023. KAY NIETFELD | DPA/PICTURE ALLIANCE

Finanziert wird von dem »Sondervermögen« vor allem eine ganze Reihe von Rüstungsprojekten, die schon seit Langem auf der Wunschliste des deutschen Militärs stehen. Einiges davon kann direkt bestellt werden, anderes befindet sich erst noch in der Entwicklung. Die meisten größeren Anschaffungen werden erst in ein paar Jahren einsatzfähig sein, manches in den kommenden Jahrzehnten.

Hauptposten ist die »Dimension Luft«, für die insgesamt 40,9 Milliarden Euro bereitgestellt werden. Konkret geht es etwa um den Kauf von F-35-Kampfjets des US-Rüstungskonzerns Lockheed Martin, die auch Atombomben abwerfen können. In den USA bestellt werden auch die neuen schweren Transporthubschrauber Modell CH-47 Chinook und Seefernaufklärer vom Typ P-8 Poseidon, jeweils von Boeing. Konkurrent Airbus kommt dafür bei Entwicklung und Kauf eines neuen Eurofighter-Modells für elektronische Kriegsführung zum Zuge. Auf der Liste stehen die Bewaffnung der israelischen Drohnen des Typs Heron TP wie auch Kommunikations- und Radarsysteme und das weltraumbasierte Frühwarnsystem Twister, ein nationenübergreifendes EU-Projekt. Ein Abwehrsystem mit einer bodengestützten Kurz- und Mittelstrecken-Flugabwehr sowie einem Drohnenschutzsystem ist ebenfalls dabei. Bis 2027 soll auch die Entwicklung des gemeinsam mit Frankreich und Spanien geplanten Kampfflugzeugprojekts Future Combat Air System (FCAS) aus dem »Sondervermögen« finanziert werden.

Bei der mit rund 19,3 Milliarden Euro veranschlagten »Dimension See« steht die Anschaffung neuer Korvetten, Fregatten und Festrumpfschlauch- sowie Mehrzweckkampfboote ebenso auf dem Programm wie das gemeinsam mit Norwegen entwickelte U-Boot der Klasse 212 CD. Fehlen darf auch nicht das neue Seeziel-Lenkflugkörpersystem Future Naval Strike Missile, ebenfalls eine deutsch-norwegische Gemeinschaftsentwicklung. Hinzu kommen U-Boot-Flugabwehrflugkörper und Geräte zur Unterwasserortung.

16,6 Milliarden Euro sind für die »Dimension Land« vorgesehen. Hier geht es insbesondere um die Nachfolge für den Schützenpanzer Marder und den Truppentransporter Fuchs sowie die Nachrüstung des Schützenpanzers Puma. Auch ein Nachfolger für das gepanzerte Schneefahrzeug BV 206 steht auf der Liste, ebenso der Transportpanzer Boxer mit Maschinenkanone. Hinzu kommen Mittel für die Entwicklung eines Nachfolgers für den Leopard-2-Panzer, der gemeinsam mit Frankreich entwickelt wird und wie das FCAS aber nur vorübergehend aus dem »Sondervermögen« finanziert werden soll, danach aus dem normalen Verteidigungshaushalt.

Für die »Dimension Führungsfähigkeit/Digitalisierung« sollen 20,7 Milliarden Euro zur Verfügung gestellt werden, vor allem für einen Rechenzentrumsverbund, aber auch für neue Funkgeräte. Hinzu kommen elektronische Führungsinformationssysteme für Einsätze und Investitionen in Satellitenkommunikation.

Neben diesen vier »Dimensionen« gibt es noch zwei kleinere Posten: Für Forschung, Entwicklung und künstliche Intelligenz (KI) sollen 500 Millionen Euro ausgegeben werden. Dabei geht es vor allem um eine bessere »land- und seegebundene robuste Navigation« unter sogenannten Navigation-Warfare-Bedingungen, wie der Störung von Satellitensignalen, sowie die Überwachung und Sicherung größerer Räume mittels KI. Für die Beschaffung von Bekleidung und Ausrüstung der Soldat:innen sind rund 2 Milliarden Euro vorgesehen.

Die Projektliste ist eine vorläufige, sie soll jährlich fortgeschrieben werden. Hinzu kommt noch die Nachbeschaffung für an die Ukraine abgegebenes militärisches Gerät. Drastisch aufgestockt werden soll zudem die Munition für die Bundeswehr. Dafür hat das Verteidigungsministerium einen Finanzbedarf von rund 20 Milliarden Euro errechnet, der aus dem laufenden Haushalt gedeckt werden soll. Das gilt auch für Maßnahmen zur Cybersicherheit, für den Zivilschutz sowie die Stabilisierung von Partnerländern, was weitere 10 Milliarden kosten dürfte.

Dass das Verteidigungsministerium in Windeseile einen langen Großeinkaufszettel vorlegen konnte, hatte einen schlichten Grund: Zwar hat Kanzler Scholz erst den großflächigen russischen Einmarsch in die Ukraine im Februar 2022 als »Zeitenwende« bezeichnet, aber eigentlich lässt sich diese für die Bundeswehr deutlich früher datieren, weil auch der Ukrainekrieg schon ein paar Jahre zuvor begonnen hatte – mit Russlands völkerrechtswidriger Besetzung der Krim im Frühjahr 2014 sowie der zeitgleichen Intervention russisch gesteuerter paramilitärischer Gruppen in den ukrainischen Oblasten Donezk und Luhansk.

Während sich Bundeskanzlerin Merkel gemeinsam mit dem damaligen französischen Präsidenten François Hollande um eine Einhegung des militärischen Konflikts bemühte (»Minsk II«), sorgte die russische Intervention zugleich für eine Umorientierung im damals von der heutigen EU-Kommissionspräsidentin Ursula von der Leyen (CDU) geführten Bundesverteidigungsministerium und der ihr unterstellten Führungsstruktur der Bundeswehr. Die Landes- und Bündnisverteidigung rückte wieder stärker in den Fokus.

Mehr als 30 Jahre zuvor hatten die deutsche Wiedervereinigung und die Auflösung des Warschauer Pakts (1991) zu einer Neuausrichtung der Bundeswehr geführt. Nunmehr »von Freunden umzingelt«, wie es der damalige Bundesverteidigungsminister Volker Rühe (CDU) 1992 formulierte, wurde keine Notwendigkeit für eine große Armee zur Landes- und Bündnisverteidigung mehr gesehen. Kollektive Verteidigung schien ihr Gewicht verloren zu haben. Zugleich fielen mit dem im März 1991 in Kraft getretenen Zwei-plus-vier-Vertrag bis dato noch bestehende Beschränkungen für den Einsatz der Bundeswehr weg. Die damalige schwarz-gelbe Regierung unter Bundeskanzler Helmut Kohl nutzte dies, um sukzessive deren Betätigungsfeld zu erweitern: Zuerst wurde nach dem Golfkrieg 1991 ein Marineverband auf Minensuche in den Persischen Golf geschickt. Dann flogen 1992 zum ersten Mal 142 blau behelmte Bundeswehrsanitäter nach Kambodscha. 1993 ging es für 1700 deutsche Blauhelme ins ostafrikanische Somalia. Anlässlich der Abstellung deutscher Soldaten in Awacs-Flugzeugen, die eine von der Nato im Auftrag der UNO über Bosnien und Herzegowina eingerichtete Flugverbotszone überwachten, entschied im Juli 1994 das Bundesverfassungsgericht, dass derartige »Out-of-Area-Einsätze« mit dem Grundgesetz vereinbar seien. Von da an verschob sich der Schwerpunkt der Bundeswehr konsequent hin zu einer weltweit agierenden Einsatzarmee.

»Out-of-Area-Einsätze« außerhalb des Nato-Gebiets – deren größter und längster die rund 20-jährige deutsche Beteiligung Deutschlands am Krieg der USA in Afghanistan war – stellen jedoch ganz andere Anforderungen an die Bundeswehr als die »klassische« Landesverteidigung. Das gilt nicht nur für die militärische Ausstattung, der Kampfpanzer Leopard 2 zum Beispiel wird da eher nicht benötigt. Auch braucht es deutlich weniger Personal, und gefragt sind speziell qualifizierte Berufs- oder Zeitsoldat:innen, also keine Wehrpflichtigen. Infolge der veränderten Schwerpunktsetzung schrumpfte die Bundeswehr: Von 1989, ein Jahr vor der Wiedervereinigung, sank die Anzahl der Soldat:innen von rund 486 800 auf 206 100 im Jahr 2011, als der Bundestag konsequenterweise – mit den Stimmen von

CDU/CSU, FDP und der Grünen gegen die Stimmen der SPD und der Linkspartei – die Wehrpflicht aussetzte, weil nur noch ein Bruchteil der Männer eines Jahrgangs überhaupt »gezogen« wurde. Zuvor war bereits die Dauer des Wehrdienstes von 15 Monaten im Jahr 1990 immer weiter reduziert worden, zuletzt betrug sie nur noch 6 Monate. Bis 2016 sank die Personalstärke weiter auf 177 800. Inzwischen sind es wieder knapp 180 000 Menschen in Uniform, davon rund 112 600 Zeitsoldat:innen, 57 400 Berufssoldat:innen sowie rund 9500 freiwillig Wehrdienstleistende.

Der derzeitige Verteidigungsministers Boris Pistorius (SPD) will die Bundeswehr bis 2031 wieder auf 203 000 Soldat:innen anwachsen lassen – nicht zuletzt durch die verstärkte Rekrutierung von Wehrdienstleistenden. Hinzukommen sollen 260 000 Reservist:innen, die im Verteidigungsfall mobilisiert werden können; bisher sind es rund 60 000. »Im Ernstfall brauchen wir wehrhafte junge Frauen und Männer, die dieses Land verteidigen können«, begründete der SPD-Politiker im Juni 2024 seine vorrangige Orientierung auf die Landes- und Bündnisverteidigung. »Wir müssen kriegstüchtig werden, wir müssen wehrhaft sein und die Bundeswehr und die Gesellschaft dafür aufstellen«, hatte er bereits im Oktober 2023 als Losung ausgegeben. Dazu gehört für Pistorius, die deutsche Armee strukturell schlanker, schneller und flexibler zu machen. Kernpunkt seiner Pläne, die er im April 2024 vorstellte, ist die Schaffung eines einheitlichen Operativen Führungskommandos. Sein Ziel ist der Aufbau einer »Bundeswehr der Zeitenwende«.

Bis 2014 konzentrierte das von Ursula von der Leyen geführte Verteidigungsministerium seine Mittel auf die großen Auslandseinsätze. Das ging auf Kosten des Zustands des dafür nicht benötigten militärischen Geräts und auch der Infrastruktur der Bundeswehr in Deutschland. Die logische Konsequenz wäre nun eigentlich gewesen, die militärischen Aktivitäten Deutschlands im Ausland zu reduzieren und die damit verbundene enorme Kostenreduzierung zu nutzen, um real vorhandene Ausrüstungsprobleme der Bundeswehr anzugehen. Aktuell ist die Bundeswehr jedoch immer noch weltweit in zwölf Einsätzen. Anstatt über eine möglicherweise falsche Prioritätensetzung und ineffektive Strukturen zu diskutieren, begann damals das bis heute anhaltende Lamentieren, die Bundeswehr sei »kaputtgespart« worden. Dabei hatte das Verteidigungsministerium seinen Beschaffungsetat regelmäßig nicht einmal ausgeschöpft. So blieben 2013 rund 1,6 Milliarden Euro ungenutzt, 2014 waren es rund 760 Millionen Euro. Einer der Gründe war, dass die Rüstungsindustrie Liefertermine nicht eingehalten hatte.

Das Beschaffungssystem sei eine »Großbaustelle«, musste von der Leyen seinerzeit einräumen. Das ist es seit der Gründung der Bundeswehr. Schon die Bestellungen des Schützenpanzers HS 30 sowie des Kampfflugzeugs Lockheed F-104 Starfighter in den 1950er Jahren waren skandalumwittert und führten zu Bundestagsuntersuchungsausschüssen. Seit 2012 ist das Bundesamt für Ausrüstung, Informationstechnik und Nutzung der Bundeswehr (BAAINBw) in Koblenz zuständig für die Ausstattung der Bundeswehr. An dem grundsätzlichen Problem hat das jedoch nichts geändert. Nachgelagerte Dienststellen miteingerechnet, arbeiten etwa 11 100 Beschäftigte für das BAAINBw, das als korruptionsgefährdetes Bürokratieungetüm gilt. An eine tiefergreifende Reformierung des BAAINBw haben sich indes weder von der Leyen noch ihre Nachfolger:innen gewagt.

Letztlich konzentrierte sich von der Leyen darauf, einfach mehr Geld für die Bundeswehr zu fordern. Im Januar 2016 präsentierte die Christdemokratin eine Liste von mehr als 1500 größeren und kleineren Projekten, für die sie zusätzlichen Finanzierungsbedarf sah: von moderneren Helmen bis zu mehr Panzern, von der Nachtsichtbrille bis zum Kampfjet sowie »neuen Fähigkeiten« bei der Cyber-Kriegsführung. Da es einen erheblichen »Modernisierungsbedarf« gebe, sollten dafür in den nächsten 15 Jahren insgesamt 130 Milliarden Euro zur Verfügung gestellt werden, forderte von der Leyen.

Tatsächlich ist der Verteidigungsetat von 33,14 Milliarden im Jahr 2014 stetig gestiegen, bis auf 47,24 Milliarden in 2021, dem Jahr vor dem russischen Großangriff auf die Ukraine. Von der Leyens Nachfolger:innen waren also ziemlich erfolgreich in der Geldakquise. Weniger erfolgreich waren sie allerdings, sagt Amtsinhaber Pistorius, darin, die gravierenden Ausrüstungsmängel der Bundeswehr zu beseitigen. Ob das die Lage zutreffend beschreibt, ist jedoch strittig. So mahnt das Bonn International Centre for Conflict Studies (BICC), »in der Debatte um eine weitere Aufrüstung eine realistische und nüchterne Einschätzung der Situation nicht aus den Augen zu verlieren«. Das BICC ist eines der vier anerkannten Institute, die das jährliche Friedensgutachten erstellen. In einer November 2023 im Auftrag von Greenpeace veröffentlichen Studie kommt es zu dem Schluss: »Die Bundeswehr wurde weder kaputtgespart noch ist Deutschland verteidigungsunfähig.« Sie sei vielmehr »im ähnlichen Maße wie Frankreich und das Vereinigte Königreich in der Lage, einen Beitrag zur Bündnisverteidigung zu leisten«.

So werde nach Abzug der für die Unterhaltung der Atomwaffen in Frankreich und Großbritannien veranschlagten Mittel deutlich, dass Deutschland über die letzten 30 Jahre sogar etwas mehr für sein Militär ausgegeben habe als Frankreich, das unter den drei Staaten das wohl schlagkräftigste Militär besitzt und im Schnitt pro Jahr etwa 10 000 Soldat:innen mehr in Auslandseinsätzen unterhielt als die Bundesrepublik. »Trotz der geringeren finanziellen Mittel kam es in Frankreich zu keinen vergleichbaren Debatten über Streitkräfte, die vermeintlich ›blank‹ dastehen«, konstatieren die Studienautor:innen des BICC. Das Beispiel des Vereinigten Königreichs zeige überdies, »dass sich höhere Militärausgaben nicht automatisch mit leistungsfähigeren Streitkräften gleichsetzen lassen«. Das Land mit den im Vergleich zu Deutschland und Frankreich höchsten Militärausgaben besitze zwar eine äußerst schlagkräftige Marine und halte eine vergleichsweise hohe Zahl an Soldat:innen im globalen Einsatz, »kann aber aufgrund seiner veralteten Ausstattung – insbesondere der Landstreitkräfte – keinesfalls mehr als die Bundeswehr zur Bündnisverteidigung beitragen«.

Gleichwohl sieht das Friedensinstitut durchaus auch bei der Bundeswehr Reformbedarf – und zwar im Beschaffungswesen. So wiesen die Verzögerungen, Mehrkosten und technischen Mängel rund um die Entwicklung und Produktion des Schützenpanzers Puma, der Fregatte F125 wie auch weiterer Vorhaben auf »erhebliche Probleme« hin. Das Beschaffungswesen in Frankreich erscheine hier vergleichsweise effizient. Noch ist offen, ob sich Boris Pistorius mehr Mühe als seine Vorgänger:innen machen wird, eine Lösung für diese Großbaustelle zu finden. Die vielen zusätzlichen Milliarden, die ihm zur Verfügung stehen, sprechen eher dagegen. Zeitenwende hin oder her.

Wiedergutmachung in explosiver Währung

Kurze Geschichte der deutsch-israelischen Militärhilfe

Der israelische Armeeoffizier Uziel Gal erklärt dem CSU-Vorsitzenden Franz Josef Strauß die von ihm entwickelte »Uzi«-Maschinenpistole, Israel, Mai 1963. ■ PRIDAN MOSHE | PRESSEAMT DER ISRAELISCHEN REGIERUNG

Von Daniel Marwecki

Nach den Massakern der Hamas vom 7. Oktober 2023 sagte Bundeskanzler Olaf Scholz im Bundestag: »In diesem Moment gibt es für Deutschland nur einen Platz: den Platz an der Seite Israels«. Das blieben keine leeren Worte. Deutschland verzehnfachte seine Waffenexporte nach Israel und ist damit auch in diesem Krieg Israels zweitwichtigster militärischer und politischer Unterstützer nach den USA. Laut dem schwedischen Friedensforschungsinstituts Sipri stammten in den letzten Jahren 69 Prozent aller israelischen Waffenimporte aus den USA und 30 Prozent aus Deutschland.[1] Die Bundesrepublik ist tiefer in den Nahostkonflikt verstrickt, als viele glauben. Anlass für einen Rückblick auf die Geschichte der Israelpolitik.

Der Staat Israel und die Bundesrepublik Deutschland wurden kurz hintereinander 1948/49 gegründet. Die Beziehungen zwischen beiden Staaten begannen mit dem Wiedergutmachungsabkommen von 1952. Warum so früh? Die offizielle deutsche Antwort, es sei eine Frage der »Moral« gewesen, kann kaum überzeugen. Dem steht die unbestrittene Tatsache entgegen, dass ehemalige Nazis in der Nachkriegs-BRD weiter hohe Posten bekleideten und die gesellschaftliche Täterschaft und Teilnahme an der fast vollständigen Vernichtung der europäischen Juden geleugnet wurde.

Dass es nicht »die Moral« war, hat Konrad Adenauer selbst bezeugt. Im Januar 1966 wurde er von Günter Gaus nach den Motiven für seine »Wiedergutmachungspolitik« befragt. Der erste Nachkriegskanzler gab zur Antwort: »Wir hatten den Juden so viel Unrecht getan, wir hatten solche Verbrechen an ihnen begangen, dass sie irgendwie gesühnt … oder wiedergutgemacht werden mussten, wenn wir überhaupt wieder Ansehen unter den Völkern der Erde gewinnen wollten.« Dann fügte er hinzu: »Die Macht der Juden auch heute noch, insbesondere in Amerika, soll man nicht unterschätzen.«[2] Die Wiedergutmachungszahlungen waren für Adenauer weniger ein Gebot der Moral als ein Mittel, Deutschlands Ruf wiederherzustellen.

Bei Israels Gründung waren ein Drittel der Bevölkerung Holocaust-Überlebende. Die meisten Israelis hatten Familienangehörige oder Freunde verloren. Dass mit dem Land der Mörder Beziehungen geknüpft wurden, hatte einen einzigen Grund: materielle Not. Zudem waren die Perspektiven Israels im Nahen Osten nach dem Unabhängigkeitskrieg und der Vertreibung eines Großteils der palästinensischen Bevölkerung so prekär wie ungewiss.

Für die Bundesrepublik war das Wiedergutmachungsabkommen mit Israel der erste größere Vertrag über Reparationszahlungen nach 1945. Die BRD verpflichtete sich, 3,45 Milliarden D-Mark an Israel zu zahlen. Zwei Drittel dieser Summe wurden mit Rohstoffen, Maschinen und Schiffen beglichen. Der Rest floss in die Öllieferungen britischer Unternehmen. Die jährlichen Zahlungen überstiegen nie 0,2 Prozent des Bruttonationaleinkommes. Sie waren keine Belastung, sondern im Gegenteil ein Beitrag zum westdeutschen

»Wirtschaftswunder«, weil die Reparationen die Produktion der Exportindustrie ankurbelten.

Die anfangs wirtschaftliche »Normalisierung« weitete sich rasch auf die militärische Ebene aus. Zwischen dem Suez-Krieg (1956) und dem Sechstagekrieg von 1967 wurde die Bundesrepublik für Israel neben Frankreich zum wichtigsten Rüstungslieferanten. Nach Dokumenten des bundesdeutschen Außenministeriums umfasste die ab 1957 geleistete Militärhilfe[3] hauptsächlich leichte Waffen, Patrouillenboote und militärische Ausbildung. 1962 folgte ein erster umfassender Rüstungskooperationsvertrag, der die Lieferung von schwerer Artillerie, Transportflugzeugen, Hubschraubern, Schiffen und U-Booten vorsah. 1964 wurde Bonn von Washington gedrängt, 150 US-amerikanische Patton-Kampfpanzer auf die deutsche Lieferliste zu setzen. Das Pentagon wollte eine direkte Lieferung an Israel vermeiden, um im arabisch-israelischen Konflikt offiziell neutral dazustehen.

Das erklärt einiges, aber nicht alles an der Geschichte der bundesdeutschen Militärhilfe, die für Israel im Wortsinne lebenswichtig war. Bei seinem Antrittsbesuch im Bundeskanzleramt im August 1965 verkündete Asher Ben-Natan, Israels erster Botschafter in Bonn, dass der Nahostkrieg nur »wenige Tage« dauern werde. Israel müsse nur stets vorbereitet sein, auch deshalb spiele die deutsche Militärhilfe »für die Sicherheit Israels eine sehr große Rolle«.

Wie richtig diese Einschätzung war, zeigte sich zwei Jahre später. Dass der arabisch-israelische Krieg von 1967 nur sechs Tage dauerte, lag auch an der bundesdeutschen Militärhilfe. Der BRD-Botschafter in Tel Aviv berichtete zwei Tage nach Kriegsende in einer Depesche an sein Außenministerium: »Ein Generalstabsoffizier sagte mir, dass sich die von uns gelieferten modernisierten und stärker armierten Panzer M48 hervorragend bewährt hätten.«[4] BRD-Diplomaten bekamen später von ihren arabischen Kollegen immer wieder vorgehalten, wie wichtig die deutschen Waffenlieferungen für die israelische Kriegsführung gewesen seien.

Eine wichtige Hilfe war auch der Kredit über 644,8 Millionen D-Mark, der wie die Waffen der Geheimhaltung unterlag (Kodename »Operation Geschäftsfreund«). Diese Gelder wurden 1965 nach der Aufnahme der diplomatischen Beziehungen zu Entwicklungshilfe umdeklariert.

Mit der Vertiefung der Beziehungen zu Israel ging es in der frühen Bundesrepublik weitaus zügiger voran als mit der Aufarbeitung der eigenen Vergangenheit. Mit der Folge, dass sich im Verhältnis zu Israel eine Wahrnehmung breitmachte, die den alten Antisemitismus auf bizarre Weise ins Gegenteil verdrehte. So schrieb etwa Gerhard von Preuschen, der offizielle Beobachter der Bundesregierung beim Eichmann-Prozess, in seinem Abschlussbericht an das Auswärtige Amt: »Eine der stärksten Eindrücke für den europäischen Besucher ist der vollkommen neue und sehr vorteilhafte Typus der israelischen Jugend. Sie hat fast gar nichts mehr an sich von dem, was man gemeinhin als jüdisch anzusehen gewohnt war. Großgewachsen, vielfach blond und blauäugig, frei und selbstbewusst in den Bewegungen mit gut geschnittenen Gesichtern stellen die Kinder der eingewanderten deutschen Juden einen neuen, bisher unbekannten Typus des Juden dar.«[5]

Dieser unverblümte Rassismus zeugt von einem überaus selbstbezogenen Blick auf Israel. In ähnlicher Weise würdigte die westdeutsche Presse, vorweg die Springer-Zeitungen, dessen »Blitzsieg« von 1967 und General Dajan, der mit dem deutschen Offizier Rommel verglichen wurde. Die besiegten arabischen Armeen wurden dagegen mit Begriffen verunglimpft, die noch aus dem Wortschatz des preußischen Militarismus stammten.

Das letzte Kapitel dieser kuriosen Beziehungsgeschichte aus der Nachkriegszeit handelt von dem ersten Bonner Botschafter in Israel. Die internen Berichte des früheren Wehrmachtsgenerals Rolf Pauls strotzen nur so von antisemitischen Klischees: »Sie sagen Moral, aber meinen Geld«, notierte Pauls etwa 1965 über seine israelischen Gesprächspartner. Wie Adenauer war er der Überzeugung, dass »Israel und die Juden an den Weltzentren der öffentlichen Meinungsbildung entscheidenden Einfluss ausüben«. Deshalb könne Deutschland es sich nicht leisten, Israel die Unterstützung aufzukündigen. Für den Fall befürchtete er, dass »die Juden von Jerusalem über London bis New York alle Hunde von der Kette lassen«.

Kritiker der bundesdeutschen Israel-Politik brachten ein anderes moralisches Argument vor: Während sich die Bundesrepublik zur Verantwortung für Israels Sicherheit bekenne, bleibe sie gleichgültig gegenüber dem Schicksal der Palästinenser. Diese Kritik übersah freilich, dass das Ganze von vornherein mit Moral wenig zu tun hatte. Natürlich wusste man im Nachkriegsdeutschland, als man den jungen israelischen Staat mit Waffenlieferungen unterstützte, von den palästinensischen Flüchtlingen. Doch in einer Epoche der gewaltsamen Bevölkerungsverschiebungen – im Nachkriegseuropa wie in den alten Kolonialgebieten – brachte man kaum Verständnis für das Elend eines vertriebenen Volks auf, das nicht die Mittel hatte, sich Gehör zu verschaffen.

Über das Gebot humanitärer Hilfe für palästinensische Flüchtlinge wurde damals innerhalb der Bundesregierung durchaus diskutiert. Denn man wollte auch das Wohlwollen der arabischen Staaten zurückgewinnen, die zu Recht vermuteten, dass das Bonner Engagement für Israel über die sichtbare Unterstützung hinausging. Es gab auch humanitäre Hilfen, wobei die BRD-Regierungen unbedingt den Eindruck vermeiden wollten, eine »indirekte Verantwortung« auch für die vertriebenen Palästinenser anzuerkennen.

Heute unterstützt Deutschland zwar weiterhin das Selbstbestimmungsrecht der Palästinenser in Gestalt eines Staats auf dem Territorium des Westjordanlands, des Gazastreifens und Ostjerusalems. Diese Unterstützung bleibt jedoch dem Primat der Beziehungen zu Israel untergeordnet. Dass die Palästinenser bis heute keinen Staat haben, hat also auch Deutschland mitzuverantworten.

Stattdessen hat sich die Bundesrepublik seit dem 7. Oktober tief in einen existenziellen Krieg verstrickt, aus dem sie keinen Ausweg findet. Es scheint so, als würde die Bundesregierung nicht nur für Israel und gegen die Hamas, sondern auch gegen die palästinensische Zivilbevölkerung Partei ergreifen. Der Außenpolitik fehlen die Instrumente, das Ihrige zu tun, diesen Krieg zu beenden. Der Öffentlichkeit indes fehlt die Sprache. Eine Debatte über die deutsche Verantwortung in diesem Krieg findet nicht statt.

Aus dem Englischen von Sigrid Ruschmeier

1 Siehe Pieter D. Wezeman, Katarina Djokic, Mathew George, Zain Hussain und Siemon T. Wezeman, »Trends in international arms transfers«, Sipri Fact sheet, März 2024.
2 Das Gaus-Interview im ZDF unter: archive.org/details/AdenauerInterview.
3 Am 27. Dezember 1957 einigten sich die Verteidigungsminister Franz Josef Strauß und Schimon Peres; die ersten Lieferungen erfolgten Anfang 1958.
4 Akten zur Auswärtigen Politik der Bundesrepublik Deutschland (AAPD) 1967/214.
5 Politisches Archiv des Auswärtigen Amts (PA AA), B1, Bd. 81, 13. September 1961.

Erstmals erschienen in *Le Monde diplomatique* vom April 2020. Aktualisiert.

KISHIDA

Zeitenwende in Tokio

Japan verabschiedet sich von seinem Verfassungspazifismus

Von Jordan Pouille

Am 27. November 2022 verkündete Premierminister Fumio Kishida eine Zeitenwende in der japanischen Verteidigungspolitik. Nach einer Spritztour im Kampfpanzer bei einem Besuch der Landstreitkräfte auf dem Militärstützpunkt Asaka nördlich von Tokio sagte er, man sei bereit weiter aufzurüsten: »Die Sicherheitslage um Japan verändert sich so schnell wie nie zuvor. Bedrohungen, wie wir sie nur aus Science-Fiction-Romanen kannten, sind Realität geworden.«

Wenige Tage später kündigte Kishida an, dass die Militärausgaben in den fünf Jahren bis 2027 auf 315 Milliarden US-Dollar verdoppelt werden würden. Damit verfügt Japan nach den USA und China über das drittgrößte Militärbudget der Welt. Analog zu der seit 2014 geltenden Selbstverpflichtung der Nato-Länder – Japan ist kein Mitglied in dem Verteidigungsbündnis – fließen 2 Prozent des Bruttoinlandsprodukts in die Rüstung.

Im Kontext dieser Sicherheitsstrategie werden sich die Aufgaben der Selbstverteidigungsstreitkräfte (SDF), wie die japanische Armee offiziell heißt, grundsätzlich ändern. Sie sollen das Land nicht mehr nur verteidigen, sondern können zukünftig auch selbst angreifen und feindliche Stützpunkte zerstören. Diese Wende hat sich schon länger angebahnt. So erzählt Ken Moriyasu, Korrespondent der Wirtschaftszeitschrift *Nikkei Asia,* von einem Podiumsgespräch mit Itsunori Onodera, dem Vorsitzenden der Sicherheitskommission der Liberaldemokratischen Partei (LDP) und früheren Verteidigungsminister unter Shinzō Abe (1954–2022), und dem LDP-Abgeordneten Taku Otsuka, das im August 2022 in einem Tokioter Palais stattfand. Es ging um eine mögliche chinesische Invasion Taiwans. Onodera, der auch ein enger Vertrauter des aktuellen Premiers Kishida ist, war sich mit seinem Parteifreund einig, dass China die von ihm beanspruchten Senkaku-Inseln (Chinesisch: Diaoyu-Inseln) und Taiwan gleichzeitig überfallen würde: »Sie haben überlegt, was dann zu tun wäre. ›Sollen wir zuerst unsere Landsleute aus Taiwan evakuieren?‹ Nach einigem Hin und Her haben sie sich darauf geeinigt, dass man sich auf Senkaku konzentrieren sollte.«

In jenem August war die Anspannung groß. Wenige Tage nach dem Taiwan-Besuch der damaligen Sprecherin des US-Repräsentantenhauses Nancy Pelosi landeten fünf ballistische Raketen, die China bei Militärübungen rund um Taiwan abgefeuert hatte, in den Gewässern der ausschließlichen Wirtschaftszone (AWZ) Japans.[1] Die Insel Yonaguni, auf der Japan schon 2016 eine Radarstation installiert und 160 Soldaten stationiert hat, liegt nur 110 Kilometer von Taiwan entfernt. »In den kommenden Jahren wird es China darauf anlegen, die japanisch-amerikanische Allianz auf die Probe zu stellen«, sagt Moriyasu. Offiziell sei für Washington jeder Angriff auf japanisches Territorium gleichbedeutend mit einer Bombe auf Manhattan. Allerdings ist sich Moriyasu nicht so sicher, ob das auch im Ernstfall noch gilt.

Spätestens seit Oktober 2021 wissen die Japaner, dass die Chinesen schon üben. Auf Satellitenbildern aus der Wüste Gobi lässt sich besichtigen, wie das chinesische Militär eine Nachbildung des US-Luftwaffenstützpunkts Kadena (Okinawa) attackiert. Murano Masashi, Japan-Experte an der konservativen Denkfabrik Hudson Institute in Washington, glaubt, dass dieser Stützpunkt sofort ausgeschaltet werden würde, wenn Taiwan angegriffen wird. Die USA versichern stets, das ihre auf Okinawa stationierten 30 000 Soldaten unverzichtbar seien – nicht zuletzt zum Schutz der Inselbewohner selbst.

Im Weißbuch »Verteidigung Japans 2024«[2], das zum 70-jährigen Jubiläum der SDF-Gründung erschien, wird gleich im zweiten Absatz auf die bedrohlichen Aktivitäten Chinas im Pazifik und im Ostchinesischen Meer, wo die Senkaku-Inseln liegen, hingewiesen. Als weitere Feindstaaten gelten Nordkorea und das mit China kooperierende Russland. Drei Ziele gelte es zu verfolgen, schreibt Minister Minoru Kihara: Ausbau der Verteidigungsbereitschaft, Vertiefung der Kooperationen mit dem Hauptbündnispartner USA (»Eckpfeiler der nationalen Sicherheitspolitik«) und anderen »gleichgesinnten« Partnerländern sowie die Personalfrage in der Armee (Rekrutierung von Nachwuchs, Kampf gegen sexuelle Belästigung und Schikanen). Zu den gleichgesinnten Partnern, die sich von China bedroht fühlen, zählen etwa die Philippinen, mit denen Japan bislang nur wirtschaftliche Beziehungen unterhalten hat: Am 8. Juli 2024 haben die beiden Länder – vertreten durch die japanische Außenministerin Yoko Kamikawa und den philippinischen Verteidigungsminister Gilberto Teodoro – einen Militärvertrag unterzeichnet. Für Japan ist es der erste Vertrag dieser Art mit einem anderen asiatischen Staat.

Neben den exorbitanten Militärausgaben kritisiert die Opposition, dass die neue Offensivstrategie gegen Japans pazifistische Verfassung verstoße. Auch wenn diese dem Land nach der Kapitulation von 1945 durch die USA auferlegt wurde, wird sie bis heute von vielen hochgehalten, insbesondere der Artikel 9, in dem es heißt: »Im aufrichtigen Streben nach einem auf Gerechtigkeit und Ordnung gegründeten internationalen Frieden verzichtet das japanische Volk für alle Zeiten auf den Krieg als ein souveränes Recht der Nation und auf die Androhung oder Ausübung von Gewalt als Mittel zur Beilegung internationaler Streitigkeiten. Um das (…) zu erreichen, werden keine Land-, See- und Luftstreitkräfte oder sonstige Kriegsmittel unterhalten. Ein Recht des Staats zur Kriegsführung wird nicht anerkannt.«

Für dieses Prinzip demonstrieren die Verfassungspazifisten regelmäßig vor dem imposanten Parlamentsgebäude Kokkai-gijidō und

Der japanische Premierminister Fumio Kishida bei einem Besuch auf dem Militärstützpunkt Asaka bei Tokio, 27. November 2021. KYODO/PICTURE ALLIANCE

verteilen ihre Flugblätter: »Frieden kann nie mit Gewalt geschaffen werden«, »Militärexpansionen lassen sich nicht zurückdrehen« und »Unsere Inseln dürfen keine Festungen werden«. Ein Teilnehmer, der für eine karitative Organisation arbeitet, findet es nur schade, dass die meisten Demonstrant:innen so betagt sind und der Nachwuchs fehlt.

Die japanische Jugend sei sehr auf sich selbst bezogen, meint ein Arzt, der im Universitätsviertel Gotanda in einem großen Krankenhaus arbeitet. Viele junge Leute würden überhaupt keine Fremdsprachen beherrschen. Sie würden sich auch nicht ernsthaft mit der internationalen Bedrohungslage auseinandersetzen: »Die Jungen denken, die Regierung habe recht, wenn sie sagt, wir müssten unsere Verteidigungskraft stärken. Aber eigentlich verlassen sich alle darauf, dass wir von unserem großen amerikanischen Verbündeten gerettet werden.«

In einem Nachbarviertel sprechen wir mit dem 17-jährigen Hiroharu Kamo. Der künftige Jurastudent ist zwar für die staatliche Propaganda nicht unempfänglich, macht sich aber auch seine eigenen Gedanken: »Wenn unsere Regierung an der Seite Amerikas kämpfen will, um Taiwan zu verteidigen, werden die jungen Japaner nicht mitmachen wollen. Mit den Amerikanern die chinesischen Angreifer vertreiben, das ist nichts für mich.« Allerdings würde der junge Mann im Verteidigungsfall als Reservist bereitstehen – eine Wehrpflicht gibt es in Japan nicht. »Wenn Taiwan überfallen wird, sind als Nächstes Okinawa und Kyushu dran. Spätestens dann müssen wir uns verteidigen!«

Kimitoshi Morihara ist außenpolitischer Sprecher der Kommunistischen Partei Japans, die 6,8 Prozent der Stimmen bei den letzten Parlamentswahlen 2022 bekam. Er spottet über die LDP-Nationalisten, die »sich nicht schämen, in der Allianz mit Washington den Juniorpartner zu spielen«. Das Einzige, was die Liberaldemokraten den USA vorwerfen würden, sei die Verfassung, weil sie Japan daran hindere, »seine Macht zu zeigen und wie andere reiche Länder Truppen ins Ausland zu schicken«. Die Kommunisten sind glühende Anhänger des Verfassungspazifismus. Wenn sie sich versammeln, muss ihre imposante Parteizentrale in Shibuya von der Polizei geschützt werden. Als wir uns zum Interview trafen, tauchten die Nationalisten mit ihren Kastenwagen auf, geschmückt mit den Fahnen des kaiserlichen Japan und der Ukraine. Sie umkreisten aber lediglich das Gebäude und brüllten in ihr Megafon.

In der japanischen Presse wird die Unterstützung durch die USA einhellig als selbstverständlich betrachtet – eine Position, die sich nach dem russischen Überfall auf die Ukraine bestätigt sieht. Im Juni 2022, wenige Monate nach Kriegsbeginn, erklärte der LDP-Politiker Onodera in einem Interview: »Russland hat die Ukraine angegriffen und dachte, das ist eine schwache Nation, die keine Unterstützung erhalten wird. Niemand wird Japan angreifen, wenn es starke Verbündete hat, die es verteidigen.« Das sagt auch Abes ehemaliger Auslandsberater Tomohiko Taniguchi, der unter anderem Vorlesungen an der Keio-Universität in Tokio hält und sich vor seinen Studierenden in Rage redet: »Russland, Nordkorea, China – nie zuvor stand unser Land gleichzeitig drei feindlichen Nuklearmächten, drei undemokratischen Staaten gegenüber. Und gleichzeitig altert unser Land, die Bevölkerung schrumpft, die Wirtschaft wächst nicht schnell genug. Für Japan ist es praktisch unmöglich, so schnell zu wachsen wie China und dessen Macht etwas entgegenzusetzen. Unsere einzige vernünftige Option besteht darin, eng mit Staaten zusammenzuarbeiten, die denken wie wir, wie unser alter Verbündeter USA, aber auch Australien und Indien und zukünftig die europäischen Nationen.«

Taniguchi erwähnt dabei auch den Plan von einer »Indopazifischen Allianz« – ein über den ganzen Pazifik reichendes Bündnis inklusive Australien und die USA[3]. Der Vorschlag stammt von Shinzō Abe. Er hat ihn erstmals anlässlich einer Rede vor dem indischen Parlament 2007 ins Spiel gebracht – als Gegengewicht zur militärischen Supermacht China. Doch Morihari ist skeptisch, ob dieser Plan auch wie gewünscht aufgeht: »Wenn Japan Langstreckenraketen als Abschreckung gegen China kauft, werden diese in die indopazifische Verteidigungsstrategie der USA integriert. Washington wird den Japanern nie erlauben, sie eigenmächtig einzusetzen. Japan ist ein Kunde der Amerikaner – militärisch, ökonomisch und diplomatisch.« Um diese Asymmetrie wenigstens etwas zu reduzieren, will die Regierung mit Italien und Großbritannien bis 2035 ein Kampfflugzeug entwickeln.[4]

Die Militarisierung und die vielfältigen japanisch-amerikanischen Beziehungen deutet die chinesische Staatspresse als Alarmzeichen. Allerdings hatten sich die chinesisch-japanischen Beziehungen schon länger wieder verschlechtert; zum Beispiel nachdem Tokio am 11. September 2012 drei der Senkaku/Diaoyu-Inseln ihrem privaten Besitzer abgekauft hatte und Peking danach noch häufiger in das Gebiet eingedrungen war.[5] Mit seinen regelmäßige Besuchen des Yasukuni-Schreins, in dem die Kriegsverbrecher aus dem Zweiten Weltkrieg geehrt werden, hat Abe immer wieder Öl ins Feuer gegossen. Darüber können auch nicht Xi Jinpings versöhnliche Kondolenzworte hinwegtäuschen nach Abes Ermordung im Juli 2022. Seit der Ankündigung der neuen Verteidigungsstrategie ist der Ton insgesamt feindseliger geworden.

So verwies die chinesische Parteizeitung *Global Times* wieder einmal auf Japans militaristische und koloniale Erblast: »Mit Blick auf die Zerstörungen, die die Verteidigung und militärische Modernisierung Japans in der Vergangenheit, vor allem im Zweiten Weltkrieg, angerichtet haben, wird der gegenwärtige politische Wandel Auswirkungen auf die Region haben, denn zahlreiche Staaten müssen ihre Militärausgaben erhöhen, was zu einem neuen Rüstungswettlauf in Nordostasien führen wird.«[6]

China ist nicht das einzige Land, das sich um Japans Politikwandel sorgt. In Südkorea weckt er schmerzhafte Erinnerungen an die japanische Besatzungszeit von 1905 bis 1945. Alter Streit kocht wieder hoch, insbesondere um das Verbrechen an den »Trostfrauen« (ianfu), wie der japanische Euphemismus für die koreanischen Mädchen und Frauen lautet, die von Japanern als Zwangsprostituierte in ihre Kriegsbordelle verschleppt wurden. Diese und andere Tatsachen werden in Japan zunehmend geleugnet. Seit 2017 weigert sich etwa der Gouverneur von Tokio, die jährliche Gedenkveranstaltung zu besuchen, die an das Massaker von 1923 erinnert. Damals wurden mindestens 2600 koreanische Einwanderer umgebracht. Ihnen war nach dem großen Erdbeben vom 1. September 1923, bei dem Tokio und Yokohama fast völlig zerstört wurden und 150 000 Menschen starben, vorgeworfen worden, sie hätten Brunnen vergiftet und Attentate geplant. An dem Pogrom waren ganz normale Leute, Polizisten und Soldaten beteiligt.

Der japanische Staat hat auch die Kredite für die sogenannte »strategische Verbreitung von Informationen im Ausland«[7] erhöht, die universitären Denkfabriken zugute kommt, die die »historische Wahrheit über Japan« wiederherstellen sollen. Südkorea fürchtet vor allem, dass Japan – wie es öffentlich erwogen hat – sein Militär einsetzen könnte, um »feindliche Stützpunkte« in Nordkorea anzugreifen, wodurch Südkorea unmittelbar bedroht wäre. »Wie können wir akzeptieren, dass Japan die Koreanische Halbinsel – nach der Verfassung unser souveränes Territorium – als Ziel für Präventivschläge anvisiert?«, hieß es in der Tageszeitung *Hankyoreh*.[8]

Selbst der konservative Staatspräsident Yoon Suk-yeol, der stets darauf bedacht ist, ein solidarisches Trio mit den USA und Japan zu bilden, ging auf Distanz: »Wenn es um eine Frage geht, die unmittelbar die Sicherheit der koreanischen Halbinsel oder unsere nationalen Interessen betrifft, muss es im Vorfeld natürlich eine enge Abstimmung und unser Einverständnis geben.«[9]

Derweil deutet nichts darauf hin, dass sich Nordkorea von den japanischen Drohungen beeindrucken lässt. Regelmäßig lässt Präsident Kim Jong Un ballistische Interkontinentalraketen abfeuern, die mehr als 1000 Kilometer entfernt in der ausschließlichen Wirtschaftszone Japans vor Hokkaido niedergehen. Das Ziel sei nicht Japan, beschwichtigt der Kommunist Kimitoshi: »Die Nordkoreaner wollen um jeden Preis mit den USA verhandeln. Sie brauchen die Aufmerksamkeit.« Die Selbstverteidigungsstreitkräfte versuchen zwar nicht diese Raketen im Flug zu zerstören, aber die japanische Bevölkerung wird auf sämtlichen Kanälen alarmiert, und die Behörden warnen Kryptofirmen vor den Hackern der nordkoreanischen Cyberbande »Lazarus«.

Was Russland betrifft, ist die Lage komplizierter: Premierminister Kishida hat nach dem Überfall auf die Ukraine zwar für die Sanktionen gegen Russland gestimmt, aber er hat die strategische Partnerschaft mit Moskau aufrechterhalten. Anders als der US-Konzern ExxonMobil oder die britische Shell behalten die japanischen Investoren ihre Anteile an Sachalin II, dem internationalen Konsortium zur Förderung von Erdgas und Öl im Ochotskischen Meer. Sachalin II sei »außerordentlich wichtig für die Energiesicherheit« des Landes, rechtfertigte sich der Premier. Japan hat zwar 2023 seine LNG-Importe aus Russland um 11 Prozent gesenkt (und die Importe aus den USA um 34 Prozent gesteigert), aber als einer der weltweit größten LNG-Importeure zählt das Land immer noch zu den drei größten Kunden des Energielieferanten Russland.[10]

Für andere nachbarschaftliche Handelsbeziehungen stellt die neue Verteidigungsstrategie indes keine Gefahr dar. Zahlreiche japanische Unternehmen produzieren in der Region: So lässt der Sportartikelhersteller Asics einen großen Teil seiner Sportschuhe seit 2013 in Kambodscha produzieren, Sony besitzt in Malaysia eine Fabrik für Heimkino-Equipments, und Mitsubishi hat in Indonesien und auf den Philippinen zwei Unternehmen für Konsumkredite via App übernommen, um den Kauf seiner vor Ort produzierten Autos zu erleichtern.

Nebenbei entwickeln sich auch überraschende kulturelle Beziehungen wie zum Beispiel in Hanoi, wo die Sankt-Josephs-Kathedrale eine riesige Orgel von der Stadt Itami in der Präfektur Osaka erhalten hat. Japan ist heute der zweitgrößte ausländische Investor in Vietnam (nach Singapur) und der größte Importeur dortiger Meeresfrüchte. Aus wirtschaftlichen Gründen unterstützt Tokio gelegentlich auch Länder, die international unter Beobachtung stehen, wie im Fall Sri Lanka. Japan ist nach China zweitgrößter Kreditgeber des Inselstaats.

Obwohl Japan offiziell keine Einwanderung zulässt, gibt es verschiedene Mechanismen, wie Berufsbildungsprogramme oder Ausnahmeregelungen für Start-ups. Mittlerweile leben tausende indische Ingenieure und Softwareentwickler im Land. Tokio und Neu-Delhi haben auch ein gemeinsames Weltraumprogramm beschlossen, um bis 2030 die verborgene Seite des Monds zu erkunden – in Konkurrenz zu China, das dort als erstes Land im Januar 2019 mit einer Sonde gelandet ist.

Mittlerweile schlagen sich in Japan auch die US-Wirtschaftssanktionen gegen China deutlich nieder. So darf etwa Sony, der Weltmarktführer bei bestimmten Bildsensoren in Smartphones (CMOS), nicht mehr den Riesenkonzern Huawei beliefern. Für die chinesische Mittelschicht ist in Konsumfragen aber immer noch Japan das große Vorbild: »Es geht nicht unbedingt um Hightech. Wenn Design, Verpackung, Mode, Kosmetik und so weiter in Japan gut laufen, wollen die Chinesen (aber auch die Taiwaner, Koreaner und dann die Thailänder) das Gleiche. Das ist immer so«, erklärt Jérôme Chouchan, Präsident der französischen Handelskammer, der den belgischen Schokoladenhersteller Godiva in Japan und Korea vertritt.

Uniqlo, Japans größter Einzelhändler für Bekleidung, besitzt 900 Geschäfte in China (1600 weltweit) und eröffnet jedes Jahr 100 neue Filialen. China ist der größte Auslandsmarkt für Uniqlo, und Konzernchef Tadashi Yanai – mit geschätzten 28 Milliarden Dollar der reichste Mann Japans – ist in China hochangesehen. Heikle Themen wie Geopolitik meidet er wohlweislich.

Nachdem Hongkong und seine Spekulationsfonds für ausländische und sogar für chinesische Investoren ihren Glanz verloren haben, lockt Tokio mit steuerlichen Anreizen. Noch liegt es als Finanzzentrum weit hinter Singapur. Dennoch ist Japan immer noch eine gute Alternative für westliche Unternehmer, die in China ihr asiatisches Eldorado gesucht hatten. Der frühere Chef von Alibaba, Jack Ma, lässt es sich dort bereits gutgehen.

Mit der radikalen Abkehr von seinem historischen Verfassungspazifismus ist Japan direkt in die Frontlinie gegen China geraten. Wer darauf gesetzt hat, dass sich Japan von den USA emanzipieren würde, muss sich von dieser Aussicht bis auf Weiteres verabschieden. Andererseits könnte sich gerade diese Konstellation angesichts der atemberaubenden wirtschaftlichen Dynamik in Südostasien für Tokio noch auszahlen. Das alternde Japan befindet sich hier zwar in direkter Konkurrenz zu dem überall sehr präsenten China. Doch schon heute weigern sich die meisten asiatischen Länder zwischen Peking und Washington und deren jeweiligen Sicherheitsversprechen zu wählen.

Aus dem Französischen von Claudia Steinitz

1 Siehe Michael Klare, »Kurswechsel in der Taiwanfrage«, *Le Monde diplomatique*, September 2022.
2 »Defense of Japan 2024«, Verteidigungsministerium, Tokio.
3 Siehe Martine Bulard, »Kommt eine pazifische Nato?«, *Le Monde diplomatique*, Juni 2021.
4 Siehe Alexander Zevin, »London auf dem Kriegspfad«, *Le Monde diplomatique*, Februar 2023.
5 Siehe Olivier Zajec, »Drei Felsen, fünf Inseln«, *Le Monde diplomatique*, Januar 2014.
6 »Japan's passage of defense documents brings country away from track of post-war peaceful development: Chinese embassy«, *Global Times*, Peking, 16. Dezember 2022.
7 Tessa Morris-Suzuki, »Un-remembering the Massacre: How Japan's ›History Wars‹ are Challenging Research Integrity Domestically and Abroad«, *Georgetown Journal of International affairs*, 25. Oktober 2021.
8 Jung E-gil, »Yoon's talk of freedom, solidarity and Japan's ability to preemptively strike Korean Peninsula«, *Hankyoreh*, Seoul, 20. Dezember 2022.
9 Yonhap, Seoul, 19. Dezember 2022.
10 Siehe Yuka Obayashi und Katya Golubkova, »Mitsubishi sees Russia's Sakhalin LNG as key energy source for Japan«, Reuters, 6. Februar 2024.

Erstmals erschienen in *Le Monde diplomatique* vom März 2023. Aktualisiert.

Manöver im Mittelmeer

Von Gibraltar bis zur Levante nehmen die Konflikte zu

Von Philippe Leymarie

Die mediterrane Welt ist seit jeher ein Schnittpunkt »vieler Zivilisationen, eine auf die andere geschichtet«, wie es der Historiker Fernand Braudel formuliert hat.[1] Auch heute ist das Mittelmeer ein geografischer Raum, in dem die Interessen und Ambitionen der nördlichen und südlichen Anrainerstaaten aufeinandertreffen: der Israelis und der Palästinenser, der Europäer und Maghrebiner, der Araber und Afrikaner.

An das fast geschlossene Meeresbecken grenzen 18 Länder, plus die Inselstaaten Zypern und Malta. Über Schifffahrtsrouten im Mittelmeer, das nur 0,7 Prozent der globalen Meeresfläche ausmacht, wird etwa ein Viertel des Welthandels abgewickelt; zwei Drittel der Energietransporte nach Europa kommen über das Mittelmeer.

Für den Seeverkehr dient es als Korridor zwischen Atlantik und Indischem Ozean (durch die Straße von Gibraltar im Westen und den Suezkanal im Osten) wie auch zum Schwarzen Meer (durch den Bosporus). Geopolitisch bedeutsam ist auch das weit verzweigte Netz von Unterseekabeln.

Angesichts einer »nie dagewesenen chaotischen Multipolarität«, wie es der französische Konteradmiral a. D. Jean-Michel Martinet ausdrückt, macht all dies das Mittelmeer zum Schauplatz von Machtkämpfen und vielfältigen, immer wieder aufflammenden Krisen. Martinet ist Militärexperte beim Thinktank FMES (Fondation méditerranéenne d'études stratégiques), er sieht das Mittelmeer »als Brücke und zugleich als Puffer zwischen zwei Welten«: zwischen den Ländern an der Nordküste mit ihren »postmodernen, reichen und überalterten Gesellschaften« und denen an der Südküste, »die mit wirtschaftlichen, demografischen, sozialen und politischen Schwierigkeiten zu kämpfen haben«.[2]

Laut einem Informationsbericht der französischen Nationalversammlung, den die Parlamentarier Jean-Jacques Ferrara und Philippe Michel-Kleisbauer kurz vor dem russischen Angriff auf die Ukraine publiziert haben, ist das Mittelmeer von einem »gemeinsamen« zu einem »umkämpften« Raum geworden.[3]

Als Beleg verweisen die Autoren auf die zahlreichen Spannungsherde, die im Mittelmeer eine Rolle spielen: die Rivalitäten zwischen Russland, China und dem Westen; die Logik von Anti-Access/Area-Denial-Strategien[4], die Russland, Syrien und die Türkei betreiben; die Infragestellung des Status quo von »eingefrorenen« Konflikten (Zypern, Westsahara); die anhaltenden Auswirkungen des libyschen Bürgerkriegs auf die Länder der Sahelzone (Mali, Burkina Faso, Niger).

Seit der Veröffentlichung dieses Berichts haben die Auswirkungen der russischen Ukraine-Invasion auf das Schwarze Meer und die des Gazakriegs auf das Rote Meer das Gefahrenpotenzial in der erweiterten Region vervielfacht. Hinzu kommen die Konflikte im Mittelmeer selbst: die Dauerstreit zwischen Griechenland und der Türkei um die Inseln in der Ostägäis, um die Exploration von Gas- und Ölvorkommen sowie um den Status der Republik Nordzypern; der militärische Schlagabtausch zwischen Israel und Iran; die erneute Eskalation zwischen Israel und dem Libanon respektive der Hisbollah; die drohende Destabilisierung der Regime in Ägypten und Tunesien; die wachsenden Spannungen zwischen Algerien und Marokko wegen der Westsahara-Frage; das Wiederaufflammen des Bürgerkriegs in Libyen, das auch den regionalen Dschihadismus befeuert; mögliche Angriffe oder Sabotageakte gegen Unterwasserkabel und Pipelines; die Instrumentalisierung der Migration zu politischen Zwecken (etwa seitens der Türkei); schließlich die Streitigkeiten über die Abgrenzung der Hoheitsgewässer und ausschließlichen Wirtschaftszonen (AWZ).

Im westlichen Mittelmeer etwa hat Algerien einseitig eine AWZ deklariert, deren Grenzen die Rechte Italiens und Spaniens verletzen, weil sie ignorieren, dass auch Sardinien und die Balearen eine AWZ beanspruchen können. Im östlichen Mittelmeer wird die einvernehmliche Abgrenzung der Wirtschaftszonen durch historische Spannungen, das Streben nach regionaler Dominanz und ökonomische Interessen erschwert. Zum Beispiel beansprucht die Türkei mit ihrer 2019 verkündeten Doktrin vom »Blauen Vaterland« (Mavi Vatan) eine AWZ von 462 000 Quadratkilometern und gerät dadurch in Konflikt mit den Ansprüchen Griechenlands und Zyperns.

Als im Sommer 2020 türkische Forschungsschiffe, von Kriegsschiffen begleitet, in der umstrittenen Zone nach Gasvorkommen suchten, kam es zu gefährlichen Zwischenfällen.[5] Seitdem hat Präsident Erdoğan wiederholt mit der Besetzung griechischer Inseln in der Ostägäis gedroht, die nahe der türkischen Küste gelegen sind. Beide Ländern veranstalten in dem Spannungsgebiet regelmäßig Militärmanöver.

Ein ständiger Konfliktherd ist auch die Zuwanderungsfrage. Irreguläre Migranten erreichen Europa vor allem über das Mittelmeer; 2023 waren es 234 467 Menschen (nach Frontex-Angaben vom 26. Januar 2024). Die italienische Rechtsregierung behindert die Rettungsaktivitäten von NGOs und hält deren Schiffe unter diversen Vorwänden an Land fest. Die Route über das zentrale Mittelmeer, die als eine der tödlichsten der Welt gilt, wird damit noch gefährlicher.[6]

Die Europäische Union versucht die Migration durch verschiedene Maßnahmen einzudämmen. 2016 hatte sie mit der Türkei ein Abkommen geschlossen, das die Zahlung von 6 Milliarden Euro für die Versorgung der 3 bis 4 Millionen überwiegend syrischen Geflüchteten auf türkischem Territorium vorsah. Ungeachtet dessen öffnete die türkische Regierung im März 2020 ihre Landgrenze zu Griechenland, um Druck auf die EU auszuüben.

In Libyen unterstützt die EU seit 2017 die Küstenwache und engagiert sich in der Bekämpfung der »Schleuserkriminalität«. In Niger dagegen hat die seit Juli 2023 regierende Junta ein Gesetz aufgehoben, das die kommerziellen Schleuser kriminalisierte. Begründung: Das Gesetz sei »unter dem Einfluss ausländischer Mächte« verabschiedet worden.[7] Und in Tunesien erklärte Präsident Kaïs Saïed, sein Land könne »nicht der Grenzwächter Europas sein«.

Derweil übermalt man in Toulon, dem Heimathafen der französischen Mittelmeerflotte, die Kennungen der Kriegsschiffe, die regelmäßig im Mittelmeer patrouillieren. In Zeiten drohender Auseinandersetzungen könne »die Ungewissheit über die Identität der Schiffe ein taktischer Vorteil sein«, lässt der Generalstab der Marine verlauten.[8]

Westliche Militärs sehen einen Kipppunkt näher rücken: »Es gibt eine wachsende Unordnung, die Welt gerät aus den Fugen. Falls sich die Lage sehr schnell verschlimmert, müssen wir vorbereitet sein«, warnt Admiral Nicolas Vaujour, der Generalstabschef der

Polaris 21, Nato-Militärübung unter französischer Führung im Mittelmeer bei Toulon, Dezember 2021. BLONDET ELIOT | ABACA/PICTURE ALLIANCE

französischen Marine. Das mache eine erhöhte Bereitschaft der französischen Kriegsmarine erforderlich, aber auch größere Operationen in der Nähe zu Krisenregionen. Deswegen komme es auch häufig zu Kontakten mit russischen Schiffen, »wobei wir bemüht sind, Irrtümer und Zwischenfälle zu vermeiden«.

Die Militärs planen auch sehr viel mehr gemeinsame Manöver mit dem Ziel, das Zusammenwirken verbündeter Seestreitkräfte zu

Im gesamten Mittelmeerraum ist aktuell eine Aufrüstung der Seestreitkräfte im Gange. Die nationalen Planungen bis 2030 sehen einen gewaltigen Ausbau der Kriegsflotten vor

verbessern – »bis sie austauschbar sind«, wie es dem Generalstabschef der italienischen Marine vorschwebt, die ihre Schlagkraft ebenfalls verstärken will.

Im gesamten Mittelmeerraum ist aktuell eine Aufrüstung der Seestreitkräfte im Gange. Die nationalen Planungen bis 2030 sehen einen gewaltigen Ausbau der Kriegsflotten vor. Gemessen in Tonnage-Zahlen (und bezogen auf das Jahr 2008) legt Ägypten um 170 Prozent zu, Israel um 160 Prozent, Algerien um 120 Prozent, Marokko um 52 Prozent und die Türkei um 33 Prozent. Eine große Kriegsmarine gilt als Symbol für Prestige und Einfluss und ist konkret ein Machtinstrument zur Wahrung von Interessen.[9]

»Man rüstet auf, um seine Souveränität zu demonstrieren«, sagt Nicolas Mazzucchi, Forschungsdirektor beim Zentrum für strategische Studien der französischen Marine (CESM). Er verweist auf das Beispiel der Maghrebstaaten, die ihre Kriegsschiffe mit erstklassiger Technik ausrüsten. Algerien hat dank einer strategischen Partnerschaft mit Russland seine U-Boot-Flotte mit Marschflugkörpern vom Typ Kalibr ausgestattet und zusätzlich Militärtechnik von China gekauft. Das Verteidigungsbudget in Höhe von mehr als 8 Prozent des Bruttoinlandsprodukts war 2023 eines der größten in der Region[10] – und vor allem eine Botschaft an den Nachbarn Marokko.

Die rasante Aufrüstung zur See und in der Luft – mit Kampfjets, Radaranlagen, Flugzeug- und Raketenabwehrsystemen, Schiffen, U-Booten, Drohnen – erhöht die Gefahr unbeabsichtigter »Fehler«. Eine falsche Berechnung, eine Fehlinterpretation oder eine Provokation kann eine Eskalation auslösen. Bislang wurde bei solchen Zwischenfällen das Schlimmste meistens durch »professionelles Verhalten« verhindert.

Die Handlungsfähigkeit von Seestreitkräften wird mittlerweile auch durch verbesserte »Area Denial«-Systeme beschränkt – Raketen, die von See oder vom Land abgeschossenen werden. Admiral Ausseur verweist auf das aktuelle Beispiel der jemenitischen Huthi-Rebellen, die mit ihren Drohnen- und Raketenangriffen auf Schiffe im Roten Meer demonstrieren, dass man heute »eine Seeschlacht ohne Marine« führen kann.

Die U.S. Navy hat in den letzten Jahrzehnten den Mittelmeerraum tendenziell vernachlässigt. Das liegt auch daran, dass Washingtons sein Hauptinteresse auf die indopazifische Region verlagert hat. Dennoch sind die USA im Mittelmeer (mit der Sechsten Flotte) und im Persischen Golf (mit der Fünften Flotte) nach wie vor massiv präsent; und seit Beginn des Ukrainekriegs und zumal seit dem neuen Gazakrieg sind auch die US-Flugzeugträger wieder zurück.

Auf den rund 30 Militärbasen, die Washington im Mittelmeer und am Golf unterhält, haben die USA ein großes Arsenal von Antiraketenwaffen installiert. Ihr Hauptaugenmerk gilt dabei einerseits ihrem Protégé Israel, andererseits ihrem Hauptgegner Iran, aber auch den Seerouten, auf denen die gigantischen Containerschiffe durch den Suezkanal und das Mittelmeer nach Europa fahren.

Im Zuge ihres Engagements für die Ukraine und gegen Russland hat sich das strategische Interesse der USA am östlichen Mittelmeer wieder verstärkt. In einer Region, in der zuletzt die Türkei, Russland und ihre Verbündeten dominierten, übernimmt Washington also erneut die Führung der gestärkten Nato. Die wichtigsten US-Stützpunkte im Mittelmeerraum sind das Hauptquartier der Nato-Seestreitkräfte in Neapel und die spanische Marinebasis Rota (bei Cadiz), wo die mit dem Aegis-Kampfsystem ausgerüsteten US-Zerstörer stationiert sind.

Eine wichtige Rolle spielen auch die Awacs-Flugzeuge, die – unter US-Flagge oder mit dem »Nato«-Emblem – von Sizilien und Griechenland bis an die Grenzen der Ukraine operieren. Die Nato-Landstreitkräfte des Alliierten Oberkommandierenden in Europa (Saceur) werden vom türkischen Izmir aus koordiniert.

Der erste Staat, der bemüht war, den von den USA im Rahmen ihrer Neuorientierung nach Asien freigemachten Raum zu füllen, war Russland, das historisch schon immer zu den »warmen Meeren« strebte. Im östlichen Mittelmeer konnte es seine Präsenz dauerhaft festigen: Im Zuge des Syrienkonflikts, in den Moskau ab 2015 direkt zugunsten des Assad-Regimes intervenierte, hat Russland seine Marinebasis in Tartus ausgebaut und in Hmeimim an der syrischen Küste eine Luftwaffenbasis errichtet.

Mit der Annexion der Krim 2014 schien Russland die historische Marinebasis Sewastopol am Schwarzen Meer langfristig gesichert zu haben und schickte sich an, das Asowsche Meer zu einem russischen Binnensee zu machen.[11] Doch nach der Ukraine-Invasion im Februar 2022 wurden die Karten neu gemischt. Die russische Schwarzmeerflotte verlor in den ersten zwei Kriegsjahren etwa 20 Schiffe; zudem ist ihre Bewegungsfreiheit durch die Kämpfe eingeschränkt.

Das Montreux-Abkommen von 1936 verbietet die Durchfahrt der türkischen Meerengen (Bosporus, Dardanellen) für Kriegsschiffe von Ländern, die in einen regionalen Konflikt verwickelt sind. Deshalb musste Russland, um seine Seestreitmacht im östlichen Mittelmeer zu verstärken, auf die Baltische und die Pazifikflotte zurückgreifen: zudem hat es Probleme mit der Logistik und der Instandhaltung seines oft überalterten Materials.

Was Moskau vor allem fehlt, ist ein Netz von Stützpunkten und logistischen Versorgungsstationen, das seinem geopolitischen Ehrgeiz angemessen wäre. Dennoch sind die russischen See- und Luftstreitkräfte dank ihrer syrischen Militärbasen immer noch imstande, in einer größeren Zone des östlichen Mittelmeers die westlichen See- und Luftstreitkräfte in ihrer bislang gewohnten Bewegungsfreiheit einzuschränken.[12]

Als stärkster regionaler Akteur erweist sich damit die Türkei – dank der Kontrolle über den einzigen Zugang zum Schwarzen Meer und ihrer wichtigen energiepolitischen Rolle als Drehscheibe für Gaslieferungen aus Russland und Aserbaidschan nach Europa. Überdies hat die Türkei – als einziges »mittelöstliches« Mitgliedsland der Nato – auch geopolitisches Gewicht, schon weil sie die Südostflanke des westlichen Bündnisses abdeckt. Und demografisch gesehen ist sie das Mittelmeerland mit der zweitgrößten Bevölkerung (nach Ägypten), das zugleich Millionen Flüchtlinge, vor allem aus Syrien, aufgenommen hat.

Die Regierung in Ankara surft gern auf der antiwestlichen Welle, etwa wenn sie die internationalen Sanktionen gegen Russland nicht mitträgt. Das kann sie sich gefahrlos herausnehmen, weil sie von allen gebraucht wird: von den USA, von Europa und auch von Russland. Zudem konnte die Türkei ihre Position in der Nato noch dadurch stärken, dass sie das russisch-ukrainische Abkommen vom Juli 2022 vermittelt hat, das ukrainische Getreideexporte über das Schwarze Meer möglich machte.

Militärisch ist die Türkei in mehrere regionale Konflikte verwickelt – etwa in Libyen und in Syrien. Die USA hat sie vor den Kopf gestoßen, als sie von Russland das hochmoderne Lenkwaffensystem S-400 kaufte, woraufhin Washington die bereits bewilligte Lieferung von F-35-Kampfflugzeugen gestrichen hat. Seit Anfang 2024 jedoch zeigt sich die US-Regierung wieder bereit, Erdoğan rüstungspolitisch entgegenzukommen, um ihn für die Aufgabe seiner Blockade des schwedischen Nato-Beitritt zu belohnen.

Allerdings plant Ankara inzwischen die Entwicklung eines eigenen Kampfflugzeugs der fünften Generation namens Kaan. Tatsächlich produziert die Türkei inzwischen drei Viertel seiner Waffensysteme selbst und ist ein wichtiger Rüstungsexporteur geworden. Der größte Verkaufsschlager ist die Drohne vom Typ Bayraktar TB2, die das Unternehmen Baykar Technologies in 15 Länder liefert, unter anderem in die Ukraine.

Iran ist zwar kein Mittelmeeranrainer, verfügt jedoch über erheblichen Einfluss in der Region, vor allem mittels der schiitischen Milizen im Irak, der Hisbollah im Libanon und in Syrien sowie der Huthi im Jemen. Zudem mischt Teheran seit Längerem in der komplizierten Kurdenfrage mit, und seit dem 7. Oktober 2023 wird die Welt durch die militärische Eskalation zwischen Israel und Iran in Atem gehalten.

Als neuer Akteur im *Mare nostrum* tut sich in jüngster Zeit auch China hervor. Während Peking auf globaler Ebene als militärstrategischer Player auftritt, ist es im Mittelmeer vornehmlich an den Handelswegen interessiert. Verständlicherweise, denn mehr als zwei Drittel der chinesischen Exporte nach Europa kommen durch den Suezkanal.

Das logistische Großprojekt der »maritimen Seidenstraße« beruht unter anderem auf einem guten Dutzend Hafenbeteiligungen rund um das Mittelmeer, die der chinesische Staatskonzern Cosco (China Ocean Shipping Company) zusammengekauft hat. Diese miteinander vernetzten Hafenanlagen liegen in Ägypten (Port-Saïd, Damiette), Frankreich (Fos-Marseille), Türkei (Ambari), Griechenland (Piräus), Italien (Vado Ligure) und Spanien (Valencia). Demnächst soll auch Algerien (El-Hamdania) dazukommen, wo China seit 2012 Frankreich als größten Handelspartner abgelöst hat.

Die chinesische Kriegsflotte ist seit 2017 in Dschibuti am Ausgang des Roten Meers präsent. Es ist die bislang einzige Marinebasis im Ausland. Doch Peking könnte, wenn nötig, eine ganze Flotte ins Mittelmeer verlegen oder sogar Militärstützpunkte in der Region errichten. Auf diese Möglichkeit angesprochen, sagte Admiral Hervé Bléjean, Generaldirektor des Militärstabs der EU, im November 2022: »Die Frage ist nicht ob, sondern wann.«

Insgesamt zeichnet sich für das Mittelmeer folgendes Zukunftsszenario ab: Die europäischen Länder werden auf den Zugang zum Persischen Golf mit seinen fossilen Rohstoffen nicht mehr existenziell angewiesen sein; für Russland wird sich aufgrund des Klimawandels der Nördliche Seeweg öffnen; die USA werden sich noch stärker auf die Pazifikregion konzentrieren, wo China die größte Seemacht der Welt geworden sein wird; die weitere Reduzierung der Fischbestände, die heute schon einen kritischen Punkt erreicht hat, wird die Konflikte um die Fangrechte und -quoten weiter verschärfen; autonome Überwachungs- und Ortungssysteme, die mit Laserwaffen oder Überschallraketen verkoppelt sind, werden die Sicherheit großer Räume gewährleisten – und den Zugang zu diesen beschränken.

Ein aktuelleres Gefahrenszenario sieht der Thinktank FMES im westlichen Mittelmeer voraus. Innerhalb von fünf bis zehn Jahren könnte der alte algerisch-marokkanische Konflikt wieder aufflammen, etwa aufgrund eines Zwischenfalls in der Westsahara. Das könnte eine Kettenreaktion auslösen: Algerien verhängt ein Seeembargo gegen Marokko, woraufhin die Europäer Rabat unterstützten. In der Folge verschlechtern sich die bereits angespannten Beziehungen zwischen Paris und Algier, das mit der »Waffe der Gasversorgung« droht. Die algerische Marine nutzt ihre von Moskau gelieferten S-400-Raketen, um eine No-Access-Zone zu schaffen, und droht mit dem Einsatz von Iskander-Raketen, mit denen seine U-Boote ausgestattet sind; die Folge wäre eine Unterbrechung des Handelsverkehrs durch die Meerenge von Gibraltar.

Noch mehr Unsicherheitsfaktoren enthalten die 20-Jahres-Prognosen von FMES: die Möglichkeit eines Kriegs um Meeresressourcen (Fisch, Rohstoffe in der Tiefsee); eine tendenziell vollständige Aneignung von »Wirtschaftszonen« durch nichteuropäische Staaten (eine »Entwestlichung des internationalen Rechts«) mit daraus resultierenden Einschränkungen für den Seeverkehr im südlichen und östlichen Mittelmeer, im Schwarzen und im Roten Meer; sowie im Extremfall die Entstehung einer antiwestlichen Allianz im östlichen Mittelmeer, die die Durchfahrt von Kriegsflotten durch den Suezkanal zum Indischen und Pazifischen Ozean verhindert. Dadurch würde unter anderem Frankreichs Netz von Stützpunkten in Übersee infrage gestellt, denn seine Marine müsste dann den längeren Seeweg um Afrika herum nutzen. •

Aus dem Französischen von Claudia Steinitz

1 Fernand Braudel, Georges Duby und Maurice Aymard, »Die Welt des Mittelmeeres«, aus dem Französischen von Markus Jakob, Frankfurt am Main (S. Fischer) 1987.
2 »La Méditerranée, un espace crisogène?«, Les Grands Dossiers de Diplomatie, Paris, 19. September 2022.
3 Nationalversammlung, »Les enjeux de défense en Méditerranée«, rapport n° 5052, 17. Februar 2022.
4 Anti-Access/Area Denial (A2AD) ist eine Militärstrategie, die über Abschreckungssysteme verfügt, die die Annäherung oder den Zugang zu einem Gebiet verhindern können.
5 Siehe Niels Kadritzke, »Grenzstreit im östlichen Mittelmeer«, *Le Monde diplomatique*, September 2020; Élisa Perrigueur, »Von Kastellorizo bis Komotini«, *Le Monde diplomatique*, Januar 2021.
6 2023 registrierte die UN-Migrationsbehörde IOM auf dieser Route 2554 Tote und Vermisste; bis Mai 2024 waren es weitere 683.
7 *La Croix*, 18. Januar 2024.
8 Zitiert nach: Zone militaire-opex360.com, 5. Dezember 2023.
9 »Le réarmement naval militaire dans le monde«, Études marines, hors-série, Centre d'études stratégiques de la Marine (CESM), Paris, Januar 2023.
10 Siehe »Trends in International Arms Transfers«, Sipri, Stockholm, März 2024.
11 Benoît Vitkine, »Ukraine: emprise russe en mer d'Azov«, *Le Monde*, 12. Oktober 2018.
12 Pierre Grasser, »Déni d'accès en Méditerranée orientale: l'un des thermomètres des relations OTAN/Russie«, DSI, 14. November 2022.

Erstmals erschienen in *Le Monde diplomatique* vom Juni 2024. Gekürzt.

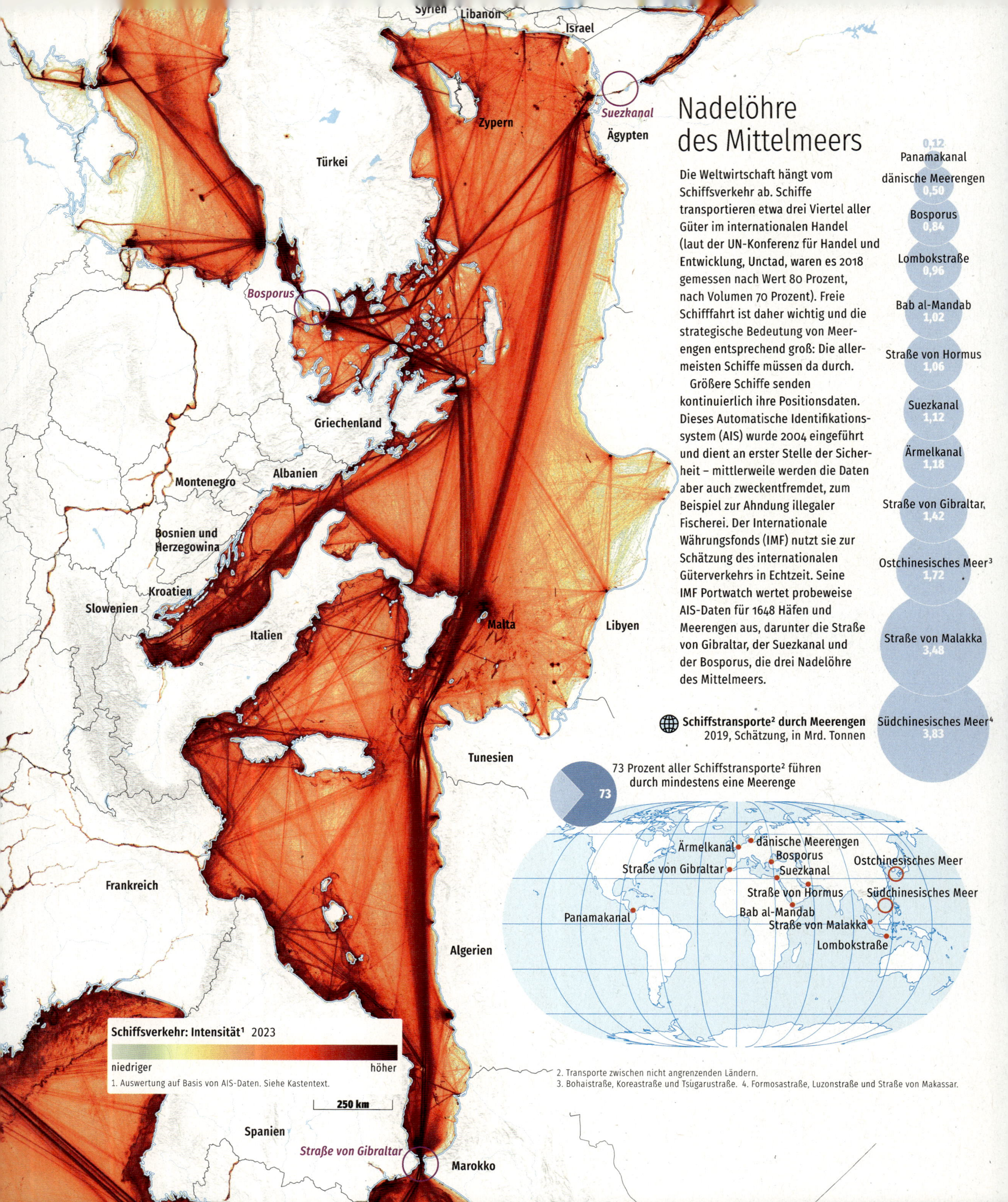

Nadelöhre des Mittelmeers

Die Weltwirtschaft hängt vom Schiffsverkehr ab. Schiffe transportieren etwa drei Viertel aller Güter im internationalen Handel (laut der UN-Konferenz für Handel und Entwicklung, Unctad, waren es 2018 gemessen nach Wert 80 Prozent, nach Volumen 70 Prozent). Freie Schifffahrt ist daher wichtig und die strategische Bedeutung von Meerengen entsprechend groß: Die allermeisten Schiffe müssen da durch.

Größere Schiffe senden kontinuierlich ihre Positionsdaten. Dieses Automatische Identifikationssystem (AIS) wurde 2004 eingeführt und dient an erster Stelle der Sicherheit – mittlerweile werden die Daten aber auch zweckentfremdet, zum Beispiel zur Ahndung illegaler Fischerei. Der Internationale Währungsfonds (IMF) nutzt sie zur Schätzung des internationalen Güterverkehrs in Echtzeit. Seine IMF Portwatch wertet probeweise AIS-Daten für 1648 Häfen und Meerengen aus, darunter die Straße von Gibraltar, der Suezkanal und der Bosporus, die drei Nadelöhre des Mittelmeers.

2. Transporte zwischen nicht angrenzenden Ländern.
3. Bohaistraße, Koreastraße und Tsugarustraße. 4. Formosastraße, Luzonstraße und Straße von Makassar.

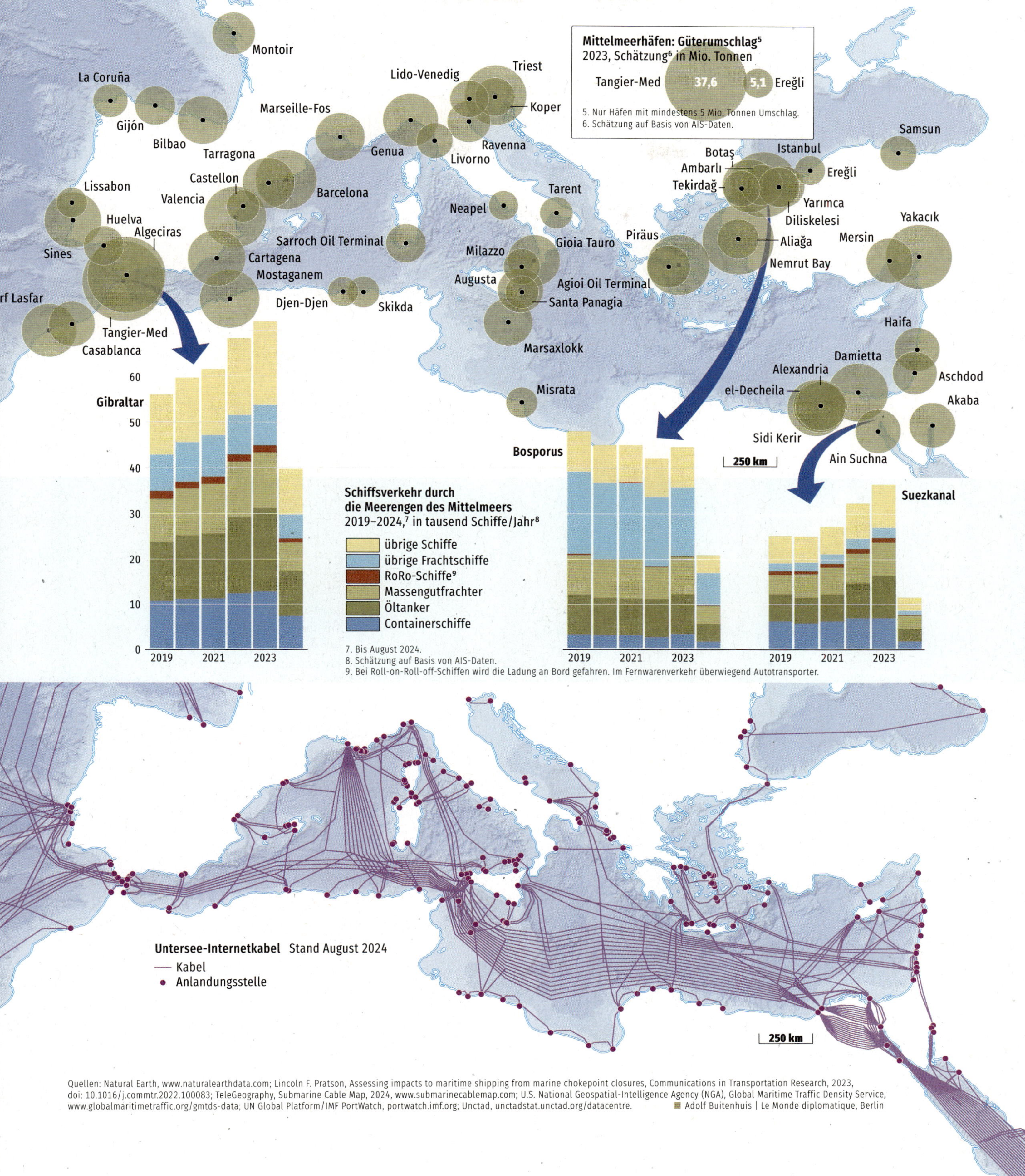

Quellen: Natural Earth, www.naturalearthdata.com; Lincoln F. Pratson, Assessing impacts to maritime shipping from marine chokepoint closures, Communications in Transportation Research, 2023, doi: 10.1016/j.commtr.2022.100083; TeleGeography, Submarine Cable Map, 2024, www.submarinecablemap.com; U.S. National Geospatial-Intelligence Agency (NGA), Global Maritime Traffic Density Service, www.globalmaritimetraffic.org/gmtds-data; UN Global Platform/IMF PortWatch, portwatch.imf.org; Unctad, unctadstat.unctad.org/datacentre.

Adolf Buitenhuis | Le Monde diplomatique, Berlin

D 17
KEEP OUT

Hochgerüstet am Golf

Die Vereinigten Arabischen Emirate haben sich zu einer ernstzunehmenden Militärmacht in der Region entwickelt

Von Eva Thiébaud

Sie sind der zehngrößte Waffenimporteur der Welt,[1] US-General James Mattis nannte sie einst »Klein-Sparta«. Die Vereinigten Arabischen Emirate (VAE) hegen militärisch und geopolitische Ambitionen – und sie führen reale Kriege, provozieren sie oder tragen aktiv zu ihrer Verlängerung bei.[2]

Während des Arabischen Frühlings intervenierten die VAE im März 2011 gemeinsam mit Saudi-Arabien in Bahrain und halfen, den Volksaufstand gegen die Al-Chalifa-Monarchie niederzuschlagen. Im Jemenkrieg, wo sie ab 2015 zusammen mit Riad die Anti-Huthi-Koalition anführten, sahen sie sich wie ihre saudischen Bündnispartner dem Vorwurf ausgesetzt, gegen das Völkerrecht zu verstoßen und die Spaltung des Landes zu betreiben.[3] In Libyen unterstützten sie – unter Missachtung eines internationalen Waffenembargos – den Kampf von Marschall Chalifa Haftar gegen die Regierung der Nationalen Einheit (GNA). Und den Bürgerkrieg im Sudan heizen die VAE an, indem sie Waffen an die aufständischen Rapid Support Forces (RSF) liefern.

Auf Waffenshows wie die alle zwei Jahre stattfindenden International Defence Exhibition (Idex) versucht die Monarchie sich ein »modernes« Image zu geben. Zugleich verschärft sie die Spannungen in der arabischen Welt – wie im Fall der regionalen Blockade gegen Katar (Juni 2017 bis Januar 2021), bei der Abu Dhabi die treibende Kraft war.

Wie erklärt sich der Aufstieg dieses Landes, dessen Bevölkerung zu 90 Prozent aus Ausländern besteht? Die Antwort ergibt sich aus einem Rückblick auf die Gründung der Föderation im Januar 1971. Damals verweigerten Bahrain und Katar den Beitritt, weil sie befürchteten, unter die Fuchtel Abu Dhabis zu geraten. So blieb es bei sieben Emiraten, deren Territorium von mächtigen Nachbarn wie Saudi-Arabien, Irak und Iran umringt ist. Damit stellte sich für die Föderation und ihr damaliges Staatsoberhaupt Scheich Zayid Al Nahyan von Anfang an die Frage nach der eigenen Sicherheit.

Als kleines Land mit schwacher Armee suchten die VAE alsbald Rückhalt beim Westen. Für die Rolle des Beschützers und Waffenlieferanten boten sich die USA an, die eine Ausweitung des sowjetischen Einflusses befürchteten. Und natürlich wollte Washington den Nahen Osten als Energiemarkt absichern *(siehe den Beitrag von Tom Stevenson auf Seite 40)*.

Die VAE wiederum waren dank ihrer reichen Öl- und Gasvorkommen in der Lage, umfangreiche Rüstungskäufe zu finanzieren und damit die westlichen Beschützer an sich zu binden. »In den 1970er und 1980er Jahren waren die Waffenkäufe für die Vereinigten Arabischen Emirate eine Möglichkeit der Prestigesicherung«, erläutert Pieter Wezeman vom Stockholmer Friedensforschungsinstitut Sipri. »Die Möglichkeiten für einen realen Einsatz der Rüstungsgüter waren aber noch sehr begrenzt.«

1990 marschierte die irakische Armee in Kuwait ein, dessen ebenfalls teuer aufgerüstete Streitkräfte die Panzer Saddam Husseins nicht stoppen konnten. Seitdem haben die VAE ihre Bündnis- und Rüstungsstrategie fortgesetzt, zugleich aber mehr Wert auf die Stärkung der nationalen Armee gelegt.

Die Beziehung zu Washington wurde zum »Rückgrat der emiratischen Armee«, erklärt Abdulkhaleq Abdulla, emeritierter Politikwissenschaftler an der Universität der VAE. Abu Dhabis Kronprinz Mohammed bin Zayid Al Nahyan (MBZ), einer von Scheich Zayids Söhnen, wurde zuerst Kommandeur der Luftwaffe, dann Generalstabschef und schließlich Vizeoberbefehlshaber der Streitkräfte. MBZ sei ein typischer Militär, der glaube, »dass sich mit Disziplin und einer mächtigen Armee fast alle Probleme lösen lassen«, meint Jalel Harchaoui, der am Royal United Services Institute (Rusi) in London forscht.

Von 1991 bis 2011 stand der US-Oberst John William McGuinness dem Scheich als Militärberater zur Seite. Damals begann die U.S. Air Force ihre Präsenz auf dem Luftwaffenstützpunkt al-Dhafra im Süden Abu Dhabis personell und materiell zu verstärken. Mit der Ausbildung von Piloten und gemeinsamen Übungen förderte sie den Aufbau der einheimischen Luftwaffe, die heute als die beste der Golfregion gilt.

2001 bekam die enge Kooperation mit den USA allerdings einen Dämpfer. Die Beteiligung zweier emiratischer Staatsbürger an den Anschlägen vom 11. September alarmierte Washington, erläutert Kristian Ulrichsen, der am James-Baker-Institut in Houston über die Golfregion forscht: »Um ihre Partner zu beschwichtigen, engagierten sich die VAE daraufhin im Afghanistankrieg.«

Die 200 Soldaten, die 2003 abgestellt wurden, waren zwar nur ein später und bescheidener Beitrag, doch für Washington hatte er einen hohen Symbolwert, weil sich erstmals ein arabisches und muslimisches Land an der Koalition gegen die Taliban beteiligte.

Außerdem hatten die VAE erkannt, dass sie sich ein anderes Image zulegen mussten. Heerscharen angelsächsischer Kommunikationsberater verpassten der Monarchie das Bild eines modernen und visionären Staats. 2006 hatte man die Zweifel in Washingtons so weit zerstreut, dass US-General Peter Pace, der damalige Vorsit-

Virtual-Reality-Panzereinsatz auf der 14. International Defense Exhibition (Idex), Abu Dhabi, Februar 2019. ■ MOHAMAD BADREDDINE | XINHUA/PICTURE ALLIANCE

zender der Joint Chiefs of Staff, die stabile Partnerschaft zwischen beiden Ländern öffentlich lobte.[4]

Mitte der 2000er Jahre kam eine junge Generation ans Ruder. 2004 folgte Khalifa bin Zayid seinem Vater als VAE-Präsident wie als Emir und Premierminister des Emirats Abu Dhabi, während sein Bruder MBZ zum Kronprinz aufrückte. 2006 wurde Mohammed bin Raschid Al Maktum Staatsoberhaupt des Emirats Dubai. Ziel der neuen Führungsriege war es, die Föderation vom Erdöl unabhängiger zu machen. Dazu ließen sie strategische Zukunftspläne wie die »Vision 2030« erarbeiten, die eine rosige Zukunft versprachen.

Die Emirate priesen in offiziellen Verlautbarungen ihr Know-how in den höchsten Tönen an, und die Edge Group stieg 2020 in die Riege der 25 größten Rüstungsunternehmen auf

Die neue Politik setzte auf die Entwicklung von Handel, Tourismus und Freizeitindustrie, Stadtplanung und neuen Technologien. Im Rahmen der wirtschaftlichen Diversifizierung sollte aber auch eine eigene Rüstungsindustrie aufgebaut werden, und zwar nach dem Prinzip von Kompensationsgeschäfte: Als Gegenleistung für ihre Waffenverkäufe mussten die ausländischen Lieferanten zur Infrastrukturentwicklung vor Ort beitragen.

So gründete das US-Unternehmen Lockheed Martin, das im Jahr 2000 den Zuschlag für die Lieferung von 80 F-16-Kampfjets erhielt und 2013 sein Raketenabwehrsystem Thaad installierte, zusammen mit einem Fonds aus den VAE das Joint Venture Ammroc, das die Instandhaltung der Flugzeuge übernahm. Viele ausländische Techniker, die bei Ammroc angestellt sind, sollten die einheimischen Beschäftigten ausbilden und den Technologietransfer erleichtern.

Nach diesem Vorbild entstanden zahlreiche halbstaatliche Rüstungsfirmen, die 2019 zum Konzern Edge fusionierten. Dank dieser Strategie avancierte die Föderation selbst zum Exporteur von militärischer Hardware, die vor allem in andere arabische Länder verkauft wurde. 2012 erwarb etwa Algerien 200 Geländefahrzeuge vom Typ Nimr. Danach priesen die Emirate in offiziellen Verlautbarungen ihr Know-how in den höchsten Tönen an, und die Edge Group stieg 2020 in die Riege der 25 größten Rüstungsunternehmen auf,[5] aus der sie mittlerweile aber wieder abgestiegen ist.

»In den VAE geht es wenig transparent zu, wie groß die Umsätze von Edge wirklich sind, weiß niemand«, erklärt der Sipri-Experte Wezeman. Er verweist damit auf die Differenz zwischen PR-Darstellung und Realität. »Eine Rüstungsindustrie in diesem Tempo aufzubauen, ist keine leichte Sache. Das Land ist nach wie vor in hohem Maß abhängig von ausländischen Lieferketten und Arbeitskräften.«

Noch skeptischer äußert sich Tony Fortin vom Observatoire des armements, einem Forschungszentrum für Abrüstungsfragen: »Abu Dhabi ist ein Einkaufszentrum für Rüstungsgüter, wobei tausende ausländische Techniker den VAE zu militärindustrieller Autonomie verhelfen.« Wezeman bezeichnet insbesondere Abu Dhabi als ein regionales Drehkreuz für Rüstungsgüter, das viele westliche Unternehmen anlockt, die von den VAE aus »leichten Zugang zu neuen Märkten erhalten, weil die Ausfuhrvorschriften dort nicht so restriktiv sind wie im Westen«. Ein Beispiel ist die kanadische Streit Group, die 2008 ein Unternehmen gründete, das von den Emiraten aus den afrikanischen Markt einschließlich Libyen mit gepanzerten Geländewagen flutet.

Dass die VAE an zahlreichen Waffenlieferungen beteiligt war, kritisiert auch die niederländische Organisation Pax. So versorgten die VAE »unter Verstoß gegen das Waffenembargo in Libyen gleichzeitig die Rebellen und die dort stationierten emiratischen Truppen«.[6] Bereits das »erhöhte« Risiko, dass Waffen in mit einem Embargo belegte Länder geliefert werden, sei Grund genug, die Exporte aus Abu Dhabi zu stoppen. Tony Fortin meint, die VAE fungierten heutzutage »als zwielichtige Durchgangsschleuse für die Rüstungsunternehmen«.

Für die VAE boten die Intervention in Bahrain 2011 und – viel stärker noch – der Krieg im Jemen eine willkommene Gelegenheit, ihr Rüstungsmaterial und ihr militärisches Personal unter realen Kriegsbedingungen einem Praxistest zu unterziehen. Im Jemenkrieg stellen die Emirate, die seit 2014 faktisch von MBZ regiert werden, für die von den Saudis geschmiedete Koalition mehr Bodentruppen als alle anderen Partner. Seit die VAE 2014 die Wehrpflicht eingeführt haben, konnten sie ihre Truppenstärke auf mehr als 60 000 Mann erhöhen.

Diese Zahl muss man allerdings relativieren. »In den VAE ist die Armee ein Instrument der Arbeitsbeschaffung, mit dem ein Teil der Öleinnahmen an die Bürger verteilt wird, vor allem an die Menschen der ärmeren Emirate im Norden«, erläutert Jalel Harchaoui. »Die Vorstellung, dass man als Soldat unter Umständen sein Leben auf dem Schlachtfeld riskieren muss, ist dort nicht sehr weit verbreitet.« Manche müssen das Risiko trotzdem eingehen. Seit Juli 2015 waren auf jemenitischem Gebiet etwa 1000 Soldaten aus den VAE im Einsatz. Laut Informationen des französischen Militärgeheimdiensts DRM gehörten 400 von ihnen zu Spezialeinheiten.[7]

Im Sommer 2015 konnten sich die Emirate zunächst auf der Siegerstraße fühlen, als die Koalitionstruppen die wichtige Hafenstadt Aden von den Huthis zurückeroberten. Doch der Tod von 45 Soldaten bei einem Raketenangriff der Huthi-Rebellen im September 2015 dämpfte die anfängliche Begeisterung schnell. Der DRM geht davon aus, dass zwischen 2015 und 2018 insgesamt 105 bis 170 Emiratis im Kampf gegen die Huthi-Milizen gefallen sind. Gemessen an der Bevölkerungszahl waren das erhebliche Verluste, die zu Spannungen innerhalb der Föderation führten.

2018 behauptete Raschid bin Hamad al-Scharqi, Prinz des Emirats Fudschaira, die Herrscher von Abu Dhabi würden die tatsächliche Zahl der Opfer verheimlichen.[8] Und in den ärmeren Emiraten, die finanziell von Abu Dhabi abhängig sind, geht ein Gerücht um, das dem nationalen Zusammenhalt abträglich ist: Demnach würden mit den gefährlichsten Missionen immer nur Soldaten aus den ärmsten Emiraten betraut. Das dürfte ein Grund sein, warum die VAE sich in anderen Konflikten nicht unbedingt engagieren wollen.

Der Politikwissenschaftler Harchaoui sieht allerdings ein Dilemma: »Wenn die Emirate ihre geopolitischen Ziele realisieren wollen, brauchen sie Truppen, die sie an die Front schicken können.« Deshalb heuern sie zunehmend private Sicherheits- und Militärfirmen an. 2011 enthüllte die *New York Times,* dass in der Nähe von Abu Dhabi einige hundert Söldner stationiert waren, die teils aus Kolumbien stammten *(siehe den Beitrag von Hernando Calvo Ospina auf Seite 68)*.[9]

Die Truppe sollte die Föderation gegen Bedrohungen von außen schützen – unter anderem aus Iran –, stand aber auch als Gewaltreserve bereit für den Fall, dass sich die in den VAE lebenden arabischen Ausländer durch die Demonstranten in Kairo oder Tunis inspiriert fühlen sollten. Den Aufbau des Kontingents übernahm eine Firma namens Reflex Responses (R2), die mit dem Milliardär Erik Prince, Gründer des US-Söldnerunternehmens Blackwater, assoziiert ist. Darüber hinaus heuerten die Saudis und die VAE auch Söldner aus dem Sudan, Tschad, Somalia und Eritrea an.

Die VAE zogen sich 2019 zwar offiziell aus dem Jemenkonflikt zurück, doch damit haben sie ihre eigenen Ziele keineswegs aus dem Blick verloren. Bis heute halten sie im Jemen den wichtigen Industriehafen Balhaf und die Insel Sokotra besetzt. Laut Emma Soubrier vom Institut du droit de la paix et du développement (IDPD) in Nizza ist dies Teil einer Strategie, die darauf abzielt, »eine Kette von Handels- und Militärstützpunkten vom Horn von Afrika bis zum Mittelmeer zu errichten«.

Zudem unterstützen die Emirate nach wie vor einzelne Fraktionen in Jemen, wie etwa den sezessionistischen Südlichen Übergangsrat (STC). Der Politikwissenschaftler Abdulla erläutert, warum die VAE keine eigenen Truppen mehr vor Ort brauchen: »Wir finanzieren tausende jemenitische Soldaten, bilden und rüsten sie aus, damit sie das Vakuum füllen.« Abu Dhabi verschleiert so sein Engagement auf dem Schlachtfeld. Auch im sudanesischen Bürgerkrieg ist dieses Vorgehen zu beobachten: Es gibt mittlerweile zahlreiche Belege dafür, dass die VAE die RSF-Milizen von General Mohammed Hamdan Daglo sowohl logistisch unterstützen als auch mit Waffen beliefern.[10]

Auch in seinem »Krieg gegen den Terrorismus« setzt Abu Dhabi auf bezahlte ausländische Kräfte. 2018 dokumentierte die Website Buzzfeed den Mordversuch an einem hochrangigen Mitglied der jemenitischen Al-Islah-Partei, des politischen Arms der jemenitischen Muslimbruderschaft, durch Söldner der US-Firma Spear Operations Group.[11]

Die NGOs Rights Radar for Human Rights und Institute for Rights and Development (IRD) erklärten im September 2020 gegenüber dem Menschenrechtsrat der Vereinten Nationen, dass die VAE US-Söldner für eine Mordkampagne im Jemen angeheuert hätten, »bei der in den letzten fünf Jahren Dutzende Politiker und Personen des öffentlichen Lebens getötet wurden«. In seinem Bericht beschreibt der UN-Menschenrechtsrat in aller Deutlichkeit die vielfachen Menschenrechtsverletzungen im Jemen, die bei »endemischer Straflosigkeit« von allen beteiligten Konfliktparteien begangen wurden.[12]

Von diesen Gräueltaten nimmt die breite Öffentlichkeit im Westen keine Notiz, und die Touristenattraktionen von Dubai locken weiterhin scharenweise westliche Urlauber in die Metropole der Emirate. Denn während die niederträchtige Ermordung des Journalisten Jamal Khashoggi im Oktober 2018 die Brutalität des saudischen Regimes kenntlich machte, blieben die Aktionen der Vereinigten Arabischen Emiraten bislang unter der Wahrnehmungsschwelle der westlichen Medien.

Warum das so ist, zeigt Ben Freeman in seiner Untersuchung über die Lobbyarbeit der Emirate in den USA: Dank dieser Aktivitäten hätten es die VAE geschafft, »dass ihre Schandtaten weitgehend im Dunkeln bleiben«.[13]

Inzwischen hat sich die Lage allerdings verändert. Nachdem die VAE während der Amtszeit von Donald Trump ein enges Verhältnis zu Washington aufgebaut hatten, war die US-Regierung unter Joe Biden der Monarchie erkennbar weniger freundlich gesinnt. »Das Verhältnis ist angespannt«, sagt Kristian Ulrichsen. »Vor allem seit den Drohnenangriffen der Huthis auf Abu Dhabi im Januar 2022, auf die die USA nach Dafürhalten der Emirate viel zu zögerlich reagiert haben.«

Um sich weniger abhängig von Washington zu machen, haben sich die VAE auf die Suche nach neuen militärischen Partnern gemacht. So kauften sie in jüngster Zeit von Frankreich 80 Rafale-Kampfjets. Auch mit Israel bestehen seit der Unterzeichnung der Abraham-Abkommen 2020 Handelsbeziehungen, die Waffengeschäfte beinhalten. Trotz des Hamas-Angriffs vom 7. Oktober 2023 und der darauf folgenden israelischen Invasion des Gazastreifens wurden sie nicht ausgesetzt; auch den Imageverlust, den die Emirate damit in der arabischen Welt erleiden, scheint man in Kauf zu nehmen.[14]

Des Weiteren bauen die VAE Beziehungen zu China auf, das 2023 den Bau eines Militärstützpunkts in Khalifa Port wieder aufnahm – sehr zum Missfallen der USA.[15] Doch während man in Washington laut Kristian Ulrichsen befürchtet, dass die an die Partner am Golf gelieferten Technologien in chinesische Hände fallen könnten, verstünden die Emiratis nicht, »warum sie sich zwischen Peking und Washington entscheiden sollen«.

Aus dem Französischen von Andreas Bredenfeld

1 Siehe die Sipri-Datenbank für den Zeitraum von 2014 bis 2023: www.sipri.org.
2 Die 1971 gegründete Föderation der Vereinigten Arabischen Emirate (VAE) besteht aus den Emiraten Abu Dhabi, Adschman, Dubai, Fudschaira, Ras al-Chaima, Schardscha und Umm al-Quwain. Die Stadt Abu Dhabi ist die Hauptstadt sowohl des gleichnamigen Emirats als auch der Föderation.
3 Siehe Pierre Bernin, »Jemens skrupellose Nachbarn«, *Le Monde diplomatique,* Januar 2021.
4 Zitiert nach: David S. Cloud, »US sees Emirates as both ally and, since 9/11, a foe«, *The New York Times,* 23. Februar 2006.
5 »Global arms industry: sales by the top 25 companies up 85 per cent; big players active in Global South«, Sipri, Dezember 2020.
6 »Under the radar: the United Arab Emirates, arms transfers and regional conflicts«,Pax, Utrecht, September 2017.
7 Vermerk des französischen Militärgeheimdienstes DRM (Direction du renseignement militaire) vom 3. Oktober 2018 zur Sicherheitslage im Jemen, veröffentlicht in »Cartographie d'un mensonge d'État«, Disclose, 15. April 2019, made-in-france.disclose.ngo.
8 David D. Kirkpatrick, »Emirati prince flees to Qatar, exposing tensions in UAE«, *The New York Times,* 14. Juli 2018.
9 Siehe Mark Mazzetti und Emily B. Hager, »Secret desert force set up by Blackwater's founder«, *The New York Times,* 14. Mai 2011.
10 Husam Mahjoub, »It's an open secret: the UAE is fuelling Sudan's war – and there'll be no peace until we call it out«, *The Guardian,* 24. Mai 2024.
11 Aram Roston, »A Middle East monarchy hired American ex-soldiers to kill its political enemies. This could be the future of war«, Buzzfeed News, 16. Oktober 2018, www.buzzfeednews.com.
12 »Situation of human rights in Yemen, including violations and abuses since September 2014«, Bericht der Expertengruppe zum Jemen, Menschenrechtsrat der Vereinten Nationen, 29. September 2020.
13 Ben Freeman, »The Emirati lobby – How the UAE wins in Washington: report«, Center for International Policy, Washington, D. C., Oktober 2019.
14 »Arab Public Opinion about Israel's War on Gaza«, Arab Center Washington, D. C., 8. Februar 2024.
15 John Hudson, Ellen Nakashima und Liz Sly, »Buildup resumed at suspected Chinese military site in UAE, leak says«, *The Washington Post,* 26. April 2023.

Erstmals erschienen in *Le Monde diplomatique* vom März 2021. Gekürzt und aktualisiert.

Es ging nie nur ums Öl

Briten und US-Amerikaner kontrollieren seit Langem die Golfregion – nicht zuletzt durch eine massive Militärpräsenz

Von Tom Stevenson

Dass es die Vereinigten Staaten und Großbritannien auf das Erdöl des Nahen und Mittleren Ostens abgesehen haben, ist allgemein bekannt. Doch der Grund für ihre Obsession wird häufig falsch diagnostiziert. Das unbeirrte angloamerikanische Interesse an den enormen Öl- und Gasvorkommen der Golfregion hat wenig mit Eigenbedarf zu tun. Bis zu Beginn der 1980er Jahre importierte Großbritannien beträchtliche Mengen saudischen Öls, seitdem deckt es seinen Bedarf vornehmlich aus der Nordsee; aktuell macht saudisches Öl nur 3 Prozent der britischen Energieimporte aus.

Noch eindeutiger liegen die Dinge in den USA, die stets nur eine symbolische Menge Öl aus der Golfregion importiert haben. Anfangs hatte das Engagement der USA und Großbritanniens im Nahen Osten zwar mit dem Ölbedarf zu tun, aber der hat ständig an Bedeutung verloren: In den 1950er Jahren bezog Europa noch drei Viertel seines Ölbedarfs aus dem Nahen Osten, heute ist es weniger als ein Fünftel.

Entscheidend war und ist vielmehr der strategische Vorteil, der aus der Kontrolle der energiereichen Golfregion erwächst. Das stellte der Chef der Nahost-Abteilung im US-Außenministerium Gordon Merriam bereits 1945 fest. Für ihn waren die saudischen Ölfelder in erster Linie »eine enorme Ressource strategischer Macht«. Und Adolf Berle, stellvertretender Außenminister unter Franklin D. Roosevelt, erklärte, die USA und Großbritannien müssten die Monarchien am Golf »ständig durch westliche Marinestreitkräfte schützen, um die »internationale Sicherheit« zu gewährleisten.

Riesige Rohölvorkommen gibt es auch in anderen Teilen der Welt, etwa in den USA, in Russland und in Kanada. Und Venezuela hat wahrscheinlich größere »nachgewiesene Ölreserven« als Saudi-Arabien.[1] Aber in der Golfregion sind die Vorkommen besonders leicht zu erschließen. Dieses »light sweet crude oil« ist nicht nur billig zu fördern, sondern auch qualitativ hochwertig und kann besonders kostengünstig zu Treibstoff verarbeitet werden.[2] Zudem liegen die Vorkommen unweit der eurasischen Landmasse, nicht aber auf dem Territorium einer der Weltmächte.

1979 definierte Zbigniew Brzeziński, Sicherheitsberater von Präsident Carter, das Ziel der Nahostpolitik des Westens im Kalten Krieg sei es, den Persischen Golf zu kontrollieren und die Sowjetunion von den »lebenswichtigen Energiequellen« fernzuhalten, »von denen die wirtschaftliche und politische Stabilität Westeuropas wie auch Japans abhängt«. Wenn das nicht gelänge, werde »das geopolitische Kräftegleichgewicht kippen«.

Ganz auf dieser Linie argumentierten Benjamin Schwarz und Christopher Layne in einem Text, der vier Monate nach den Terroranschlägen vom 11. September 2001 in der Zeitschrift *The Atlantic* unter dem Titel »A New Grand Strategy« erschien: Washington trage »die Verantwortung für die Stabilisierung der Region«, auf deren Energieressourcen China, Japan und Europa in absehbarer Zukunft angewiesen blieben. Deshalb müssten die USA verhindern, dass diese Mächte »die Fähigkeit entwickeln, diese Ressource aus eigener Kraft zu schützen«. Mit anderen Worten: Die Macht der USA am Golf beruht auf der profitabelsten Schutzgeldvereinbarung in der modernen Geschichte.

Kurz vor Beginn des Zweiten Golfkriegs spricht der US-Verteidigungsminister Richard Cheney zu U.S.-Marines. Saudi-Arabien, 22. Dezember 1990. ■ JAMES KUDLA | DPA/PICTURE ALLIANCE

Die entwickelten Volkswirtschaften Asiens sind in hohem Maße vom Öl aus der Golfregion und vom katarischen Erdgas abhängig. Drei Viertel der Ölexporte vom Golf gehen nach Asien; die fünf größten Importeure von katarischem Gas sind Japan, Südkorea, Indien, China und Singapur. Ihre Vormachtstellung am Golf verschafft den USA also entscheidenden Einfluss auf sämtliche ihrer potenziellen asiatischen Rivalen. Das erklärt auch die massive militärische Präsenz der USA am Golf.

Das Regionalkommando der US-Streitkräfte für den Nahen Osten, Ostafrika und Zentralasien (Centcom) unterhält im katarischen Al-Udeid den weltweit größten Luftwaffenstützpunkt mit einem Personal von 10 000 Leuten. In Bahrain befinden sich sowohl das Hauptquartier der V. US-Flotte als auch eine US-Luftwaffenbasis mit 7000 Soldaten. Weitere 5000 sind in den Vereinigten Arabischen Emiraten (VAE) stationiert, wo die USA auch über zwei Flottenstützpunkte und eine Luftwaffenbasis verfügen. In Kuwait kann das US-Militär drei Armeestützpunkte und eine Luftwaffenbasis nutzen, in Oman vier Luftwaffen- und zwei Marinebasen. Im Irak sind nach wie vor US-Truppen auf der Al-Asad-Luftwaffenbasis bei Bagdad stationiert. Auf saudischem Boden unterhält das Pentagon ein militärisches Ausbildungszentrum in Eskan Village in der Nähe von Riad.

Großbritannien ist in der Region noch viel länger präsent als die USA. 1798 unterzeichnete der Sultan von Oman als erster Herrscher in der Golfregion einen Vertrag mit der britischen East India Company, die bereits 1763 einen Handelsposten im (heute iranischen) Buschir eröffnet hatte, von wo das Empire seine Geschäfte in der Golfregion vorantrieb. 1819 blockierte die britische Kriegsmarine den Hafen Ra's al-Khaima an der Straße von Hormus, um die lokalen arabischen Herrscherfamilien zu unterwerfen und ein Protektorat über die sogenannten Trucial States, die heutigen Vereinigten Arabischen Emirate, zu errichten.[3] In den darauffolgenden 100 Jahren gründeten die Briten Niederlassungen in Kuwait, Bahrain und Katar sowie im Irak und in Teilen Irans.

Ohne britische Protektion hätte es auch den politischen Aufstieg von Abd al-Aziz ibn Saud (circa 1875–1953) nie gegeben. Im Kampf um das Erbe des Osmanischen Reichs konnte sich der Spross einer alten Herrscherfamilie mithilfe britischer Gelder und britischer Waffen gegen die konkurrierende Haschemiten-Dynastie durchsetzen. 1927 erkannten die Briten das neue Königreich an; 1929 halfen sie dem Saud-Regime, eine Rebellion niederschlagen. Auch danach war die Golfmonarchie auf britische Gelder angewiesen, ab 1943 bekam sie zudem finanzielle Unterstützung aus den USA. Erst dank der Ölförderung konnte Saudi-Arabien ökonomisch auf eigenen Beinen stehen.

Die Suezkrise von 1956 gilt als der Zeitpunkt, an dem die USA die Briten als dominierende Macht in Nahost ablösten. Tatsächlich aber konnte Großbritannien seinen Einfluss in den wichtigsten Golfstaaten auch danach noch 15 Jahre lang ausbauen.[4] 1964 unterstützte London eine Palastrevolte in Riad gegen König Saud ibn Abd al-Aziz, die dessen Bruder Faisal an die Macht brachte. Und im Emirat Schardscha, einem der Trucial States, zwangen die Briten 1965 den unbequemen Herrscher ins Exil, um ihn durch einen pflegeleichteren Cousin zu ersetzen. Auch die Trucial States blieben – wie Katar und Oman – britische Protektorate, deren Währungen an das Britische Pfund gebunden waren.

Die Kosten des militärischen »Schutzes« waren der entscheidende Faktor, der 1971 das Ende des informellen »britischen Empire am Golf« und den Beginn der US-Vorherrschaft in der Region einleitete. Die Regierung in London hatte allerdings noch vor ihrem Rückzug den Herrscherfamilien, die sie an die Macht gebracht hatte, pensionierte britische Offiziere als »Berater« angedient. Schließlich galt es, ihre »Öl- und anderen Interessen« zu schützen, wozu auch ein »sehr profitabler Markt für militärische Ausrüstungsgüter« gehörte, wie es Außenminister Michael Stewart ganz unverblümt formulierte.

Der militärische Schutzschirm für Saudi-Arabien ist die wichtigste Funktion der US-Präsenz im Nahen Osten; doch fast genauso wichtig ist der Schutz und die Unterstützung für Israel

Auch heute noch finden sich unter den Herrschern des Nahen Ostens viele Absolventen der britischen Militärakademie Sandhurst: etwa die Könige von Jordanien und Bahrain, der Sultan von Oman, der Emir von Dubai, der Emir und der Kronprinz von Abu Dhabi oder der Emir von Katar. Im Fall Bahrain befand des Royal United Services Institute 2012, das Königreich verfüge über »einen Kader militärischer Führer, die auf britische Methoden und Standards geeicht sind«.[5]

Dagegen haben die meisten Mitglieder der saudischen Dynastie ihre Ausbildung in den USA absolviert. Aber auch bei den Saudis gibt es einflussreiche Figuren, die an der Sandhurst Academy waren: die ehemaligen Chefs der Nationalgarde und des Geheimdienstes sowie ein Ex- Verteidigungsminister und mehrere Mitglieder des »Allegiance Council«, der über die Thronfolge entscheidet.

Großbritannien hat auch seine direkte Militärpräsenz nie ganz aufgegeben. Noch 2016 kündigte Premierministerin Theresa May an, in der Golfregion werde es künftig »mehr britische Kriegsschiffe, Flugzeuge und Soldaten als in jedem anderen Teil der Welt« geben. In Bahrain hat die Royal Navy im April 2018 ihren Stützpunkt Jufair, den sie 1971 der U.S. Navy übergeben hatte, erneut übernommen und zur regionalen Versorgungsbasis gemacht. Seit 2018 unterhält sie einen weiteren Marinestützpunkt in Duqm im Oman.

In Riad behielt London noch so viel Einfluss, dass die saudischen Herrscher während der Ölkrisen der 1970er Jahre ihre britischen Freunde – trotz des allgemeinen Embargos – weiter mit Öl versorgten. Zudem flossen die gigantischen saudischen Öleinnahmen großteils weiterhin in die Londoner City.

Für seine spektakulären Londoner Investitionen ist vor allem Katar bekannt, das sich in das Kaufhaus Harrods, in den Wolkenkratzer The Shard, in die Londoner Börse und in den Flughafen Heathrow eingekauft hat. Der Wert der Beteiligungen, die Saudi-Arabien und die VAE an britischen Aktien und Staatsanleihen halten, wird nur von denen der USA übertroffen.

Die Vereinigten Staaten können dank ihrer – von den Briten geerbten – Herrschaft über die Golfregion ihre Rivalen, aber auch ihre Verbündeten auf eine Weise unter Druck setzen, die in der Geschichte der Imperien beispiellos sein dürfte. Die USA haben im Nahen Osten eine regionale Ordnung errichtet, die vor allem auf ihren Bündnissen mit mehreren ägyptischen Militärdiktaturen und dem ethnonationalistischen Staat Israel beruht. Angesichts dieser militärischen Dominanz in der Golfregion müssen Japan, Südkorea, Indien und sogar China damit rechnen, jederzeit von ihrer wichtigsten Energiequelle abgeschnitten zu werden.

Die weltpolitische Bedeutung der Golfregion ist kaum zu überschätzen. Allerdings gab es in den letzten 15 Jahren immer wieder Mutmaßungen über einen Rückzug der USA aus dem Nahen und Mittleren Osten und über eine Verschiebung der strategischen Interessen in Richtung Asien. Das würde jedoch bedeuten, dass man in Washington mittlerweile vergessen hat, wie das System funktioniert, das die eigene Dominanz sichert.

Der militärische Schutzschirm für Saudi-Arabien ist die wichtigste Funktion der US-Präsenz im Nahen und Mittleren Osten; doch fast genauso wichtig ist der Schutz und die Unterstützung für Israel. Seit Beginn des Gazakriegs hat die militärische Präsenz der USA bislang härtere Reaktionen seitens Iran und der von Teheran unterstützten Milizen verhindert. Andererseits tragen die USA aufgrund ihrer Militärhilfe für Israel eine Mitverantwortung für die zehntausenden Todesopfer unter der Zivilbevölkerung und für die Kriegsverbrechen im Gazastreifen. Dennoch haben sich – anders als bei den Kriegen von 1967 und von 1973 – weder die Saudis noch andere Regionalmächte (mit Ausnahme von Jemen) von Washington abgewendet.

Das Hauptinteresse der USA und ihrer Verbündeten gilt nach wie vor den Golfmonarchien. Nur ein einziges Mal ist es vorgekommen, dass eine Krise in diesen peripheren Klientelstaaten für die imperiale Zentralmacht bedrohlich wurde. Das war beim Ölembargo von 1973, das jedoch nicht etwa ein Aufstand der Entrechteten war, sondern die Folge eines Verteilungskonflikts, denn den Löwenanteil an den Profiten aus dem Ölgeschäft hatten jahrzehntelang die westlichen Ölkonzerne eingefahren.

Diese Multis haben inzwischen stark an Macht eingebüßt. Die Ausnahme ist die Royal Dutch Shell, die in Oman noch immer ein Drittel der staatlichen Ölgesellschaft OOC besitzt. Zwar streiten sich die Golfmonarchien mit ihren westlichen Partnern gelegentlich über die Ölpreise, aber eine ernsthafte Krise ist daraus nie erwachsen. Selbst beim Thema Israel liegen die Saudis inzwischen auf der Linie der USA.

In den extrem konservativen Golfmonarchien gibt es keinerlei Mitspracherecht der Bevölkerung – also auch kaum Widerspruch dagegen, dass ein Großteil der Erlöse aus den Ölexporten in die Volkswirtschaften des Westens zurückfließt.[6] Da diese Monarchen von London und Washington eingesetzt wurden, um eine klassische Extraktionsökonomie abzusichern, kann man die angloamerikanische Rolle in der Golfregion auch als eine spezielle Form von Kolonialismus beschreiben. Das Besondere an dieser Beziehung zeigt sich unter anderem darin, dass die Saudis und die übrigen Mitglieder des Golf-Kooperationsrats (Kuwait, Bahrain, Katar, VAE, Oman) zusammengenommen die weltweit größten Käufer von Rüstungsgütern sind. Die meisten Waffen liefern die USA, aber auch Großbritannien und Frankreich sind gut im Geschäft.[7]

Am 20. Mai 2017 vereinbarten US-Präsident Trump und der saudische König Salman den größten Waffendeal der Geschichte, mit direkten Käufen von 110 Milliarden US-Dollar und langfristigen Aufträgen im Gesamtwert von 350 Milliarden US-Dollar. Von Großbritannien hatte Saudi-Arabien bereits zwischen 1985 und 2006 diverse Hightech-Waffensysteme im Wert von 46 Milliarden britischen Pfund eingekauft.[8] Seit Beginn des Jemenkriegs haben die Lieferungen erneut dramatisch zugenommen. Für westliche Rüstungskonzerne sind dies äußerst profitable Geschäfte, aber die verbreitete Annahme, dass die Regierungen dabei vor allem die Interessen der Unternehmen bedienen, ist falsch.

Hauptzweck dieser Waffenlieferungen ist es, die Bindung der Golfmonarchien an das angloamerikanische Militär zu festigen. Alle Hightech-Waffensysteme begründen eine dauerhafte Abhängigkeit, weil nur das Lieferland die Ausbildung, Wartung und Lieferung von Ersatzteilen gewährleisten kann. Deshalb sind die westlichen Regierungen an diesen Geschäften mindestens ebenso interessiert wie die Rüstungsindustrie – und allemal mehr als die Golfstaaten selbst.

Saudi-Arabien strebt weiterhin eine verbindlichere Abmachung über den US-Schutzschirms an. Im September 2019 reagierte Kronprinz Mohammad bin Salman (MbS) irritiert auf die halbherzige Reaktion Washingtons, nachdem die jemenitischen Huthis saudische Ölverarbeitungsanlagen angegriffen hatten. Seitdem droht MbS mit dem Faktor China, um die USA zu einer stärkeren Unterstützung zu bewegen. Präsident Bidens Nationaler Sicherheitsberater Jake Sullivan arbeitet seit einiger Zeit an einem »Megadeal«: eine neu definierte Allianz zwischen Riad und Washington; plus diplomatische Beziehungen zwischen Israel und Saudi-Arabien; plus – vielleicht – die rudimentäre Anerkennung eines palästinensischen Staats.

Für die Bevölkerung der Region waren und sind die Folgen der 100-jährigen angloamerikanischen Dominanz weniger segensreich. Der Jemenkrieg hat seit 2015 etwa 377000 Todesopfer gefordert; bis heute leiden Hunderttausende Menschen unter Epidemien und Hunger. Seit Beginn des Angriffs der Koalition auf den Jemen im Jahr 2015 verkaufte Großbritannien an die von den Saudis geführte Koalition, die gegen die Huthis kämpft, Rüstungsgüter im Wert von fast 29 Milliarden Pfund (34 Milliarden Euro). Die gelieferten Kampfflugzeuge werden von britischen Spezialisten gewartet, saudische Piloten trainierten auf einer Basis der Royal Air Force im nordwalisischen Valley; britische Elitesoldaten bildeten saudische Einheiten für den Kampf in Jemen aus; in den Kommandozentren von Riad sitzen bis heute britische und US-Militärberater.

Die USA waren noch tiefer in den Jemen-Krieg verstrickt. Bis November 2018 unterstützten sie die saudische und die VAE-Luftwaffe durch die – kostenlose – Betankung von Jagdflugzeugen in der Luft. Und Washington hat – wie London – heimlich Waffen über die VAE an verbündete Milizen in Jemen geliefert. Durch einen Lieferstopp hätten beide Regierungen den Konflikt, wenn sie es gewollt hätten, jederzeit beenden können.

Erst im Februar 2021 stellten die USA offiziell ihre Unterstützung ein; tatsächlich leisten sie weiterhin nachrichtendienstliche Hilfe bei der Identifizierung militärischer Ziele. Und die Lieferung von britischen Waffen, die ein britisches Gericht im Juni 2019 gestoppt hatte, wurde im September 2020 wieder aufgenommen. Doch selbst in dieser »Pause« bildeten britische Militärberater weiterhin saudische und VAE-Piloten aus, die mehr als 25000 Luftangriffe in Jemen flogen.

Die Golfmonarchien sind Diktaturen von Familienclans, die sich dank ausländischer Interessen an der Macht halten. Dabei sind die Scheichtümer und Emirate vielleicht nicht so repressiv wie das saudische Regime, aber keinesfalls weniger autoritär.

Die größte Bedrohung westlicher Interessen in Saudi-Arabien wäre ein Umsturz à la Iran 1979. Um eine solche Entwicklung zu verhindern, wird die saudische Polizei wie das saudische Militär von Großbritannien bewaffnet und ausgebildet, und britische Spezialisten entwickeln im Auftrag des Londoner Verteidigungsministeriums ein hochmodernes Kommunikationssystem für die saudische Nationalgarde.

Als einziger Golfstaat hat Bahrain eine schwere innenpolitische Krise durchgemacht. In diesem Inselstaat, in London als »engster Verbündeter« betrachtet und als »permanent im Golf stationierter Flugzeugträger« geschätzt, kam es im Februar 2011 zur Arabellion. Die Protestbewegung wurde von den Schiiten getragen, die in Bahrain gegenüber den Sunniten in der Mehrheit sind. Am 11. März traf US-Verteidigungsminister Robert Gates in Manama ein. Drei Tage später forderte das sunnitische Herrscherhaus zusätzliche Sicherheitskräfte aus Saudi-Arabien und den VAE an, die in britischen Transportpanzern über den König-Fahd-Damm in den Inselstaat einrückten.

Die strategische Bedeutung des Nahen Ostens nimmt zu und keineswegs ab, wie viele Kommentatoren in Washington in letzter Zeit behaupten. Es stimmt zwar, dass die USA inzwischen – dank der staatlich subventionierten Schiefergasgewinnung (Fracking) – zum größtem LNG-Exporteur geworden sind. Aber deshalb werden sie die strategischen Vorteile nicht aufgeben, die ihnen die Kontrolle über die Golfregion verschafft. Die meisten Staaten sind offenbar nicht einmal angesichts der drohenden Klimakatastrophe bereit, sich von den fossilen Brennstoffen abzuwenden – und die ostasiatischen Schwellenländer schon gar nicht.

Und doch scheint in Washington, was die Ziele der US-Politik im Nahen und Mittleren Osten betrifft, bei den Strategen einige Verwirrung zu herrschen. Ein 2017 erschienener Bericht des National Intelligence Council über die Zukunft der Region vermerkte besorgt, dass sich die Golfmonarchien im Stich gelassen fühlten, als die USA eine geopolitische Neuausrichtung auf Ost- und Südasien verkündeten.

Die Autoren dieses Reports sahen für die Region eine düstere Zukunft voraus: »großräumige gewalttätige Konflikte, Bürgerkriege, ein Autoritätsvakuum und humanitäre Krisen« von womöglich langer Dauer. Als größte Krisenfaktoren benannten sie die »etablierten Eliten« und »niedrige Ölpreise«. Was der Report nicht erwähnt: Die US-Politik ist darauf angelegt, genau diese Eliten an der Macht und den Ölpreis stabil zu halten.

Aus dem Englischen von Niels Kadritzke

1 Als »nachgewiesene Reserven« gelten die Ölvorkommen, die nach dem aktuellen technischen Stand mit einer Wahrscheinlichkeit von 95 Prozent gefördert werden können (daher die Bezeichnung F95).

2 Das Attribut »light« bezeichnet einen hohen Anteil leicht zu verarbeitenden Rohöls, »sweet« einen niedrigen Schwefelgehalt.

3 Hauptgegner der Briten war damals die Herrscherfamilie im nördlichsten Emirat Ra's al-Chaima, die traditionell den Seeverkehr durch die Straße von Hormus kontrollierte und Abgaben auch von britischen Schiffen erhob. Deshalb bezeichneten die Briten die Küste der heutigen VAE als »Piratenküste«.

4 Siehe David Wearing, »AngloArabia: Why Gulf Wealth Matters to Britain«, Cambridge (Polity Publishers) 2018.

5 Rusi-Report vom 11. Oktober 2012.

6 Wearing (siehe Anmerkung 4) beschreibt die Beziehung zwischen den westlichen Mächten und den Golfmonarchen als »asymmetrische Interdependenz«, von der auch die einheimischen Herrscher profitieren.

7 Laut Sipri-Datenbasis beliefen sich die Rüstungsimporte des GCC in den Jahren 2017 und 2018 insgesamt auf 12,82 Milliarden Dollar; die wichtigsten Lieferländer waren: USA (9,2 Milliarden Dollar), Großbritannien (1,26 Milliarden), Frankreich (976 Millionen) und Deutschland (372 Millionen).

8 Die sogenannten Al-Yamamah-Verträge beinhalteten vor allem den Kauf von Tornado-Kampfflugzeugen, bezahlt mit saudischen Öllieferungen.

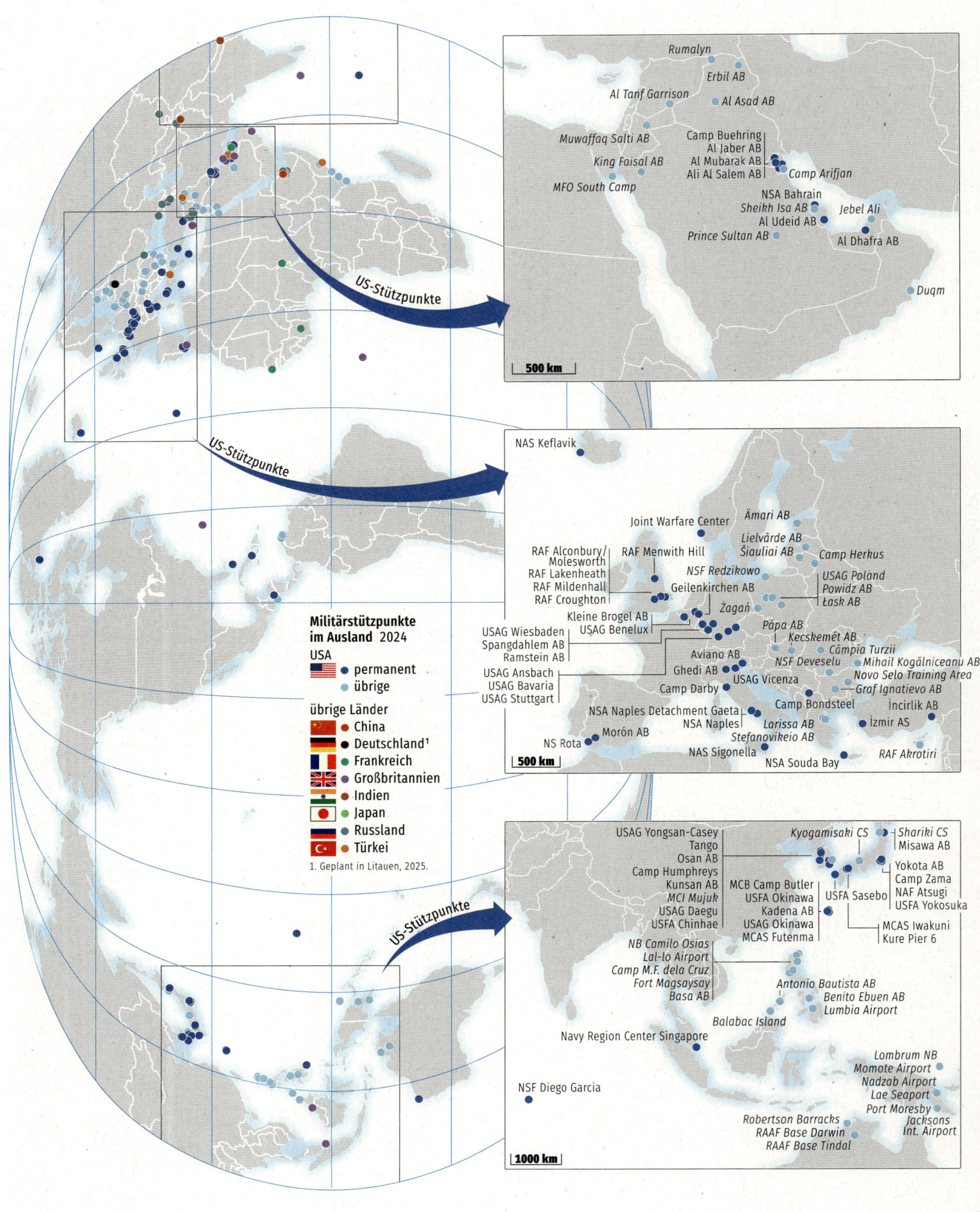

Militärstützpunkte im Ausland 2024
USA
permanent
übrige
übrige Länder
China
Deutschland[1]
Frankreich
Großbritannien
Indien
Japan
Russland
Türkei
1. Geplant in Litauen, 2025.
US-Stützpunkte
US-Stützpunkte
US-Stützpunkte
Rumalyn
Erbil AB
Al Tanf Garrison
Al Asad AB
Muwaffaq Salti AB
Camp Buehring
Al Jaber AB
King Faisal AB
Al Mubarak AB
Ali Al Salem AB
Camp Arifjan
MFO South Camp
NSA Bahrain
Sheikh Isa AB
Jebel Ali
Al Udeid AB
Prince Sultan AB
Al Dhafra AB
Duqm
500 km
NAS Keflavik
Joint Warfare Center
Ämari AB
Lielvārde AB
Šiauliai AB
Camp Herkus
RAF Alconbury/
Molesworth
RAF Menwith Hill
RAF Lakenheath
NSF Redzikowo
RAF Mildenhall
Geilenkirchen AB
USAG Poland
Powidz AB
Łask AB
RAF Croughton
Żagań
Kleine Brogel AB
USAG Benelux
Pápa AB
USAG Wiesbaden
Kecskemét AB
Spangdahlem AB
Câmpia Turzii
Ramstein AB
Aviano AB
NSF Deveselu
Mihail Kogălniceanu AB
USAG Ansbach
Ghedi AB
Novo Selo Training Area
USAG Bavaria
USAG Vicenza
Graf Ignatievo AB
USAG Stuttgart
Camp Darby
Camp Bondsteel
İncirlik AB
NSA Naples Detachment Gaeta
NSA Naples
Larissa AB
İzmir AS
Morón AB
Stefanovikeio AB
NS Rota
NAS Sigonella
NSA Souda Bay
RAF Akrotiri
500 km
USAG Yongsan-Casey
Tango
Osan AB
Camp Humphreys
Kunsan AB
MCI Mujuk
USAG Daegu
USFA Chinhae
Kyogamisaki CS
Shariki CS
Misawa AB
Yokota AB
Camp Zama
NAF Atsugi
USFA Yokosuka
MCB Camp Butler
USFA Okinawa
Kadena AB
USAG Okinawa
MCAS Futenma
USFA Sasebo
MCAS Iwakuni
Kure Pier 6
NB Camilo Osias
Lal-lo Airport
Camp M.F. dela Cruz
Fort Magsaysay
Basa AB
Antonio Bautista AB
Benito Ebuen AB
Lumbia Airport
Balabac Island
Navy Region Center Singapore
NSF Diego Garcia
Lombrum NB
Momote Airport
Nadzab Airport
Lae Seaport
Port Moresby
Jacksons Int. Airport
Robertson Barracks
RAAF Base Darwin
RAAF Base Tindal
1000 km

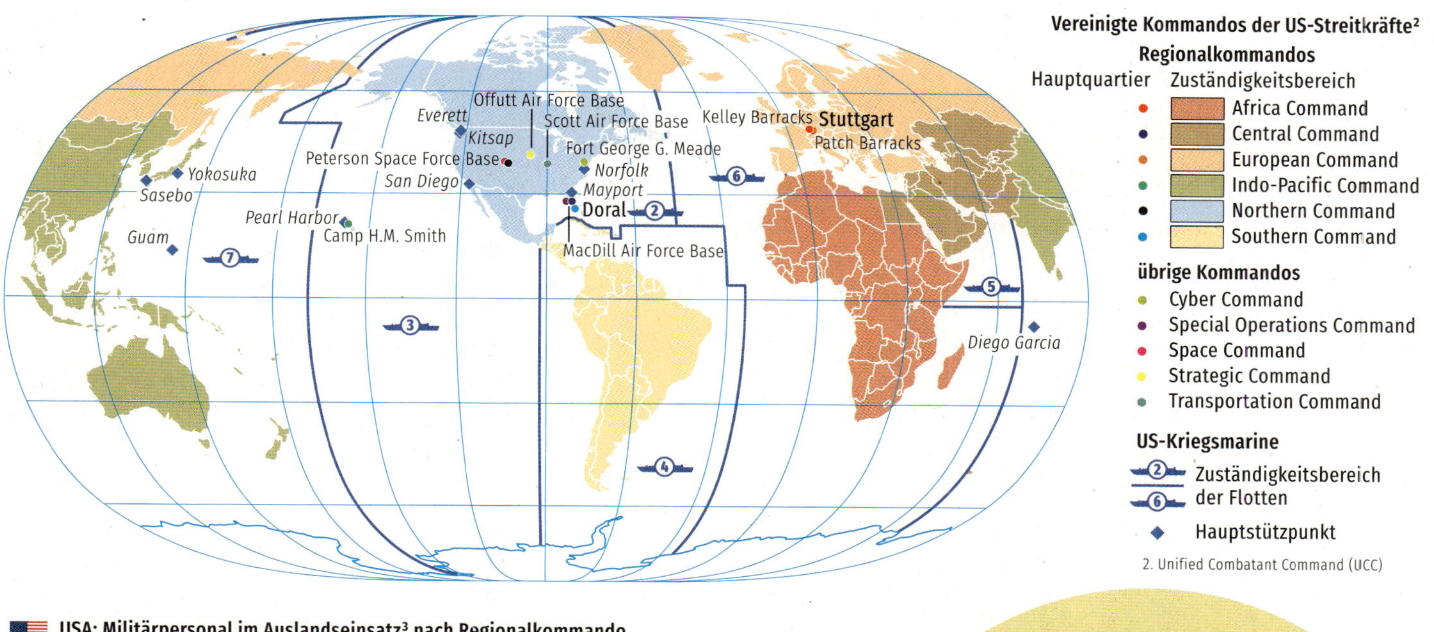

2. Unified Combatant Command (UCC)

USA: Militärpersonal im Auslandseinsatz[3] nach Regionalkommando
Stand: Juni 2024

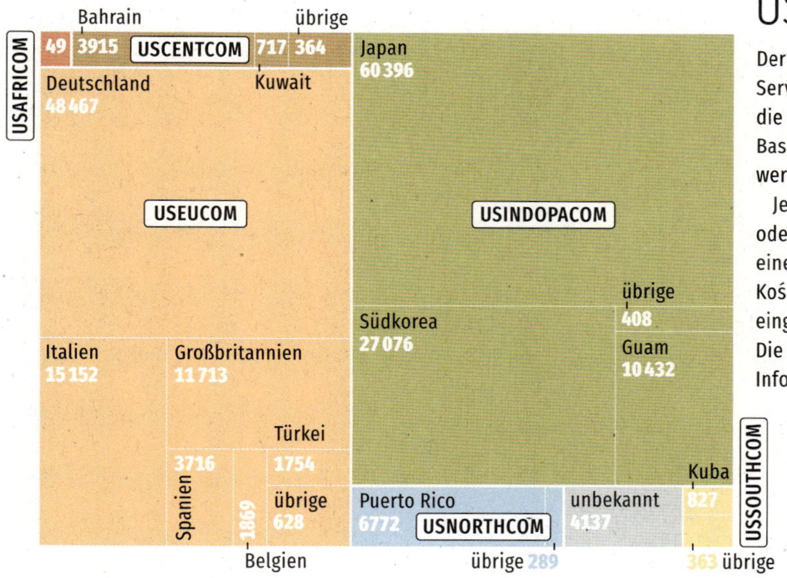

USAFRICOM 49

USCENTCOM: Bahrain 3915, Kuwait 717, übrige 364

USEUCOM: Deutschland 48 467, Italien 15 152, Großbritannien 11 713, Spanien 3716, Belgien 1869, Türkei 1754, übrige 628

USINDOPACOM: Japan 60 396, Südkorea 27 076, Guam 10 432, übrige 408

USNORTHCOM: Puerto Rico 6772, übrige 289

unbekannt 4137

USSOUTHCOM: Kuba 827, übrige 363

US-Auslandsstützpunkte

Der wissenschaftliche Dienst des US-Kongresses (U.S. Congressional Research Service) listet in einem Bericht vom Juli 2024 insgesamt 128 Militärbasen auf, die von den US-Streitkräften genutzt werden. 68 davon werden als »ständige« Basen definiert, die (mindestens teilweise) von der US-Armee selbst betrieben werden und schon länger als 15 Jahre bestehen.

Je nach sicherheitspolitischer Lage kommen Basen hinzu, werden aufgegeben oder der Umfang der US-Präsenz wird angepasst. So kündigte Präsident Biden 2022 eine Verstärkung der US-Militärpräsenz in Osteuropa an. Das ausgebaute Camp Kościuszko (U.S. Army Garrison Poland) im polnischen Poznań wurde im März 2023 eingeweiht und beherbergt seitdem dauerhaft ein US-Truppenkontingent. Die Eröffnung neuer Stützpunkte wird aber längst nicht immer öffentlich gefeiert – Informationen über US-Militärstandorte sind oftmals »classified«.

USA: Einsatzort des Militärpersonals
Stand Juni 2024, in Mio.

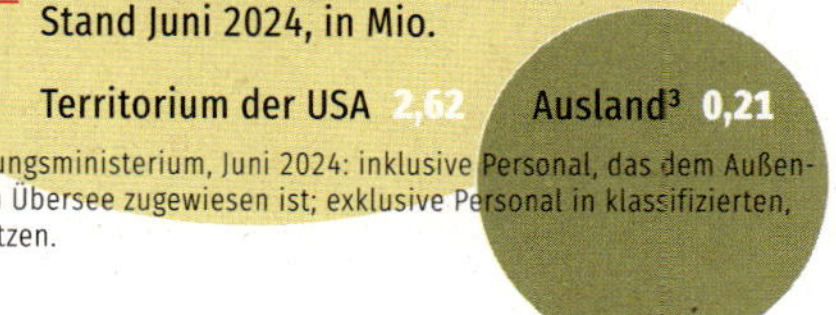

Territorium der USA 2,62 | Ausland[3] 0,21

3. Quartalsübersicht des US-Verteidigungsministerium, Juni 2024: inklusive Personal, das dem Außenministerium und den Botschaften in Übersee zugewiesen ist; exklusive Personal in klassifizierten, vorübergehenden oder Notfalleinsätzen.

USA: Militärpersonal im Auslandseinsatz nach Region
1950–2020, in Hunderttausend

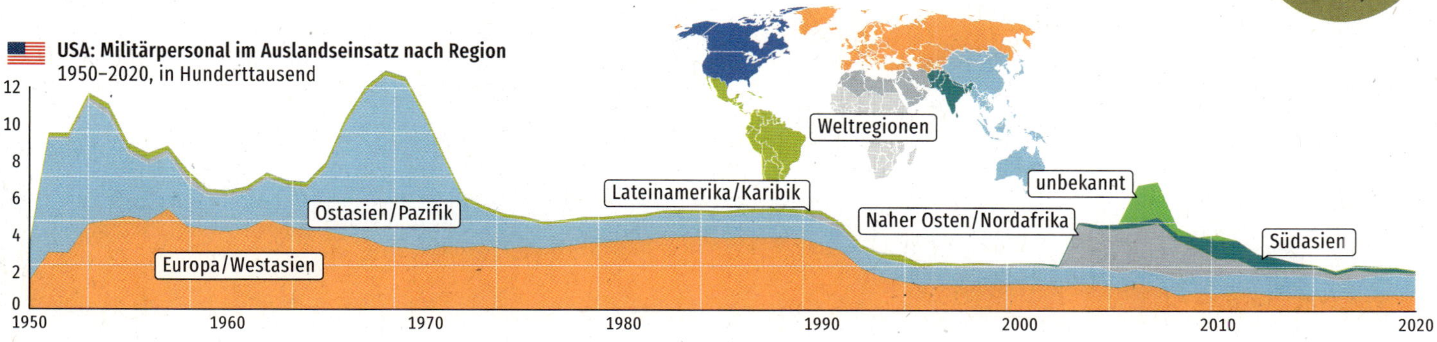

12, 10, 8, 6, 4, 2, 0
1950, 1960, 1970, 1980, 1990, 2000, 2010, 2020

Weltregionen
Ostasien/Pazifik
Europa/Westasien
Lateinamerika/Karibik
Naher Osten/Nordafrika
unbekannt
Südasien

Quellen: Michael A. Allen u.a., US global military deployments 1950–2020, Conflict Management and Peace Science, 2022, doi:10.1177/07388942211030885; Michael E Flynn, Tools for Analyzing Cross-National Military Deployment and Basing Data, github.com/meflynn/troopdata; Chun Yin Man und David Alexander Palmer, Geo-mapping databases for the Belt and Road Initiative, 2022, doi: 10.6084/m9.figshare.c.6076193; U.S. Congressional Budget Office (CBO), www.cbo.gov/topics/defense-and-national-security; U.S. Congressional Research Service (CRS), U.S. Overseas Basing: Background and Issues for Congress, Juli 2024, crsreports.congress.gov; U.S. Defense Manpower Data Center (DMDC), dwp.dmdc.osd.mil/dwp/app/dod-data-reports/workforce-reports; U.S. Office of the Assistant Secretary of Defense for Energy, Installations and Environment, Base Structure Report Fiscal Year 2024, www.acq.osd.mil/eie/bsi/BEI_Library.html.

Adolf Buitenhuis | Le Monde diplomatique, Berlin

Made in Türkiye

Das Erdoğan-Regime verfolgt ein ehrgeiziges Aufrüstungsprogramm, um ein Drohpotenzial auch weit jenseits der Landesgrenzen aufzufahren

Von Günter Seufert

Recep Tayyip Erdoğan kam in der Pose eines Eroberers. Am 20. Juli 2024 traf der türkische Staatspräsident in der »Türkischen Republik Nordzypern« ein. In drei Flugzeugen hatte er seine gesamte Regierung mitgebracht, dazu die Kommandeure aller Teilstreitkräfte und 80 Abgeordnete des türkischen Parlaments. Mit dem triumphalen Auftritt feierte die Türkei den 50. Jahrestag der Invasion im Norden der Insel, der seitdem auch als türkische Militärbasis dient.

Auf X verbreitete das türkische Verteidigungsministerium einen Tag vorher ein Video, das zeigt, wie die türkischen Luft- und Seestreitkräfte, untermalt von Militärmusik, auf eine Küste vorrücken. Den Schluss bildet ein Gemälde, das den osmanischen Sultan Mehmet II. bei der Eroberung Konstantinopels zeigt. Die Botschaft ist unmissverständlich: »Wir können jederzeit erneut auf Zypern intervenieren.« Zwei Tage zuvor hatte das türkische Parlament alle Welt aufgerufen, den von Ankara wirtschaftlich und politisch abhängigen türkischen Teilstaat offiziell anzuerkennen.

So martialisch wie das Video war die reale Szenerie am 20. Juli. Die Türkei wollte ihren europäischen Nachbarn nicht nur mit militärischer Stärke imponieren, sondern auch die atemberaubenden Fortschritte ihrer Rüstungsindustrie demonstrieren. Vor der Nordküste Zyperns kreuzten 50 Schiffe der türkischen Kriegsmarine, um ihr ehrgeiziges Flottenbauprogramm vorzuführen.

Das Programm trägt den Namen »MiLGEM« (Nationales Schiff). Türkische Werften haben die Kooperation mit der deutschen Blohm & Voss eingestellt und bauen eigenständig Korvetten und Fregatten auf hohem technischem Niveau. Die Gefechtstürme der Schiffe, ihre Geschütze und die teilweise intelligente Munition sind vorwiegend Produkte der eigenen Rüstungsindustrie.[1] Das erste »Nationale Schiff« wurde bereits 2008 in Dienst gestellt, heute produziert man auch für den Export. Die Abnehmer sind bislang Pakistan, die Ukraine und ein nicht genannter Nahoststaat.[2]

Angeführt wurde der Flottenverband vor Zypern von der »TCG Anadolu«. Das Flaggschiff der türkischen Kriegsmarine ist ihr erstes amphibisches Angriffsschiff: Ursprünglich als Flugzeugträger konzipiert, soll es in naher Zukunft auch als Start und Landebahn für die nächste Generation türkischer Kampfdrohnen dienen. Die »Anadolu« ist baugleich mit dem spanischen Landungsschiff »Juan Carlos I.« und mit Dieselmotoren von MAN ausgestattet. Der deutsche Motorenbauer produziert seit Jahrzehnten auch in der Türkei.

Vor Zypern kreuzte die »Anadolu« bestückt mit neun Kampfhubschraubern aus türkischer Produktion. Der T129 Atak basiert auf dem gleichnamigen Hubschrauber der italienischen Firma Augusta/Westland. Seine Motoren werden von der türkischen Tusaş Engine Industrie (TEI) gebaut, unter Lizenz der Firmen Rolls-Royce und Honeywell. Die Computer und die Bordelektronik sind türkische Eigenentwicklungen, desgleichen die Waffensysteme und das sogenannte Selbstschutzarrangement (self protection suite), eine Kombination aus Radarwarnanlagen, elektronischen Tarnkappen, Störsendern und Signalen, die den Hubschrauber gegen Infraroterkennung und feindliche Lenkwaffen schützen sollen.[3] Der Atak verfügt über ein Radarsystem, das von einem Konsortium entwickelt wurde, an dem die private Universität Bilkent, die Technologiefirma Meteksan und der staatliche Türkische Rat für Naturwissenschaften und Technologie (Tübitak) beteiligt sind. Das ist nur ein Beispiel für die Vernetzung von sowohl privaten als auch staatlichen Universitäten, Forschungseinrichtungen, Technologie- und Rüstungsfirmen. Auch der Atak ist bereits Exportprodukt, die ersten Käufer sind die Philippinen und Nigeria.

Konvoi der türkischen Kriegsmarine besucht Kyrenia, die Hauptstadt Nordzyperns, zur Begehung des 50. Jahrestags der türkischen Invasion der Insel, 20. Juli 2024. EMIN SANSAR | ANADOLU/PICTURE ALLIANCE

Neben den Hubschraubern führte die »Anadolu« zwei Kampfdrohnen mit. Auch die Drohnen sind eigenständige Entwicklungen der türkischen Rüstungsindustrie, die in dieser international boomenden Sparte inzwischen Weltklasse ist. Eine der Drohnen, die Bayraktar TB3, ist eine für die Marine konzipierte Weiterentwicklung der Bayraktar TB2, die längst zu einem Exportschlager geworden ist.

Der Exporterfolg der TB2 beruht auch darauf, dass sie ihre Fähigkeiten in realen Kampfeinsätzen demonstriert hat. Das türkische Militär hat die Drohne bei Angriffen auf Stellungen der Arbeiterpartei Kurdistans (PKK) im Irak und auf die Milizen der kurdischen Selbstverwaltung in Nordsyrien eingesetzt, aber auch in Libyen, wo türkische Truppen die Regierung in Tripolis unterstützen.

Im Ausland wurde die TB2 von der aserbaidschanische Armee in Bergkarabach und von der Ukraine in ihrem Abwehrkampf gegen Russland eingesetzt. In der arabischen Welt gehören Saudi-Arabien, die Vereinigten Arabischen Emirate (VAE), Algerien, Marokko und Tunesien zu den Abnehmern türkischer Kampfdrohnen; in Asien sind es Pakistan, Bangladesch und nahezu alle zentralasiatischen Länder, in Europa der Kosovo, Polen und Rumänien.

Die militärische Effektivität wie der wirtschaftliche Erfolg der TB2, die auf dem internationalen Rüstungsmarkt mit israelischen, US-amerikanischen, chinesischen, russischen und iranischen Kampfdrohnen konkurriert, beruht nicht auf irgendwelchen technischen Qualitäten. Die türkische Kampfdrohne ist weder besonders schnell, noch fliegt sie besonders hoch, noch kann sie sich besser dem feindlichem Radar entziehen. Der größte Vorteil der TB2 ist ihr hoher Grad an digitaler Vernetzung mit anderem Kriegsgerät. Dadurch lässt sie sich ideal in ein übergreifendes Gefechtskonzept (Concept of Operations, Conops) einbinden, das jeder Waffe spezifische Aufgaben zuweist.[4]

Konkurrenzfähig ist die TB2 außerdem durch ihren günstigen Preis; vergleichbare Kampfdrohnen aus Israel oder den USA sind doppelt so teuer.[5] Für viele Staaten spielt auch eine Rolle, dass die Türkei von den Käufern ihrer Produkte nicht die Einhaltung menschen- oder völkerrechtlicher Standards verlangt. Schließlich gibt es noch einen sehr speziellen Grund für die Exporterfolge der Drohne: Das Unternehmen Baykar Technology gehört Erdoğans Schwiegersohn Selçuk Bayraktar. Das garantiert volle diplomatische Unterstützung bei den Exportverhandlungen.

Die zweite von der »Anadolu« in Zypern vorgeführte Kampfdrohne ist – anders als die TB2 – ein technisch extravagantes Produkt. Die TB3 gilt als die erste Drohne, die mit einer extrem kurzen Start- und Landebahn auskommt, zudem kann sie platzsparend ihre Flügel einklappen. Beides machte sie für den Einsatz auf Flugzeugträgern besonders tauglich.

Im Grunde macht die TB3 die »TCG Anadolu« zum ersten Flugzeugträger der Türkei. Die schwimmende Plattform wird es ermöglichen, militärisches Drohpotenzial weit jenseits der türkischen Grenzen aufzufahren, etwa vor Libyen, im Roten Meer, am Persischen Golf oder am Horn von Afrika. Und Erdoğan hat bereits den Bau eines zweiten Flugzeugträgers angekündigt.[6] Damit ist die Transformation der türkischen Seestreitkräfte von einer besseren Küstenwache zu einer Hochseemarine in vollem Gange.

Ebenso bedrohlich wie ein Flugzeugträger muss für die Nachbarländer Griechenland und Zypern das erste unbemannte Kampfboot der Türkei sein. Dieses USV (Unmanned Surface Vessel) mit Namen »Ulaq« wurde direkt für den Einsatz in der Ägäis und im Mittelmeer entwickelt und hat bereits 2021 – als weltweit erste Plattform dieser Art – lasergelenkte Raketen zielsicher abgefeuert. Das nächste Projekt der türkischen Marine sind unbemannte Klein-U-Boote.

Was die Entwicklung von Kampfdrohnen betrifft, hat Ankara noch viel ehrgeizigere Ziele. Das nächste Projekt von Erdoğans Schwiegersohn heißt »Kızılelma«. Das Wort bedeutet »Roter Apfel«, was ein Symbol imperialer Herrschaft ist. Die ersten Testflüge hat der neue Drohnentyp bereits absolviert. Es ist die erste türkische Kampfdrohne mit Turbinenantrieb und mit Stealth-Fähigkeit, die sie für feindliches Radar weitgehend unsichtbar macht. Weitere Kızılelma-Versionen, die Überschallgeschwindigkeit erreichen sollen, sind in Planung.

Stealth-Fähigkeit hat auch die bewaffnete Drohne Anka-3, die Ende 2023 ihren ersten Testflug absolvierte. Der Tarnkappen-Typ wird – parallel zur TB3 – vom Staatskonzern Turkish Aerospace Industries (TAI) entwickelt, der 2010 die allererste türkische Drohne (Anka-A) produziert hat.

Am Jahrestag der Zypern-Invasion waren auch türkische Jets vom Typ F-16 im Einsatz. Doch die türkische Luftwaffe will das US-amerikanische Mehrzweckkampfflugzeug mittelfristig durch den ersten selbstständig entwickelten Tarnkappen-Jet Kaan (Deutsch: Führer) ersetzen. Das sogenannte Nationale Kampfflugzeug der Türkei ist das ehrgeizigste aller von Ankara betriebenen Rüstungsprojekte: ein Jet, der sich durch Überschallgeschwindigkeit, intelligente Munition, Stealth-Fähigkeit und einen extrem hohen Grad an Gefechtsvernetzung auszeichnet.

In welche Dimensionen die rüstungs- und militärpolitischen Ambitionen der Türkei gehen, zeigt die Tatsache, das Kampfflugzeuge dieser Art – der sogenannten 5. Generation – bisher nur von den USA, China und Russland entwickelt wurden. Die Kaan-Jets sollen die Stelle der US-amerikanischen F-35-Jets einnehmen, die Ankara von den USA erwerben wollte. Doch die kündigten die Liefervereinbarung, nachdem die Türkei das russische Luftabwehrsystem S-400 gekauft und vorübergehend aktiviert hatte.

In Nordzypern ließen die türkischen Streitkräfte auch ihre Bodentruppen paradieren und neu entwickelte Waffensysteme vorführen. Der mittelschwere Kampfpanzer Daghan ist mit einem geräuscharmen hybriden Antrieb ausgestattet, mit ferngesteuerten Geschützen bestückt und von feindlichem Radar kaum zu erfassen. Mit dabei war auch Gürz, ein brandneues, raketengestütztes Verteidigungssystem gegen Flugzeuge, Drohnen und nichtballistische Raketen.

Noch nicht vorführbar ist der neue *Main Battle Tank* namens Altay, der in einigen Jahren die deutschen Leopards und die amerikanischen M60 ersetzen soll. Der Altay basiert auf einem in Südkorea gebauten Rumpf, der großenteils mit türkischer Elektronik und türkischen Waffen bestückt wird. Das Geschütz sollte jedoch die deutschen Rheinmetall liefern, den Motor die deutsche MTU oder die österreichische AVL.

Nicht nur beim Altay wird allerdings die Produktion durch Exportrestriktionen stark verzögert. Seit Jahrzehnten beschuldigen die Politiker und Rüstungsmanager in Ankara insbesondere die USA, aber auch Deutschland, durch offene und verdeckte Waffenembargos die Verteidigungsfähigkeit der Türkei zu untergraben und ihren geopolitischen Aktionsraum einzuschränken. Deshalb müsse man militärtechnisch autark werden und die Rüstungsindustrie unter nationale Kontrolle bringen.

In diesem Diskurs spielt Zypern eine zentrale Rolle. Als die türkischen Truppen 1974 auf der Insel landeten, reagierten die USA – wie angekündigt – mit einem Lieferstopp für alle militärischen Güter, einschließlich Ersatzteilen. Damals waren die türkischen Streitkräfte rüstungstechnisch vollständig von den USA abhängig und binnen weniger Monate nicht mehr aktionsfähig. In dieser Zeit gründete die Regierung die Waffenschmieden, die seitdem die türkische Rüstungsszene dominieren.[7]

In den 1980er Jahren ermunterte der Ministerpräsident – und spätere Präsident – Turgut Özal private Unternehmen, in die Waffenproduktion einzusteigen. Doch erst seit Anfang der 2000er Jahre entstand unter der Ägide Erdoğans jener Kosmos der türkischen Rüstungsindustrie, den wir heute kennen. Als Kommandozentrale fungiert das Präsidium der Nationalen Verteidigungsindustrie (SSB), das direkt dem Staatspräsidenten untersteht. Das SSB koordiniert die private und staatliche Forschung und Subventionierung. Es stimmt den Bedarf der türkischen Streitkräften mit den technischen und wirtschaftlichen Kapazitäten der Industrie ab, und es unterstützt die Industrie bei der Suche nach Absatzmärkten.

Wie dynamisch sich die türkische Rüstungsproduktion seitdem entwickelt, belegen die Zahlen des Stockholmer Sipri-Instituts. Während die Umsätze vieler führender Waffenproduzenten westlicher Länder zwischen 2021 und 2022 zurückgegangen sind, stieg der kumulierte Umsatz der vier größten türkischen Rüstungskonzerne um 22 Prozent.[8] Auch hatte die türkische Rüstungsindustrie den höchsten Anteil am Anstieg der Exporte in den Nahen Osten, der 2022 den weltweit größten Aufrüstungsboom verzeichnete.

Zu den international 100 größten Rüstungsunternehmen zählen vier türkische Konzerne. Von diesen hat der Drohnenproduzent Baykar die höchste Umsatzsteigerung zu verzeichnen, und zwar von 2021 auf 2022 um 94 Prozent. Das umsatzstärkste türkische Unternehmen ist jedoch die staatseigene Aselsan (militärelektronische Industrie). Sie entwickelt und liefert die elektronische Ausrüstung aller Plattformen (Rümpfe) für die Armee, die Luftwaffe und die Kriegsmarine, also für Panzer, Flugzeuge und Schiffe. Zudem fertigt die Aselsan die Satelliten der Reihe Göktürk.

Das drittgrößte türkische Unternehmen auf der Sipri-Liste ist, nach Bayrak, die Turkish Aerospace Industries (TAI). Sie entwickelt den Fighter-Jet Kaan, produziert den Hubschrauber Atak und arbeitet mit Anka an den Kampfdrohnen der nächsten Generation. Die vierte türkische Firma unter den 100 größten Rüstungsproduzenten ist die ebenfalls staatliche Roketsan (Raketenindustrie).

Weitere Indikatoren für das Wachstum der türkischen Rüstungsindustrie sind die Zahl der Beschäftigten und die Exporterlöse. 2014 waren 31 242 Personen im Rüstungsbereich tätig, 2022 bereits 81 132.[9] Der Wert der türkischen Rüstungsexporte stieg innerhalb von zehn Jahren (2013–2023) von 1,6 Milliarden auf 5,5 Milliarden US-Dollar.[10]

Doch trotz dieser atemberaubenden Dynamik äußern Rüstungsmanager und regierungsnahe Experten die Befürchtung, die türkischen Waffenschmieden könnten an ihre finanzielle Grenzen stoßen. Denn je größer und technisch anspruchsvoller die geplanten Projekte werden, desto mehr Staatsgelder werden dafür benötigt.[11]

Zwar ist das türkische Verteidigungsbudget in den letzten 40 Jahren kontinuierlich gewachsen: von durchschnittlich 2,5 Milliarden US-Dollar im Zeitraum von 1982 bis 1986 auf 18,2 Milliarden im Zeitraum von 2017 bis 2020 (für 2024 sind sogar 40,5 Milliarden vorgesehen).[12] Doch die Rüstungsausgaben von Staaten wie den USA, China und Russland liegen in ganz anderen Dimensionen. 2023 betrug das Verteidigungsbudget der USA 900 Milliarden Dollar, das chinesische 292 Milliarden und das russische 140 Milliarden. Weit vor der Türkei lagen auch Indien mit 81,4 Milliarden, Saudi-Arabien mit 75 Milliarden und Großbritannien mit 68,5 Milliarden Dollar.

Probleme hat die türkische Rüstungsindustrie also nur angesichts der hochgesteckten Pläne der Regierung. Die will das eigene Militär in den Stand versetzen, eine Art »Kanonenbootpolitik« nicht nur in der eigenen Region, sondern weit darüber hinaus zu betreiben. Gemäß der Erdoğan-Rhetorik der letzten Jahre muss die Türkei ihre Sicherheit jenseits der Grenzen verteidigen können: auf Zypern, im Nordirak, in Nordsyrien und in Libyen. Doch inzwischen gehen die Ambitionen viel weiter.

Als aufstrebende Mittelmacht formuliert die Türkei globale strategische Interessen. Laut Ex-Admiral Cem Gürdeniz, dem Vater der Doktrin vom »Blauen Vaterland« (Mavi Vatan), muss die Türkei in den Klub der Seemächte aufsteigen, die ihre weltweiten Interessen auch militärisch geltend machen können. Vor allem aus diesem Grund müsse sich die Rüstungsindustrie der Türkei aus ihrer Abhängigkeit vom Westen befreien.[13]

Wie weit das Land beim Aufbau einer autonomen Rüstungsindustrie gekommen ist, zeigen die Zahlen: 2022 stammten bereits 73 Prozent der Neuanschaffungen des türkischen Militärs aus einheimischer Produktion, bis 2025 sollen es 80 Prozent werden. Dieser Erfolg beruht zum Teile darauf, dass türkische Unternehmen in den letzten 20 Jahren die Anteile ausländischer Kapitaleigner aufoder zurückgekauft haben.

Doch diese Strategie stößt neuerdings an ihre Grenzen, weshalb Ankara erneut die Zusammenarbeit mit ausländischen Firmen suchen muss. Das jüngste Beispiel ist der Vertrag mit den USA über die Lieferung von vierzig F-16-Jets der Klasse Falcon Fighter, der auch die Modernisierung des Quelltextes (source code) für den Bordcomputer von 80 älteren türkischen F-16 einschließt.

Die Türkei verspricht sich davon nicht nur die Stärkung ihrer Luftwaffe, primär gegenüber Griechenland, so lange man nicht über das eigene Kampfflugzeug Kaan verfügt. Der Kauf der F-16 dient auch dazu, die eigene Software Özgür an der neuesten Version der US-Software Viper zu messen und dadurch weiterzuentwickeln.[14]

Ankara drängt außerdem darauf, möglichst viele Komponenten der neuen F-16 in Kooperation mit Lockheed Martin in der Türkei zu produzieren. Damit würde man nicht nur Kosten sparen und die eigene Industrie auslasten, sondern auch vom Wissenstransfer profitieren.

Vor diesem Hintergrund ist der Versuch zu sehen, den Widerstand Deutschlands gegen den Erwerb von Eurofightern Typhoon zu überwinden. Dabei geht es Ankara weniger um echtes Kaufinteresse, als vielmehr darum, die eigene Position in den F-16-Verhandlungen mit den USA durch Verweise auf eine alternative Option zu verbessern.

Ankara ist zudem verstärkt bemüht, ausländisches Kapital erneut für den türkischen Rüstungssektor zu interessieren. Unter anderem lockt man mit der Befreiung von der Körperschaftssteuer, kostenlosen Baugrundstücken, staatlicher Projektfinanzierung und Beihilfen zur Sozialversicherung der Beschäftigten.[15]

An zwei Stellschrauben zur Effektivitätssteigerung seiner Rüstungsindustrie hat Ankara bislang noch nicht gedreht. Die erste betrifft den Kampf gegen Korruption und Vetternwirtschaft. Das bekannteste Beispiel für die Begünstigung bestimmter Firmen ist die wechselvolle Geschichte des Panzers Altay.

Das Projekt wurde bereits Mitte der 1990er Jahre gestartet, doch die Serienproduktion begann erst im Mai 2024. Hauptgrund für die Verzögerung war, dass die Regierung Erdoğan der privaten Unternehmensgruppe Koç, deren Inhaber für ihre säkulare Einstellung bekannt sind, den Auftrag für die Serienproduktion verweigerte.

Die Koç-Firma Otokar hatte bereits erfolgreich zwei Prototypen des Panzers entwickelt, als Erdoğan 2013 behauptete, die Koç-Familie habe die breite Istanbuler Protestbewegung gegen die Bebauung des Gezi-Parks unterstützt. Der Auftrag zur Produktion des Altay ging an das Privatunternehmen BMC, das weder technisch noch personell für die Panzerproduktion gerüstet war – aber einem engen Vertrauten Erdoğans gehörte.[16]

Die zweite Stellschraube ist der Brain Drain aus der Rüstungsindustrie. Das Problem hat ein solches Ausmaß angenommen, dass der Verband der Verteidigungsindustrie im Januar 2023 von der Regierung Maßnahmen zur Verhinderung der Abwanderung forderte.[17] Hauptursache für diesen Brain Drain ist sicher das inflationsbedingte Sinken der Realeinkommen, aber auch das Gefühl, dass für das berufliche Fortkommen die persönlichen Leistungen und fachlichen Qualifikationen weniger zählen als politische Affinitäten und persönliche Verbindungen.

1 »MiLGEM Project«, Website der Firma STM.
2 »Ada Class Corvete«, Wikipedia, letzter Abruf: 6. August 2024.
3 Massimo Annulli, »Self Protection Suite«, emsopedia.org.
4 Barın Kayaoğlu, »As wars rage, Turkey's military industry sees boom in fighter jets, drone sectors«, *Al-Monitor*, 12. Mai 2024.
5 Paul Iddon, »Cheap And Combat-Tested: The Growing Market For Turkish Drones«, *Forbes*, 10. Dezember 2021.
6 »Erdoğan: Uçak gemilerimizin sayısını 2'ye çıkaracağız« (auf Türkisch), TRT Haber, 29. Oktober 2023.
7 Mahmut Durmaz, »The U.S. Arms Embargo of 1975–1978 and Its Effects on the Development of the Turkish Defense Industry«, Naval Postgraduate School Monterey, September 2014.
8 »Rise in SIPRI Top 100 arms sales revenue delayed by production challenges and backlogs«, Sipri, 4. Dezember 2023.
9 »Defense and Aerospace Industry Report 2022«, Investitionsbüro des türkischen Präsidenten, 1. September 2023.
10 »Good news about MURAD AESA Radar from ASELSAN«, *Turkish Defence News*, 31. Dezember 2023.
11 Siehe Sıtkı Egeli und andere, »From Client to Competitor: The Rise of Turkiye's Defence Industry«, The International Institute for Strategic Studies (IISS), Mai 2024.
12 Siehe Anmerkung 7; sowie Barın Kayaoğlu, »Turkey's military scorecard: Naval and aerial advances but lacks money, speed«, *Al-Monitor*, 24. März 2024.
13 Siehe »Blue Homeland ›shows Turkey has become a maritime power‹«, *Hürriyet*, 4. März 2019.
14 Barın Kayaoğlu, »What will Turkey gain from F-16 deal with United States?«, *Al-Monitor*, 23. Juni 2024.
15 Siehe Anmerkung 7.
16 Siehe Anmerkung 9.
17 Ayşegül Ilgın, »Savunma sanayisinde beyin göçü engellenebilir mi?« (auf Türkisch), DW, 21. Januar 2023.

Wer zählt die zivilen Toten?

Russland und die von den USA angeführte Anti-IS-Koalition haben in Syrien und im Irak jahrelang Bomben abgeworfen. Die Zahl der Opfer kann oft nur geschätzt werden

Von Damien Lefauconnier

Im August 2014 bombardierten die USA wieder einmal den Irak und kurz darauf auch Syrien. Die Luftangriffe richteten sich damals gegen die Truppen des »Kalifats«, das der Islamische Staat (IS) kurz zuvor in beiden Ländern ausgerufen hatte. Wenige Monate später schmiedete Washington eine internationale Anti-IS-Koalition aus 59 Staaten.

Etwa ein Jahr später, im September 2015, beschloss Russland, das Regime von Baschar al-Assad militärisch zu unterstützen. Assads Macht war durch einen breiten Volksaufstand ins Wanken geraten, der von Damaskus als »terroristisch« eingestuft wurde und schon bald unter die Kontrolle dschihadistischer Gruppierungen geriet.[1] Im Zuge dieser beiden Militärinterventionen, die bis heute andauern, wurden der Irak und Syrien zum Ziel von rund 75 000 »Luftschlägen«.

Bei allen Unterschieden, was Intention und Kontext betrifft, hatten die Militäroperationen der Anti-IS-Koalition und die der syrisch-russischen Allianz eines gemeinsam: Beide hatten katastrophale Folgen für die Bevölkerung. Durch die Bombardements dieser beiden Militärinterventionen sind 20 000 bis 55 000 syrische und irakische Zivilisten ums Leben gekommen.

Bei diesen Zahlen handelt es sich allerdings um inoffizielle Schätzungen. In vielschichtigen Konflikten unter Beteiligung ausländischer Streitkräfte ist es besonders schwierig, die Zahl der zivilen Opfer zu ermitteln. Man ist dabei auf die Aussagen der militärisch beteiligten Akteure und auf die Informationen von NGOs angewiesen. In diesem Beitrag werfen wir einen genaueren Blick auf die Opferbilanzen der Militäreinsätze der internationalen Koalition gegen den IS und Russlands gegen die syrische Rebellion.

Die von Washington angeführte Koalition unterrichtet die Öffentlichkeit regelmäßig über ihre Luftoperationen, aber die Berichte über zivile Todesopfer werden mitunter erst lange nach dem jeweiligen Vorfall auf den neuesten Stand gebracht.

Im Juli 2021 zum Beispiel gab die Koalition an, sie habe seit August 2014 im Irak und in Syrien 34 984 »Luftschläge« durchgeführt – das Wort »Bombardierung« wurde systematisch durch den Begriff »Luftschlag« ersetzt. »Nach den verfügbaren Informationen«, schätzte die Combined Joint Task Force (CJTF), »dass mindestens 1417 Zivilisten versehentlich durch Luftschläge der Koalition getötet wurden.«[2]

Die Rechtfertigung in diesen Dokumenten erfolgt immer in dem gleichen Wortlaut: »Wir arbeiten bei allen unseren Luftschlägen mit hochpräziser Zielerfassungstechnik, um die strikte Einhaltung des Kriegsvölkerrechts zu gewährleisten, und versuchen Kollateralschäden zu vermeiden. Jeder versehentliche Verlust an Menschenleben ist tragisch. Deshalb werden wir weiterhin alles dafür tun, damit bei der Jagd auf unseren skrupellosen Feind keine Zivilisten gefährdet werden.«

Im Jahr 2021 erklärte die Koalition zudem, über einhundert »Berichte« würden noch geprüft. Dabei geht es um Vorfälle, die von externen Quellen – hauptsächlich NGOs –, lokalen Medien oder in den sozialen Netzwerken (Twitter, Facebook) gemeldet werden oder mit denen sich die Koalition auf eigene Initiative noch einmal befasst. Im März 2022 gab die Koalition die Zahl der zivilen Todesopfer mit 1437 an.

Diese Zahl der durch die Allianz getöteten Zivilisten wird auf breiter Front bezweifelt. Die *New York Times* nahm 1300 Pentagon-Berichte unter die Lupe und zog am 20. Dezember 2021 folgendes Fazit: »Der US-Luftkrieg war geprägt von mangelhafter Aufklärung, übereiltem und ungenauem Raketenbeschuss und dem Tod tausender Zivilisten, darunter viele Kinder.«[3] Wir haben bei unserer Überprüfung der betreffenden Abschlussberichte ebenfalls festgestellt, dass im Nachhinein in vielen Fällen sehr spät zugegeben wurde, wenn dutzende Zivilisten zu Tode gekommen sind. Dies lässt vermuten, dass die Zahl 1437 weit entfernt ist von der tatsächlichen Zahl der Opfer.

So räumte die Koalition zum Beispiel erst im September 2019 ein, dass am 5. April 2017 bei einem Luftangriff »gegen eine Granatwerferstellung des IS in al-Shafa leider 16 Zivilisten unabsichtlich getötet wurden«. Zu der Neueinschätzung hatten Informationen der britischen NGO Airwars geführt, die sich auf die Untersuchung von Luftangriffen spezialisiert hat. Im selben Dokument ist zu lesen, dass am 16. Juli 2018 »bei einem Luftangriff der Koalition gegen eine Sprengstofffabrik des IS bedauerlicherweise zwei Zivilisten getötet wurden«.

Im Mai 2019 berichtete die CJTF, dass drei Jahre zuvor, am 9. April 2016, bei einem Drohnenangriff auf eine Kommunikationszentrale in Mossul nicht nur – wie ursprünglich behauptet – ein Zivilist, sondern »fünf Zivilisten unabsichtlich und aufgrund ihrer räumlichen Nähe zum Einschlagsort« getötet wurden.

Die Koalition versichert, dass sie viel Wert auf Transparenz lege und bereitwillig »mit jedem zusammenarbeitet, der Angaben machen kann oder neue, glaubwürdige Informationen liefert«. Dennoch nennen mehrere NGOs erheblich höhere zivile Opferzahlen. Das von syrischen Regimegegnern gegründete und bei der UNO akkreditierte Syrische Netzwerk für Menschenrechte (SNHR) beziffert die Zahl der durch die Koalition in Syrien getöteten Zivilisten auf mindestens 3048 (Stand: 14. Februar 2022). Die Syrische Beobachtungsstelle für Menschenrechte (Sohr) in London meldet, dass nach ihren Quellen in sechs Jahren 3847 Zivilisten bei Luftangriffen getötet wurden, darunter mehr als 1000 Kinder.

Airwars kommt noch zu viel bedrückenderen Zahlen. Die NGO teilt die Vorfälle nach Glaubwürdigkeitsstufen ein: Als zuverlässig wertet sie Berichte, wenn diese von »zwei glaubwürdigen Quellen« bestätigt wurden. Nach Einschätzung von Airwars wurden durch die Bombenangriffe der Koalition im Irak und in Syrien zwischen 8200 und 13 272 Zivilisten getötet (Stand: 19. Juni 2024)[4]; die Zahl der getöteten Kinder liegt laut Airwars zwischen 1725 und 2367.

Bei 3754 Opfern konnte Airwars nach eigener Aussage die Identität ermitteln. Auf ihrer Internetseite veröffentlicht die Organisation die Namen der Opfer und erzählt deren Geschichte, gestützt auf Augenzeugenberichte und andere Quellen. Wenn man auch Vorfälle berücksichtigt, die nicht durch Beweise oder Zeugenaussagen bestätigt wurden, zählt die NGO sogar 19 187 bis 29 786 Opfer. Das ist, wenn man den oberen Wert heranzieht, das 20-Fache dessen, was die internationale Allianz offiziell einräumt.

Einer der Vorfälle, der von Airwars dokumentiert und gemeldet wurde, den die Koalition aber im Mai 2019 als »nicht glaubhaft« ein-

Mosul, Irak, 12. Juni 2017.
YUNUS KELES | ANADOLU/PICTURE ALLIANCE

stufte, firmiert bei Airwars unter der Bezeichnung »Fall 1396«. Er ereignete sich am 20. August 2017, sechs Wochen nach Beginn der Offensive, mit der die Stadt Rakka vom IS befreit werden sollte. Die Demokratischen Kräfte Syriens (SDF, ein mit der Koalition kooperierendes arabisch-kurdisches Bündnis), die am Boden gegen die Dschihadisten kämpften, wurden von der Allianz aus der Luft unterstützt.

Laut einem Amnesty-Bericht wurden im Sommer 2017 innerhalb eines Monats durch vier Operationen der Koalition 39 Mitglieder einer einzigen Familie und 10 ihrer Nachbarn getötet

An jenem 20. August tauchten ab 10 Uhr morgens auf Facebook und Twitter mehrfach Meldungen über ein Bombardement im Stadtteil al-Badu auf. Vor allem Syrer, die sich als Aktivisten oder Journalistinnen zu erkennen gaben, berichteten dort von 40 bis 50 Toten. Um 17 Uhr veröffentlichte die lokale News-Website *Euphrate Post* Fotos von einem bis auf die Grundmauern zerstörten Gebäudekomplex. Eine Stunde später zog die Beobachtungsstelle Sohr eine vorläufige Bilanz: 23 Tote. Auf Youtube erschien ein nicht überprüfbares Video. Es zeigt mehrere auf dem Boden liegende Kinderleichen und Ruinen von Wohnhäusern, die offenbar von einer gewaltigen Explosion zerstört wurden. Alle genannten Quellen machten die internationale Koalition dafür verantwortlich.

Obwohl zwei Satellitenfotos von Google – eines vom Vortag des Angriffs und eines vom Tag danach – beweisen, dass die Gebäude zerstört wurden, hat die Koalition diesen Vorfall nie zugegeben. In ihrem Bericht vom Mai 2019 über die zivilen Opfer ihrer Einsätze teilt sie zur Bombardierung von al-Badu lediglich mit: »Nach Überprüfung aller verfügbaren Aufzeichnungen über die Luftangriffe wurde es als ›eher wahrscheinlich‹ befunden, dass die Zivilisten nicht bei einem Luftangriff der Koalition ums Leben kamen.«

Nach offiziellen Angaben flog die internationale Koalition am Morgen des 20. August keinen Luftangriff in der Nähe des Stadtteils al-Badu. »Dass die Koalition Berichte über einen Vorfall als ›nicht glaubhaft‹ zurückweist, sollte nicht als Beweis gewertet werden«, erklärt Airwars-Chef Chris Woods. Er erinnert an den Vorfall vom März 2019 im syrischen Baghuz, der traurige Berühmtheit erlangte und den die *New York Times* als mutmaßliches Kriegsverbrechen

Die Opferzahlen im Gazakrieg

Nach Angaben des UN-Amts für die Koordinierung humanitärer Angelegenheiten (Ocha) wurden im Zuge des Krieges der israelischen Armee im Gazastreifen bis zum Anfang September 2024 mehr als 40.000 Menschen getötet und über 94 000 verletzt. Hinzu kommen etwa 10 000 Vermisste, bei denen vermutet wird, dass sie unter den Trümmern zerstörter Gebäude begraben sind. Weil sich diese Angaben auf Zahlen beziehen, die vom Gesundheitsministerium in Gaza geliefert werden – also einer Behörde, die zumindest teilweise unter der Kontrolle der Hamas steht –, wurden sie wiederholt angezweifelt. Sogar US-Präsident Joe Biden sagte in einer Rede vom 25. Oktober 2023, er habe »kein Vertrauen« in die Zahlen der palästinensischen Gesundheitsbehörde. Später entschuldigte er sich allerdings für diese Aussage.

Die vom Ministerium gemeldeten Todeszahlen speisen sich aus drei verschiedenen Quellen: Erstens die von den Krankenhäusern gemeldeten Fälle (etwa 61 Prozent der Gesamtzahl); zweitens Berichte von Bewohner:innen des Gazastreifens über Todesfälle (etwa 11 Prozent der Gesamtzahl). Beide Kategorien enthalten meist spezifische Angaben zur Identität der Getöteten. Die Ende April 2024 vom Gesundheitsministerium in Gaza veröffentlichte Liste enthielt 24 686 Namen »identifizierter« Getöteter. Die dritte Kategorie umfasst Todesfälle, über die nur »Teilinformationen« bekannt sind (circa 28 Prozent der Gesamtzahl) und die aus »zuverlässigen Medienquellen« übernommen werden.

Im Verlauf des Krieges ist es für die Behörden im Gazastreifen wegen der umfassenden Zerstörungen der medizinischen Infrastruktur zwar immer schwieriger geworden, eine genaue Zählung der Toten durchzuführen. Unter internationalen Expert:innen herrscht aber Einigkeit darüber, dass die vom Gesundheitsministerium in Gaza gelieferten Daten über die Gesamtzahl der getöteten Personen valide sind. Ein Investigativ-Bericht des israelischen Portals Mekomit berichtete Ende Januar 2024, dass selbst die israelische Armee dessen Zahlen für ihre Einschätzung der Lage vor Ort in täglichen Briefings nutzt. Und im Dezember 2023 veröffentlichte die medizinische Fachzeitschrift *The Lancet* zwei kritische Berichte über die Erhebung der Todesfälle, die von renommierten Wissenschaftlern der Johns Hopkins University und der London School of Hygiene and Tropical Medicine verfasst wurden. Beide kamen zu dem Schluss, dass die Zahlen aus dem Gazastreifen plausibel und glaubwürdig sind.

Der Großteil der in Gaza getöteten Menschen sind Zivilist:innen, auch daran gibt es keinen Zweifel. Wie hoch genau ihr Anteil ist, darüber gehen die Meinungen auseinander. Das Gesundheitsministerium in Gaza unterscheidet in seiner Zählung nicht zwischen Kombattanten und Zivilisten. Nachdem das Ministerium Ende April 2024 erstmals zwischen identifizierten und noch nicht identifizierten Todesopfern differenziert hatte, übernahm auch das Ocha diese Zählweise. Danach waren unter den 24 686 bis Ende April »identifizierten« Getöteten 4959 Frauen, 7797 Kinder, 1924 ältere Menschen und 10 006 Männer. Allein unter den identifizierten Getöteten waren also mindestens 60 Prozent Zivilist:innen. Zuvor hatte das Ocha die Schätzungen des Medienbüros der Gaza-Regierung übernommen, das noch Anfang Mai von 14 500 getöteten Frauen und 9500 getöteten Kindern gesprochen hatte. Verschiedene proisraelische Organisationen und Medien verkündeten daraufhin, die UN hätten ihre Schätzung zu getöteten Frauen und Kindern halbiert. In Wahrheit rechnen sowohl die UN als auch internationale Experten damit, dass auch ein Großteil der noch nicht identifizierten Todesopfer Zivilist:innen sind.

Jakob Farah

der USA dokumentierte.[5] »Zweimal wurde dieser Fall öffentlich als ›nicht glaubhaft‹ zurückgewiesen, obwohl die amerikanischen Gutachter insgeheim ermittelt hatten, dass bis zu 70, mindestens aber 4 Zivilisten bei dem Angriff ums Leben kamen.«

Woods ist »überzeugt, dass die Koalition für den Angriff verantwortlich ist, weil nur sie in dem betreffenden Zeitraum in Rakka operiert hat«. Er verweist auf eine umfangreiche Untersuchung, die Airwars gemeinsam mit Amnesty International über die Bombardierungen in Rakka angestellt hat:[6] »Die Feuerkraft des IS war in Rakka erheblich eingeschränkt, und den SDF war der Einsatz schwerer Waffen verwehrt worden. Die zugänglichen Beweismittel deuten stark darauf hin, dass diese Todesfälle durch einen Luft- oder Artillerieangriff der Koalition verursacht worden sind, die die größten Zerstörungen in Rakka zu verantworten hat.«[7]

Nach Schätzungen von Amnesty International und Airwars kamen in Rakka etwa 1600 Zivilisten bei US-amerikanischen, britischen und französischen Luftangriffen und durch Artilleriebeschuss ums Leben, und zwar allein bei der Offensive der internationalen Koalition zwischen Juni und Oktober 2017. Amnesty International hat zahlreiche Vorfälle dokumentiert, bei denen dutzende Familien ausgelöscht wurden, weil sie zwischen den Bombardements der Koalition und dem Beschuss durch die IS-Kämpfer in der Falle saßen.

Laut einem Amnesty-Bericht wurden im Sommer 2017 innerhalb eines Monats durch vier Operationen der Koalition 39 Mitglieder einer einzigen Familie und 10 ihrer Nachbarn getötet. Als am 18. Juli 2017 »die Familie Badran in einen anderen Stadtteil flüchtete, um sich vor den Kämpfen in Sicherheit zu bringen, wurden 9 Männer der Familie bei zwei Luftschlägen der Koalition getötet. Sie hatten es eben noch geschafft, die Frauen und Kinder an einen anderen Ort zu bringen, und wollten gerade dorthin nachkommen.«[8]

Einen Monat später versuchten die überlebenden Familienmitglieder zu fliehen, wurden aber von IS-Kämpfern unter Beschuss genommen. Dabei kam auch der Arzt ums Leben, der sich um die verletzten Familienangehörigen gekümmert hatte. »Notgedrungen musste die Familie dorthin zurück, wo sie hergekommen war; sie hatten keine andere Wahl«, heißt es in dem Amnesty-Bericht. »Am 20. August 2017 bombardierten die Koalitionskräfte gleichzeitig die beiden Häuser, in denen die Familie wohnte. Bei diesen Luftschlägen wurden 30 Mitglieder der Familie Badran getötet, die meisten davon Frauen und Kinder.«

Auch bei der Befreiung der irakischen IS-Hochburg Mossul gab es zahlreiche zivile Opfer. Laut einer Untersuchung von Associated Press sind die irakischen Truppen und die Koalitionskräfte für den Tod von mindestens 9000 Zivilisten verantwortlich, die zwischen Oktober 2016 und Juli 2017 beim Kampf um Mossul durch Raketen- und Artilleriebeschuss und Luftangriffe ums Leben kamen.[9] Später räumte die internationale Koalition lediglich den Tod von 326 Zivilisten ein. Airwars ist überzeugt, dass die Schlacht um Mossul »mehr Todesopfer unter der Zivilbevölkerung als unter den Terroristen gefordert hat«.

Nach den USA und Großbritannien belegt Frankreich den dritten Platz in der Reihe der Länder mit den meisten Luftschlägen; zählt man die Artillerieangriffe hinzu, erreicht Frankreich sogar Rang zwei mit 1500 Operationen während der intensivsten Phase der Kampfhandlungen zwischen August 2014 und Juni 2017. »Die Franzosen wollen sich ebenso wie die Belgier, Dänen und Briten nicht zu zivilen Opfern bekennen«, erklärt Woods. »Französische Offiziere geben zu, dass sie den Tod von Zivilisten verursacht haben, sagen aber nicht, wann und wo. Denn die Koalition ist so organisiert, dass nur diejenigen, die Luftangriffe durchgeführt haben, Entschädigungszahlungen [an die Angehörigen der Opfer] leisten können.«

Dies setzt allerdings voraus, dass die Überlebenden sich überhaupt Gehör verschaffen können, denn in Wahrheit weigert sich die Allianz, mit ihnen selbst oder Angehörigen in Verbindung zu treten. Wie die Allianz auf Nachfrage bestätigte, fordert sie die Opfer auf, »Ansprüche bei ihren jeweiligen Regierungen geltend zu machen«. Im Klartext heißt das: Den Hinterbliebenen irakischer oder syrischer Zivilisten, die bei Bombenangriffen der internationalen Koalition getötet wurden, wird nahegelegt, sich mit ihren Entschädigungsanträgen an Bagdad oder Damaskus zu wenden.

Anders als die internationale Koalition übernimmt Russland für kein einziges ziviles Opfer in Syrien offiziell die Verantwortung. Dabei wurden laut SNHR zwischen September 2015 und Juni 2021 bei russischen Luftangriffen 6867 Zivilisten getötet. Die Sohr kommt in ihrer Bestandsaufnahme vom 30. Juli 2021 auf eine noch höhere Summe: »In 70 Monaten wurden bei Militäroperationen russischer Soldaten auf syrischem Staatsgebiet 20 825 Menschen getötet, darunter 8667 Zivilisten und 2099 Kinder«. Airwars kann nach eigener Aussage belegen, dass die russische Armee bis heute bei rund 45 000 Luftschlägen in Syrien zwischen 4326 und 6416 Zivilisten getötet hat (Stand: 19. Juni 2024). Darüber hinaus spricht die Organisation von bis zu 24 901 weiteren zivilen Opfern, über die Berichte vorliegen, die bisher nicht bestätigt werden konnten.[10]

Da westliche Medien sich in Syrien nicht frei bewegen können, müssen sie auf die Opferzahlen zurückgreifen, die Sohr und SNHR jeden Tag veröffentlichen. Beiden Organisationen wird von Damaskus und Moskau unterstellt, sie seien parteiisch. Gelegentlich werden auch die Berichte westlicher NGOs wie Amnesty International, Human Rights Watch und Airwars zitiert. Es gibt noch weitere Quellen, aber deren Informationen sind oft schwer zu überprüfen: Facebook- und Twitter-Accounts, lokale Medien oder Blogs syrischer Oppositioneller, die im Internet fortlaufend Fotos und Videos von getöteten Zivilisten posten.

Seit 2011 tobt der Kommunikationskrieg: Die amtliche syrische Presseagentur Sana bilanziert regelmäßig die Operationen der zahlreichen Feinde des Regimes, wirft der SDF Raketenangriffe auf Zivilisten und den diversen dschihadistischen Gruppen sowie der Freien Syrischen Armee (FSA) Massaker vor. Aber die Zivilisten, die durch Artillerieangriffe, von Hubschaubern abgeworfene Fassbomben und Raketenangriffe mit russischen Suchoj Su-17, MIG-21 oder L-39 Albatros ums Leben kamen, werden mit keinem Wort erwähnt.

Russland hat stets steif und fest behauptet, es habe zu keinem Zeitpunkt in Syrien zivile Ziele getroffen. Im Juni 2019 wiesen die Vereinten Nationen allerdings darauf hin, dass in Idlib innerhalb von zwei Monaten mindestens 37 Schulen und 27 Gesundheitseinrichtungen durch syrische und russische Luftangriffe beschädigt oder zerstört worden seien. Im gleichen Jahr gab ein syrischer Journalist aus Idlib zu Protokoll: »Die Russen bombardieren systematisch stark frequentierte Orte. Sie setzen Waffen aller Art ein wie Phosphor- und Splitterbomben, und sie erproben neue Waffen. Das Assad-Regime praktiziert eine Politik der verbrannten Erde.«

Auch der unabhängige Militärexperte Anton Lawrow bezweifelt die Behauptung Moskaus, es habe im Zusammenhang mit der russischen Intervention keine zivilen Opfer gegeben: »Das ist natürlich hochgradig unwahrscheinlich: Der Hauptunterschied zwischen Russland und den Nato-Ländern besteht darin, dass Russland überwiegend ungelenkte Waffen einsetzt, die erheblich größere Kollateralschäden verursachen als ›intelligente Waffen‹.« Allerdings habe man festgestellt, dass die russische Luftwaffe ihre Taktik schrittweise ändere, um die Präzision seiner Luftschläge zu erhöhen und die zivilen Schäden zu verringern.

Die russische Seite wirft den syrischen NGOs, die sich um die Dokumentation der zivilen Opfer bemühen, regelmäßig vor, sie seien politische Aktivisten und vom Westen bezahlt. Auf solche Anschuldigungen reagiert SNHR-Präsident Fadel Abdulghany mit Ironie: »Wenn wir etwas veröffentlichen, das den Russen zupasskommt, greifen sie es gern auf. Werfen wir Russland Kriegsverbrechen vor, tun sie das als vom Westen und von den Islamisten lancierte Propaganda ab.« Die SNHR-Zahlen beruhten nicht auf Schätzungen, betont Abdulghany: »Wir folgen seit 2011 einer sehr strikten Methodik. Wir sammeln jeden Tag Informationen und Daten und wir können die Namen der Personen nennen, die von den russischen Streitkräften getöteten wurden.«

Auch die Sohr wird von Damaskus und den russischen Behörden kritisiert, weil ihre Daten auf nicht identifizierbaren Quellen beruhten. »Dass die Quellen anonym bleiben, ist frustrierend«, räumt Airwars-Chef Woods ein. »Das liegt daran, dass an den Mitgliedern dieser Organisationen regelmäßig Mordversuche verübt werden. Auf syrischem Boden zu arbeiten, ist ausgesprochen gefährlich. Wären sie parteiisch, hätten sie nicht versucht, die zivilen Opfer der Militäroperationen aller Konfliktparteien zu dokumentieren.«

Von den mutmaßlich über 600 000 Menschen, die seit Beginn der Aufstände gegen das Assad-Regime am 15. März 2011 auf syrischem Staatsgebiet ums Leben kamen, hat die Sohr folgende Zahlen dokumentiert und jeweils den Verursachern zugeordnet: 139 877 zivile Opfer gehen auf das Konto des Assad-Regimes und seiner Verbündeten, 2409 starben durch oppositionelle syrische Rebellengruppen, 478 durch kurdische Truppen, 4873 wurden von IS-Terroristen getötet und für 35 Opfer ist die israelische Armee verantwortlich.[11]

Das SNHR erhebt den gleichen Neutralitätsanspruch und ordnete im März 2024 den Konfliktparteien die folgenden Opferzahlen zu: 208 229 Zivilisten dem syrischen Regime und seinen Verbündeten einschließlich iranischer Milizen, 5056 dem IS, 4227 den oppositionellen Rebellengruppen und 1491 den kurdischen Truppen.[12] Dass die Schätzungen voneinander abweichen, ist dadurch zu erklären, dass zur Bestätigung eines oder mehrerer Todesfälle erst Beweise, Indizien und Augenzeugenberichte gesammelt werden müssen und sich im Laufe der Zeit dadurch jede Bilanz verändert.

Bei Konflikten wie in Syrien, an denen zahlreiche Parteien beteiligt und die von extremer Gewalt geprägt sind, verschwinden immer wieder Beweise für zivile Opfer oder sie werden verschleiert. Solange es kein umfassendes, unparteiisches und wirksames Erfassungssystem gibt, wird die Schlacht der Zahlen zwischen Beobachtern, Propagandisten und Konfliktparteien weitergehen.

Aus dem Französischen von Andreas Bredenfeld

1 Siehe Gilles Dorronsoro, Adam Baczko und Arthur Quesnay, »Syrie: Anatomie d'une guerre civile«, Paris (CNRS Éditions) 2016.
2 »Combined Joint Task Force – Operation Inherent Resolve Monthly Civilian Casualty Report«, 9. Juli 2021.
3 »Airstrikes allowed America to wage war with minimal risk to its troops«, *The New York Times*, 19. Dezember 2021.
4 airwars.org.
5 »How the U.S. Hid an Airstrike That Killed Dozens of Civilians in Syria«, *The New York Times*, 13. November 2021.
6 »War in Raqqa: Rhetoric versus reality«, Amnesty International.
7 Siehe auch Patrick Cockburn, »Tödliche Belagerungen«, *Le Monde diplomatique*, September 2018.
8 »Syrie: La ›guerre d'anéantissement‹ a fait des ravages dans la population civile à Raqqa«, Amnesty International, 5. Juni 2018.
9 »Mosul is a graveyard: Final IS battle kills 9,000 civilians«, Associated Press, 21. Dezember 2017. Siehe auch Patrick Cockburn, »Die Belagerten von Mossul«, *Le Monde diplomatique*, September 2017.
10 »Russian military in Syria«, Airwars.
11 »Syrian Revolution 13 years on | Nearly 618,000 persons killed since the onset of the revolution in March 2011«, Syrische Beobachtungsstelle für Menschenrechte (SOHR), 15. März 2024.
12 »Civilian death toll«, SNHR, 18. März 2024.

Erstmals erschienen in *Le Monde diplomatique* vom April 2022. Aktualisiert.

Der humanitäre Einsatz von Satellitenbildern

Am 18. September 2024 um 15 Uhr beantragte das Bundesamt für Bevölkerungsschutz und Katastrophenhilfe beim Copernicus-Notfalldienst aktuelle Satellitenbilder von Dresden und Umgebung, um sich auf das erwartete Elbe-Hochwasser am nächsten Tag vorzubereiten.

Copernicus ist das europäische Erdbeobachtungsprogramm: Seit 2014 liefern ihre Sentinel-Satelliten Daten, die nicht nur Behörden, sondern grundsätzlich jedem zur Verfügung stehen. Der Notfalldienst (Copernicus Emergency Management Service) bereitet auf Anfrage auch Daten für humanitäre Organisationen auf, so zum Beispiel für das UN-Amt für humanitäre Hilfe (OCHA) nach einem Erdrutsch in Südäthiopien im Juli 2024.

Der UN-Satellitendienst Unosat benutzt für seine Auswertung der Kriegsschäden im Gazastreifen Aufnahmen eines kommerziellen Anbieters, die das US-Außenministerium zur Verfügung stellt. Die erste Einschätzung wurde bereits am 13. Oktober 2023 veröffentlicht, eine Woche nach dem Überfall der Hamas auf Israel und drei Tage nach den ersten israelischen Bombardements. 741 beschädigte Gebäude wurden damals gezählt, darunter eine Schule. Weitere Analysen zum Zustand der Straßen – wichtig für Hilfstransporte – und landwirtschaftlichen Flächen folgten. Die Berichte werden regelmäßig aktualisiert, am 6. Juli 2024 zählte Unosat Schäden oder mögliche Schäden an über 150 000 Gebäuden .

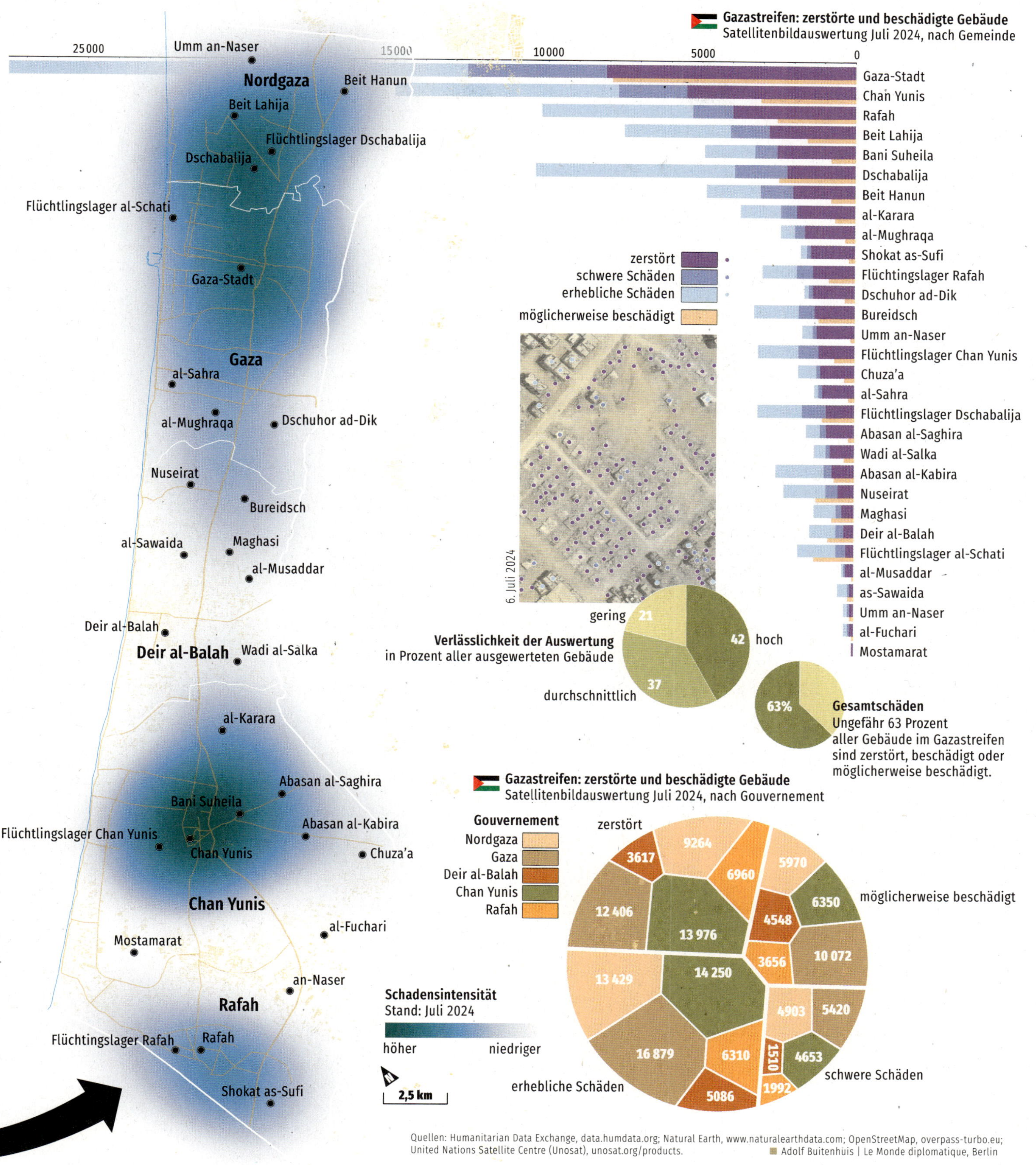

Quellen: Humanitarian Data Exchange, data.humdata.org; Natural Earth, www.naturalearthdata.com; OpenStreetMap, overpass-turbo.eu; United Nations Satellite Centre (Unosat), unosat.org/products.

Adolf Buitenhuis | Le Monde diplomatique, Berlin

Hunger als Waffe

Eine Kriegsstrategie von Sudan bis Gaza

Von Alex de Waal

Noch vor einigen Jahren schien es weltweit und quer durch das politische Spektrum einen Konsens darüber zu geben, dass es absolut unzulässig ist, Hunger als Waffe einzusetzen: Am 24. Mai 2018 stimmten alle 15 Mitglieder des UN-Sicherheitsrats in seltener Einstimmigkeit für die Resolution 2417, die »den Einsatz von Aushungern der Zivilbevölkerung als Methode der Kriegsführung« entschieden verurteilt.

Die Hungersnöte unserer Zeit sind von Menschen verursacht. Diese schlichte Tatsache muss man immer und immer wieder betonen. Seit 2011 hat das Famine Review Committee (FRC) im Auftrag der UNO in 20 Fällen eine »Integrierte Klassifizierung der Ernährungssicherheitsphasen« (Integrated Food Security Phase Classification, IPC) vorgenommen. Die IPC ist quasi die »Richterskala« des Hungers und dient der Klärung, ob im jeweiligen Fall die Kriterien für eine »Hungersnot« (famine) erfüllt sind.

In 19 der 20 IPC-Verfahren ging es um einen Ernährungsnotstand, der maßgeblich durch einen Krieg verursacht war. Die einzige Ausnahme war 2021 die Hungersnot in Madagaskar, die nach mehreren klimabedingten Dürrejahren im Süden der Insel entstanden war.

Dennoch hat sich in unseren Köpfen die Vorstellung eingebrannt, eine Hungersnot sei in aller Regel eine Naturkatastrophe. Damit verschaffen wir den Militärs und Politikern, die ihre eigenen Völker aushungern, ein willkommenes Alibi – und uns die bequeme Ausrede, es müssten nur mehr Nahrungsmittel produziert und nicht etwa die Kriegsverbrecher gestoppt werden.

Ein schlagendes Beispiel ist der Sudan. Hier führen seit April 2023 zwei korrupte Generäle einen Plünderungs- und Aushungerungskrieg, der die Menschen ihrer elementaren Nahrungsmittel beraubt. Die nackten Zahlen zeigen, dass im Sudan heute der weltweit schlimmste Nahrungsmittelnotstand herrscht. Laut dem IPC-Report vom 27. Juni 2024 ist mehr als die Hälfte der Bevölkerung – 25 von 48 Millionen Menschen – auf humanitäre Hilfe angewiesen. Davon sind etwa 8 Millionen Menschen in akuter Not (emergency), was bedeutet, dass die Familien auf Mahlzeiten verzichten und ihre letzten Besitztümer verkaufen und dass die Kindersterblichkeit steigt. 755 000 Menschen sind bereits akut vom Hungertod bedroht.

Die Hungerkatastrophe im Sudan ist das Produkt mehrerer sich überlagernder Krisen. Die Nahrungsmittelproduktion ist unzureichend. Während industrielle Betriebe vor allem Hirse anbauen (großenteils für den Export), muss Weizen importiert werden. Hinzu kommt, dass die Regierungen in Khartum seit Jahrzehnten Aufstandsbewegungen in entfernteren Regionen mit militärischen Mitteln bekämpft haben. Im Zuge dieser Aktionen wurden Millionen Menschen vertrieben, die in der Folge auf Nahrungsmittelhilfe angewiesen waren.

2016 ging dem Sudan dann auch noch das Geld aus, und er konnte seine Weizenimporte nicht mehr bezahlen. Schon damals, also lange vor Ausbruch des aktuellen Bürgerkriegs, musste das Land bei der UNO einen neuen Höchstbedarf an Nahrungsmittelhilfen beantragen.

Der Krieg verschärfte die Krise zur Katastrophe. Die Kämpfe begannen mit Rivalitäten zwischen den beiden Generälen, die an der Spitze der seit April 2019 herrschenden Militärjunta standen. Am 15. April 2023 unternahm General Mohammed Hamdan Daglo, der Kommandeur der paramilitärischen Rapid Support Forces (RSF), einen Putschversuch gegen seinen Rivalen General Abdel Fattah al-Burhan, den Oberbefehlshaber der regulären Armee Sudanese Armed Forces (SAF).

Der Putsch scheiterte. Seitdem haben die Truppen beider Seiten die Hauptstadt Khartum zerstört und sich im ganzen Land erbitterte Kämpfe geliefert. Die RSF-Milizen plündern überall, wo sie hinkommen, Städte und Krankenhäuser, Märkte und landwirtschaftliche Betriebe. Die SAF bombardiert lebenswichtige Infrastrukturen und unterbindet Hilfslieferungen für Gebiete, die von der RSF kontrolliert werden, etwa für große Teile von Darfur, wo die Hungersnot am schlimmsten wütet.

Die Männer, die den Hunger im Sudan verursacht haben, sind natürlich nicht bereit, ihre Schuld einzugestehen. Stanley Cohen untersucht in seinem Buch »States of Denial« die verschiedenen Techniken des Leugnens von Gräueltaten, mit denen sich die Täter und deren Verteidiger exkulpieren wollen.[1] Auch im Fall von Hungerverbrechen beginnt es mit der schlichten Leugnung von Fakten.

Als der IPC-Report veröffentlicht wurde, bestand die erste Reaktion des sudanesischen UN-Botschafters Al-Harith Idriss al-Harith Mohamed darin, die angeführten Beweise nicht anzuerkennen. Und der Vertreter der sudanesischen Regierung, der in dem Komitee sitzt, das die IPC-Zahlen absegnet, erhebt regelmäßig Einspruch gegen Informationen von Hilfsorganisationen, die ohne die Genehmigung von Khartum tätig sind. Meist operieren diese NGOs in Gebieten, in denen die RSF die Kontrolle ausüben.

Eine zweite Art des Leugnens nennt Cohen das »interpretierende Abstreiten«: Man erkennt die Fakten an, behauptet aber, dass sie nicht das sind, als was sie erscheinen. Die im IPC-Report dokumentierte Zahl der von Hunger bedrohten Menschen im Sudan ist eine der höchsten, die je registriert wurden. Doch der sudanesische UN-Botschafter erklärte öffentlich, 755 000 Personen seien nur »unbedeutende« 2 Prozent der Bevölkerung, und mit einer guten Ernte werde die Zahl zurückgehen. Im Übrigen schob er die Verantwortung für den Hunger und die Plünderungen auf den Kriegsgegner

Auf der Suche nach Essbarem auf der Mülldeponie von Deir al-Balah, Gazastreifen, Juli 2024.
ABED RAHIM KHATIB | DPA/PICTURE ALLIANCE

RSF: Es gebe genügend Nahrungsmittel im Land, doch wenn die Bauernfamilien ihre Ernte einbringen, würde sie ihnen immer von der RSF abgenommen.

Die gängige Behauptung, dass »die anderen« schuld sind, verweist auf die dritte Art des Leugnens, die Cohen als »implicatory«, als insinuierend bezeichnet. Um die eigenen Gräueltaten zu rechtfertigen, legt man in die Fakten eine andere, verborgene Bedeutung hinein. Im Fall Sudan ist dies die Behauptung, der Vorwurf einer »Hungersnot« diene lediglich als Vorwand für eine Intervention oder Machtübernahme von außen, womit dann das eigene extreme Handeln als bloße Reaktion gerechtfertigt wird.

Als Al-Harith Idriss vor der Presse den IPC-Befund kommentierte, erhob er wüste Beschuldigungen gegen die RSF: Die Rivalen würden auf »niederträchtige Weise« mit »gewissen internationalen Kreisen« zusammenarbeiten, welche die These verbreiten, dass die Hungersnot »von oben angeordnet« sei. Damit liefere man diesen »bösen« Kräften »einen Vorwand, im Sudan zu intervenieren«, was einen Krieg von der Dimension eines »biblischen Armageddon« bedeuten würde. Wer diese ausländischen Verschwörer sein sollen, sagte der sudanesische UN-Botschafter nicht. Aber der sudanesische Außenminister zeigt inzwischen mit dem Finger auf die Vereinigten Arabischen Emirate (VAE) und deren westliche Verbündete, etwa die USA und Großbritannien. Die logische Folgerung lautet: Um den Sudan gegen eine solche existenzielle Bedrohung zu verteidigen, ist jedes Mittel legitim.

Varianten der von Cohen beschriebenen Techniken des Leugnens kennen wir auch aus Syrien und Jemen. In beiden Krisenländern fanden Gegner wie Verbündete des Westens alle möglichen Erklärungen dafür, dass es sich um keine Hungersnot handele und dass die ganze Frage unerheblich sei.

Ein jüngeres Beispiel ist Äthiopien, wo im November 2020 die Regierung in Addis Abeba einen Krieg gegen die Region Tigray begann. Wie es dazu kam, ist bis heute umstritten. Unbestreitbar ist jedoch die systematische Zerstörung von Farmen und agrarischen Erträgen, von Krankenhäusern und Wasseranlagen, gefolgt von einer totalen Blockade der Nahrungsmittellieferungen.

Aufgrund dieser Blockade starben in der Region Tigray 375000 Menschen. Im Juli 2021 warnte das Famine Review Committee (FRC) in einem IPC-Report, dass eine Hungersnot bevorstehe. Der nächste Schritt, die offizielle Feststellung einer Hungersnot, hätte die Aushungerungsstrategie der Regierung in Addis Abeba ans Licht gebracht, weshalb diese dem FRC die Sammlung weiterer humanitärer Daten jeglicher Art untersagte. UN-Mitarbeiter:innen, die sich nicht daran hielten, wurden des Landes verwiesen. Im Fall Tigray erwies sich der Hunger als eine billige und wirkungsvolle Waffe: Er schwächte den Widerstand der Bevölkerung und zwang deren Führung, sich auf die Friedensbedingungen der Zentralregierung einzulassen.

Der jüngste und meistdiskutierte Fall von massenhaftem Hunger als Waffe ist der israelische Gaza-Feldzug im Gefolge des Hamas-Angriffs vom 7. Oktober 2023. Allerdings hatte die israelische Regierung bereits lange vor dem brutalen Massaker an israelischen Zivilist:innen die palästinensische Bevölkerung des Gazastreifens explizit »auf Diät« gesetzt.[2] Nachdem die Hamas 2006 in Gaza an die Macht gekommen war, hatte die »Koordinierungsstelle des israelischen Verteidigungsministeriums für die besetzten Gebiete« (Coordination of Government Activities in the Territories, Cogat) die Warenlieferungen in den Küstenstreifen extrem eingeschränkt. In einem Dokument mit dem Titel »Food Consumption in the Gaza Strip – Red Lines« wurde der tägliche Kalorienbedarf berechnet, um Unterernährung zu vermeiden, aber die Versorgungslage dauerhaft prekär zu halten.[3]

Nach dem 8. Oktober 2023 zerstörte das israelische Militär systematisch Einrichtungen, die für die Zivilbevölkerung »lebensnotwendig« sind. Damit ist das zentrale Kriterium für das Kriegsverbrechen des Aushungerns erfüllt.[4] Als weiterer Tatbestand kommt die »vorsätzliche Behinderung von Hilfslieferungen« hinzu, die von Israel über Wochen praktiziert wurde. Schon die IPC-Zahlen vom Dezember 2023 lieferten Belege für einen extremen Ernährungsnotstand. Nie zuvor haben die Expert:innen eine derart rapide Krisenentwicklung dokumentiert. Ihr Bericht vom 18. März 2024, der vor einer »unmittelbar bevorstehenden Hungerkatastrophe« warnte, veranlasste den Internationalen Gerichtshof (IGH) zu einem Beschluss: Das Gericht in Den Haag wies die israelische Regierung an, »alle notwendigen und wirksamen Maßnahmen zu ergreifen, um unverzüglich und in voller Kooperation mit den Vereinten Nationen die ungehinderte Bereitstellung von dringend benötigten Dienstleistungen und humanitären Hilfsgütern für die palästinensische Bevölkerung in ganz Gaza sicherzustellen«. Konkret genannt wurden »Nahrungsmittel, Wasser, elektrischer Strom, Treibstoff, Kleidung und Hygieneartikel wie auch Medikamente und medizinische Versorgung«.[5]

Die Anweisung des Gerichts erfolgte einstimmig, also auch mit der Stimme von Aharon Barak, den Israel als zusätzlichen Richter im Klageverfahren »Südafrika vs. Israel« an den IGH entsenden durfte.[6] Barak widersprach zwar entschieden dem Vorwurf des Genozids, räumte aber ein, dass Israel seinen Verpflichtungen nach dem Humanitären Völkerrecht nicht nachgekommen ist.

Auch gewichtige Stimmen in den USA – unter ihnen Samantha Power, die Direktorin der Entwicklungshilfeagentur USAID und ehemalige UN-Botschafterin – sprachen von einer Hungersnot im Norden des Gazastreifens. Das veranlasste die israelische Regierung offenbar, mehr Lebensmittel über die Grenze zu lassen und damit das Abgleiten in die schiere Hungerkatastrophe zu bremsen. Was die israelische Armee jedoch nicht von ihrem Angriff auf Rafah im Süden des Gazastreifens abhielt, wodurch die Hauptroute für die humanitären Hilfslieferungen blockiert wurde. Die Verteilung von Nahrungsmitteln und Medikamenten kam zum Erliegen und zehntausende bereits entwurzelte Menschen sahen sich dazu gezwungen, erneut nach einer anderen Zuflucht zu suchen.

Auf die Anschuldigung, für den Hunger in Gaza verantwortlich zu sein, reagierten die Israelis zunächst mit dem Leugnen der Fakten. Dabei ergaben sich allerdings zwei Probleme: erstens die weltweite Aufmerksamkeit für die Situation in Gaza; und zweitens die extremen und unbedachten Äußerungen hochrangiger Regierungsvertreter, die ganz offen vom Aushungern des Gazastreifens gesprochen hatten.

»Ich habe eine komplette Belagerung des Gazastreifens angeordnet«, erklärte Verteidigungsminister Joav Galant am 9. Oktober 2023 in Beer Scheva. »Es wird keinen Strom geben, keine Nahrungsmittel, kein Benzin, alles ist abgeriegelt.« Und dann kam der infame Satz: »Wir kämpfen gegen Tiere in Menschengestalt, und wir agieren entsprechend.« Selten hat jemand die Absicht, eine Bevölkerung auszuhungern, derart offen ausgesprochen. Nichtsdestotrotz haben die israelische Regierung und deren Verbündete in den USA ein Gespür für die rechtliche Problematik, weshalb später vor dem IGH in Den Haag ein israelischer Vertreter Galants Sätze als Gefühlsausbruch verharmlost hat, der nicht die offizielle Politik repräsentiere.

Auch im Fall Gaza erkennen wir die drei Techniken des Leugnens, die Stanley Cohen unterscheidet. Besonders leicht zu durchschauen ist das schlichte Abstreiten von Fakten. So präsentierte die Cogat am 6. März 2024 eine Liste der Lkw-Ladungen, die über die Grenzübergänge in den Gazastreifen gelangt seien.[7] Angeblich waren damit die Zahlen des IPC-Reports widerlegt. Die Angaben über die Ladung ließen sich allerdings nicht überprüfen; zudem wurde die angewandte Methode – die simple Addierung der Kalorienmengen – von Expert:innen längst aufgegeben. Doch selbst wenn die Zahl der angekommenen Mehlsäcke korrekt wäre, beantwortet das nicht die entscheidenden Fragen: Wie erreicht das Mehl die Menschen, die es am dringendsten benötigen? Werden die Hungernden mit anderen wichtigen Nahrungsmitteln versorgt? Was geschieht, um den Grundbedarf an Wasser, sanitärer Versorgung und spezieller Krankenkost zu decken? Können die Ärmsten die auf den Märkten angebotenen Lebensmittel kaufen?

Die zweite Technik, das »interpretierende Leugnen«, fußt auf folgender Argumentation: Da der IPC-Report im März eine Hungerkatastrophe vorausgesagt hatte, der Bericht vom 25. Juni 2024 aber ein anderes Bild zeichnete, sei die frühere Darstellung eine böswillige Erfindung gewesen. Tatsächlich aber dokumentierte der Juni-Report die Zunahme der Hilfslieferungen im April und im Mai – zum Teil in Reaktion auf den IPC-Report vom März –, durch die das Schlimmste verhindert wurde.

Die dritte, die »insinuierende« Technik des Leugnens arbeitet mit der Unterstellung, wer von einer Hungersnot in Gaza spreche, tue dies nur aus Sympathie für die Hamas. Diese Technik benutzte Netanjahu etwa in seiner Rede vor dem US-Kongress am 25. Juli 2024. Doch diese Argumentation ist für die israelische Seite schon deshalb problematisch, weil das von der US-Regierung aufgebaute Frühwarnsystem Fews Net (Famine Early Warning Systems Network) noch viel alarmierendere Töne angeschlagen hatte: Im März 2024 kam Fews Net zu dem Schluss, dass die Hungersnot in Gaza wahrscheinlich schon in vollem Gange ist.

Alles Abstreiten läuft letztlich darauf hinaus, die Dinge so zu verdrehen, dass das israelische Handeln völkerrechtlich zulässig und nur das tragische Resultat eines aufgezwungenen Kriegs sei. Das grundlegende Argument lautet demnach, dass Israel angesichts einer existenziellen Gefahr für sein nationales Überleben lediglich sein Recht auf Selbstverteidigung ausübe. Ganz so, wie auch afrikanische und arabische Autokraten auf ihre »Souveränität« pochen.

Für die israelische Regierung war es von höchster Bedeutung, ob sie mit ihrer Position in Washington durchkommt. Im Gesetz über US-Auslandshilfen (Foreign Assistance Act) gibt es eine Klausel, wonach Waffenlieferungen an ein Land, das US-Hilfslieferungen blockiert, einzustellen seien. Das Vorgehen der Israelis in Gaza stellte Washington vor die Frage, ob man weiterhin Rüstungsgüter an Israel liefern kann.

Zu dieser Frage musste die Regierung dem Kongress ein Memorandum vorlegen. Ihre Expert:innen für humanitäre Hilfe zweifelten nicht daran, dass Israel Hilfslieferungen blockierte, und das schrieben sie auch so auf. Doch die Endfassung, an der sie nicht mehr mitwirkten, plädierte für weitere Waffenlieferungen an Israel. Eine langjährige Beraterin des State Departments, die an der ersten Fassung des Berichts beteiligt war, trat daraufhin zurück.[8]

Allerdings begannen die Juristen der US-Administration ihre Meinung zu überdenken, nachdem der Chefankläger des Internationalen Strafgerichtshof (IStGH) Karim Khan gegen Israels Regierungschef Netanjahu und dessen Verteidigungsminister Galant am 20. Mai Haftbefehle beantragt hatte – unter anderem weil es Grund zur Annahme gebe, dass sie für das Kriegsverbrechen des Aushungerns verantwortlich sind. Das IStGH-Statut verbietet in Artikel 8 (2b) Abs. (xxv) »das vorsätzliche Aushungern als Methode der Kriegsführung durch das Vorenthalten der für sie lebensnotwendigen Gegenstände, einschließlich der vorsätzlichen Behinderung von Hilfslieferungen, wie sie nach den Genfer Abkommen vorgesehen sind«.

Die entscheidende Frage lautet, wie man »vorsätzlich« definiert. Die vorherrschende juristische Meinung geht dahin, dass die verbotene Handlung absichtsvoll geschieht und das Verhungern von Zivilpersonen eine vorhersehbare Folge dieser Handlung ist.[9] Eine engere Definition besagt dagegen, dass eine sowohl spezifische als auch vorrangige Absicht des Aushungerns vorliegen muss.

Das US-Militär interpretiert das Verbot des Aushungerns so, dass ein »incidental« – nicht primär intendiertes – Verhungern von Menschen während einer militärischen Belagerung zulässig ist. Das wäre faktisch eine »Lizenz« für die Methode, den Feind zur Kapitulation zu zwingen, indem man die Zivilbevölkerung aushungert, wie sie zum Beispiel vom Assad-Regime im syrischen Bürgerkrieg praktiziert wurde.

Die Pentagon-Juristen machen zudem geltend, dass sie an das Humanitäre Völkerrecht (International Human Law, IHL) und nicht an das Römische Statut des IStGH gebunden seien. Diese Unterscheidung ist deshalb relevant, weil Verstöße gegen das IHL in der Regel nur zu Verfahren vor einem Militärgericht, aber nicht vor einem unabhängigen Gericht führen. Diese militärische Lesart impliziert, dass ein Armeekommandeur selbst nach der offiziellen Warnung vor einer Hungersnot die Menschen weiter in den Hunger treiben kann. Eine derart enge Definition für das Kriegsverbrechen des Aushungerns bedeutet schlicht, dass alle aktuellen Fälle, in denen Hunger als Waffe eingesetzt wird, nicht strafbar wären.

Im Fall Gaza wird die Schwelle für den Begriff »Aushungern« so hoch angesetzt, dass die israelischen Praktiken als legitim erscheinen. Statt das Verhalten der Netanjahu-Regierung an höheren völkerrechtlichen Standards zu messen, wird die nachsichtige Behandlung derartiger Verbrechen zum universellen Maßstab erhoben. Es sollte uns nicht überraschen, wenn Hungerkatastrophen in Zukunft noch häufiger und noch verheerender werden.

Aus dem Englischen von Niels Kadritzke

1 Stanley Cohen, »States of Denial: Knowing about atrocities and suffering«, Cambridge (Polity Press) 2001.
2 Siehe »Putting Palestinians ›On a Diet‹: Israel's Siege & Blockade of Gaza«, Institute for Middle East Understanding (IMEU), 14. August 2014.
3 2012 veröffentlichte die israelische NGO Gisha eine englische Fassung des Dokuments.
4 Vgl. »Wenn Hunger zur Kriegswaffe wird«, Welternährung, Mai 2020.
5 »Application of the Convention on the prevention and punishment of the Crime of Genocide in the Gaza Strip (South Africa v. Israel)«, IGH, 28. März 2024.
6 In einem IGH-Verfahren können der klagende wie der beklagte Staat einen zusätzlichen Richter stellen, wenn sie nicht schon im IGH-Kollegium vertreten sind.
7 »Food and Security in the Gaza Strip: Response to IPC report«, Cogat, 6. März 2024.
8 Siehe Julian Borger, »US state department falsified report absolving Israel on Gaza aid – ex-official«, *The Guardian*, 31. Mai 2024.
9 Siehe Tom Dannenbaum, »Nuts & Bolts of Int'l Criminal Court Arrest Warrant Applications for Senior Israeli Officials and Hamas Leaders«, Just Security, 20. Mai 2024.

Erstmals erschienen in *Le Monde diplomatique* vom August 2024.

Proxy Wars

Das Zeitalter der Stellvertreterkriege

Von Tom Stevenson

Es gibt heute kaum noch einen Krieg, der ohne »proxies« auskommt, wie die bewaffneten Stellvertreter vor Ort genannt werden. Ob in Südamerika, in Zentralafrika, im Nahen Osten oder in Osteuropa – überall verfolgen kriegführende Staaten ihre Ziele mithilfe lokaler Bündnispartner.

Die katastrophalen Invasionen in Afghanistan 2001 und zwei Jahre später im Irak sind uns als konventionelle Kriege in Erinnerung; doch der Afghanistan-Krieg begann mit der Rekrutierung einer Stellvertretertruppe. Die Invasion im Irak wurde zwar von traditionellen Streitkräften – fast 180 000 Soldaten aus den USA, Großbritannien, Australien und anderen Ländern – bestritten, aber die anschließende Besetzung des Landes stützte sich vornehmlich auf Proxy-Kräfte.

Als Meisterstratege in Sachen »proxy war« galt der Iraner Qasem Soleimani, der Teherans verdeckte Militäraktionen auf fremdem Boden organisierte. Am 3. Januar 2020 wurde der Kommandeur der Quds-Einheit der iranischen Revolutionsgarden (Pasdaran) durch eine US-amerikanische Drohne getötet, was Präsident Trump damit rechtfertigte, dass der iranische Chefstratege »schlecht über unser Land geredet« habe.

Der Ruf Soleimanis war wohl begründet. Er sprach ein passables Arabisch und verstand es, aus irregulären Banden ausländischer Kämpfer loyale Gefolgsleute zu machen. Sein Wirken brachte den Iranern den Ruf ein, dass sie, was die Rekrutierung von Stellvertreterkriegern betrifft, die wahren Profis seien, US-Amerikaner und Briten dagegen nur Amateure. Die Quds-Einheit, eine Spezialtruppe der Pasdaran für Auslandseinsätze, war Anfang der 1980er Jahre nach Beginn des Iran-Irak-Kriegs (1980–1988) gegründet worden. Sie unterstand seit 1997 Soleimani, unter dessen Oberbefehl sie ihre aus der islamischen Revolution überkommene Rolle weiterspielte.

Im Irak beruht der Einfluss der Quds-Einheit auf der Kontrolle über die Haschd asch-Schabi (Volksmobilmachungskräfte), einer Formation aus rund 40 schiitischen Milizen *(siehe Beitrag von Adel Bakawan auf Seite 70)*; in Syrien auf dem Kommando über irreguläre afghanische und syrische Kampfgruppen, im Jemen arbeiten die schiitischen Huthis mit der Quds-Einheit zusammen, und in Afghanistan sind es bestimmte Taliban-Fraktionen. Die beiden letzten Gruppierungen werden von Teheran unterstützt, ohne dass man sie als Marionetten bezeichnen könnte.

Dasselbe gilt für die Hisbollah im Libanon, die sich vom Auftragnehmer zum eigenständigen Bündnispartner entwickelt hat. Die meisten Kämpfer dieser Gruppen rekrutieren sich aus den schiitischen Volksgruppen, wobei die Iraner nicht auf eine doktrinäre Gleichschaltung ihrer Glaubensbrüder aus sind.

Die Strategie ist völlig einleuchtend. Iran ist seit vier Jahrzehnten der erklärte Erzfeind der globalen Supermacht: Das Land ist von US-Militärbasen und feindseligen sunnitisch-arabischen Staaten umzingelt, seine Wirtschaft wird durch US-Sanktionen erdrosselt. Indem Teheran den Erzfeind in Washington durch seine Proxies beschäftigt hält, will er dessen Intervention auf iranischem Boden abwenden.

Das Agieren mittels Stellvertretern bietet Teheran einen weiteren Vorteil: Man vermeidet die direkte Konfrontation und wahrt sich damit die Möglichkeit, Washington immer wieder Angebote machen zu können. Damit erkennt das Mullah-Regime an, dass es auf längere Sicht für sein Überleben irgendeine Einigung mit dem mächtigen Gegner anstreben muss.

Die iranische Proxy-Strategie ist vorwiegend defensiv. Zugleich aber hat sie es dem Regime ermöglicht, größeren Einfluss innerhalb der Region zu gewinnen, etwa durch die Unterstützung von Baschar al-Assad in Syrien oder der schiitischen Kräfte im Irak. Für diese Bündnispolitik benutzen die Pasdaran den Begriff »effects-based operations«, erfolgsorientierte Operationen, der interessanterweise dem Vokabular des US-Militärs entstammt.[1]

Washington hat den Begriff »proxy warfare« für die Kriegsführung gegen Feinde wie Iran oder Russland reserviert. Die offizielle National Defense Strategy von Anfang 2018 hebt auf die Gefahr ab, dass Konkurrenten zur Durchsetzung ihrer Ziele weniger auf einen offenen Krieg setzen als auf die Methoden eines »Informationskriegs«, auf »undurchsichtige oder verleugnete Proxy-Operationen« und auf »Subversion«.[2]

2018 konstatierte der Report der National Defense Strategy Commission eine wachsende Tendenz zu »Aggression und Konflikt in der Grauzone zwischen Krieg und Frieden«.[3] Westliche Sicherheitsexperten sprechen in diesem Kontext auch von der »Gerassimow-Doktrin«. Den Begriff hat der Journalist Mark Galeotti – eher scherzhaft – im Januar 2013 nach einer Rede des russischen Generalstabschefs Waleri Gerassimow in die Welt gesetzt.

In Washington und London hat man den Ausdruck aufgegriffen, um die angeblichen russischen Pläne zur Destabilisierung Europas und Nordamerikas zu beschreiben. Die ironische Pointe liegt darin, dass Gerassimow gar nicht über die russische Strategie gesprochen, sondern seinerseits den Westen beschuldigt hatte, »die Grenze zwischen Krieg und Frieden zu verwischen«. Wenn das Pentagon seinen Feinden unentwegt »asymmetrische« oder unkonventionelle Taktiken und Stellvertreterkriege nachsagt, ist daran zu erinnern, dass die eigentlichen Erfinder der »Proxy-Doktrin« nicht Russland oder Iran waren, sondern die USA, die bis heute auch das meiste Geld für die Bewaffnung von Proxy-Kriegern ausgeben.

Kommunikationseinheit der Mudschaheddin (lokale Guerilla-Gruppen gegen die russische Besatzung Afghanistans), Provinz Kunar, 1985. ULLSTEIN BILD

In dem Strategiereport vom Januar 2018 wird erstmals auch auf die »By-with-through«-Methode verwiesen, die von der Geheimdienstdirektion des Vereinigten Generalstabs (Joint Chiefs of Staff oder J2), entwickelt wurde. Demnach müsse das US-Militär lokale Kampftruppen »organisieren, militärisch ausstatten und ausbilden«, um »by, with and through« (etwa: mittels, mit und durch) Partner und Länder zu operieren, »mit denen wir gemeinsame Interessen haben«.

Selbst für reguläre Truppen ist das Schlachtfeld ein unübersichtlicher Ort. Aber der Einsatz von Proxies macht alles noch komplizierter

Interessanterweise wird hier das Wort Proxy sorgfältig vermieden und durch weniger anstößige Begriffe ersetzt.

Was die J-2-Doktrin beschreibt, ist eine Form des Kriegs, die heute fast zur Normalität geworden ist. Das Modell beruht auf der Schlagkraft der US-Luftwaffe, die häufig auf satellitengestützte Aufklärung und den Einsatz von Drohnen zurückgreift, um ihre Proxy-Bodentruppen zu unterstützen. Letztere werden durch Spezialeinheiten der US-Armee oder ihrer Verbündeten ergänzt, falls spezielle militärische Expertise erforderlich ist.

Das war auch das Konzept der USA bei ihrer Unterstützung der Aufständischen im libyschen und im syrischen Bürgerkrieg im Gefolge des sogenannten Arabischen Frühlings 2011, wie auch der kurdischen und irakischen Milizen, die 2019 den »Islamischen Staat« (IS) in die Knie zwangen. Anders im Jemen: Dort überließ das Pentagon die Luftschläge den militärischen Vasallenstaaten Saudi-Arabien und Vereinigte Arabische Emirate (VAE), deren Luftstreitkräfte allerdings von US-amerikanischen und britischen Beratern angeleitet, ausgebildet und mit Munition, technischer Hilfe und taktischen Ratschlägen versorgt wurden *(siehe den Beitrag von Tom Stevenson auf Seite 40)*.

Das britische Militär verwendet eine ähnlich euphemistische Terminologie. Laut Generalstabschef Nick Carter hat es Großbritannien mit »autoritären Rivalen« zu tun, die ihre Angriffe unterhalb der Schwelle ansetzen, auf deren Überschreitung man militärisch reagieren müsste. In diesem ständigen Kampf, in dem es keine klare Unterscheidung mehr zwischen Krieg und Frieden gebe, würden die Gegner »unsere natürliche Abneigung gegen die Gefährdung von Menschenleben« als Schwäche interpretieren, die es auszunutzen gelte.

Nach Carter ist die britische Antwort ein »integriertes Operationskonzept«, das »partnerschaftliches Reagieren auf gemeinsame Bedrohungen« vorsieht.[4] Würden die erklärten Gegner dasselbe Konzept praktizieren, würde man ohne Zögern von einem »Stellvertreterkrieg« sprechen. Auch andere Mächte sind bemüht, sich möglichst an diesem US-Konzept zu orientieren. Die Golfmonarchien zum Beispiel haben in Syrien ihre eigenen Stellvertretertruppen rekrutiert. Auch Russland hat in der Ostukraine Proxy-Milizen eingesetzt. Und die Türkei schickt ihre syrischen Proxies sogar nach Libyen und nach Bergkarabach.

Militärexperten unterliegen häufiger der Neigung, den Anbruch eines neuen militärtechnischen Zeitalters auszurufen. Aber was wir heute erleben, ist womöglich wirklich eines.

1945 verfügten die USA über die weitaus stärkste konventionelle Militärmacht des Globus. Ihre Seestreitkräfte beherrschten die Weltmeere, und ihre Air Force war den Luftwaffen aller anderen Staaten haushoch überlegen. Dabei demonstrierten die USA ihre Rolle als dominierende Supermacht nicht nur mit der nuklearen Apokalypse von Hiroshima und Nagasaki, sondern auch mit den Flächenbombardements von Tokio, Nagoya, Yokohama, Osaka, Hamamatsu und Kobe, die in Japan noch vernichtender waren als ihre Atomwaffen.

In Korea befahl General George E. Stratemeyer den US-Piloten, »alle Gebäude, die einen Schutz bieten könnten«, zu zerstören – mit der erklärten Absicht, die ganze Koreanische Halbinsel in eine Wüste zu verwandeln *(siehe den Beitrag von Bruce Cumings auf Seite 86)*. Zwischen 1950 und 1953 wurden die größeren Städte einschließlich Pjöngjang und sogar Seoul fast völlig zerstört. Nach Aussagen von General Curtis LeMay, damals Oberkommandeur der Strategischen Luftstreitmacht, haben die USA »praktisch jede Stadt in Nord- und Südkorea niedergebrannt«. Dabei gab es eine Million zivile Todesopfer. LeMay gehörte zu den Generälen, die vorschlugen, ebenso gegen die Sowjetunion vorzugehen.

Im Kalten Krieg verlegten sich die USA – die über mehr Militäranlagen auf dem Globus verfügten als je ein Staat zuvor – auf Konzepte wie verdeckte Interventionen und Stellvertreterkriege. Beide Supermächte – oder besser: die eine Supermacht und ihr Herausforderer UdSSR – führten Angriffskriege gegen kleine Staaten der globalen Peripherie. Die USA attackierten Kuba, die Dominikanische Republik und Grenada und begannen einen Zerstörungskrieg in Indochina. Die Sowjetunion marschierte in Ungarn, der Tschechoslowakei und Afghanistan ein.

Bewaffnete Konflikte zwischen rivalisierenden Staaten waren jedoch eher selten und weitgehend unabhängig von der Rivalität zwischen den Großmächten USA und UdSSR (mit Ausnahme der Kriege in der Nahostregion). Dagegen nahm die Zahl der Bürgerkriege zu, die vor dem Hintergrund der bipolaren weltpolitischen Konstellation oft zum Schlachtfeld wurden, auf dem die globale Konkurrenz mittels verbündeter Proxies ausgetragen wurde.

Die meisten Studien über Stellvertreterkriege sind von Militärhistorikern und Strategieexperten verfasst, wobei ihr Material überwiegend aus der Epoche des Kalten Kriegs stammt.[5] Die bot offenbar ideale Bedingungen für Proxy-Szenarien, weshalb zu erwarten wäre, dass Stellvertreterkriege nach dieser Ära seltener vorkommen. Doch weit gefehlt: Seitdem gab es nicht nur die von westlichen Mächten begonnenen Kriege im Nahen Osten, sondern auch extrem brutale Bürgerkriege, etwa in Algerien, Somalia, Liberia, Jugoslawien, Sierra Leone, Kongo, Libyen, Syrien und Jemen. Viele dieser »inneren Konflikte« wurden durch ausländische Mächte und deren Proxies vor Ort angeheizt und verlängert, weshalb sie sich häufig – wie in Libyen, Syrien und Jemen – zu internationalen Konflikten ausweiteten.

Stellvertreterkriege mögen kostengünstiger sein, aber Beispiele dafür, dass sie auch effektiver sein können, sind schwer zu finden. Der Drogenkrieg in Kolumbien, den die USA in den 1990er Jahren mit zig Milliarden Dollar finanzierten, wird von einigen Experten als Erfolg dargestellt. Erreicht wurde aber lediglich eine leichte Eindämmung der Kokainproduktion, während die angeheuerten kolumbianischen Paramilitärs selbst in den Drogenhandel eingestiegen sind, nachdem sich die Kokainproduktion teilweise nach Peru verlagert hatte.

Ein anderer Fall war der Stellvertreterkrieg, den die USA seit 1979 in El Salvador führten. Auch der war angeblich kostengünstig, obwohl die CIA enorme Summen investierte, um den Sicherheitsapparat der zentralamerikanischen Diktatur auf sechsfache Stärke aufzurüsten. Die neuen paramilitärischen Einheiten wurden von US-Militärberaten aufgestellt, waren also direkte Proxies des Pentagon. Doch binnen zwei Jahren zeigte sich, dass die Strategie nicht funktionierte. Statt die Opposition auf dem flachen Land einzudämmen, machte sie die linke Guerillabewegung der Nationalen Befreiungsfront (Frente Farabundo Martí para la Liberación Nacional, FMLN) nur stärker und effektiver. Und die Paramilitärs der Regierung betätigten sich als »Todesschwadronen«, die in ihrem Krieg gegen die ländliche Bevölkerung brutale Massaker begingen. Und diese waren keineswegs gelegentliche Ausschreitungen, sondern der Kern einer Strategie, wie etwa die Ermordung des Erzbischofs Óscar Romero im März 1980 zeigte.

Diesen Proxy-Bürgerkrieg hat die FMLN nicht nur ausgestanden, sondern sogar politisch gewonnen: 1992 verwandelten sich die Guerillabewegung in eine linke Partei, die 2009 die salvadorianischen Präsidentschaftswahlen gewann.

Die USA waren und sind in der Lage, an der Peripherie des globalen Wirtschaftssystems nach Belieben zu intervenieren, und zwar immer häufiger mit einer raffinierten Kombination von Stellvertretertruppen, Drohnen und eigenen Spezialeinheiten.

Die taktische Frage, wie solche »modernen« Stellvertreterkriege erfolgreich sein können, beschäftigt etliche Wissenschaftler:innen und Militärs. Tyrone Groh erläutert in seinem Buch über »Proxy Wars«, dass Stellvertreterkriege – anders als »traditionelle« militärische Invasionen – nicht immer um des Sieges willen geführt werden.[6] Die auswärtige Macht kann lokale Stellvertreter auch unterstützen, um einen prekären Status quo zu erhalten oder um eine unliebsame Regierung zu stürzen. Oder auch schlicht, um »das Chaos zu schüren«, etwa mittels verdeckter Operationen.

Groh zufolge lässt sich eine Stellvertretertruppe leichter lenken, wenn sie dasselbe Ziel verfolgt wie ihre Unterstützer, doch selbst dann müsse der Pate das Prinzip Strafe und Belohnung anwenden. Zugleich hat er auf die politische Legitimität der lokalen Verbündeten zu achten, insbesondere dann, wenn diese das nationale Machtzentrum erobern sollen.

In jedem Fall müssen die Strippenzieher des Stellvertreterkriegs dafür sorgen, dass die Proxies vollständig von ihnen abhängig sind. Daher haben sie ihnen auch gewisse Anreize zu bieten, ohne allerdings zu viele Verpflichtungen einzugehen. Vor allem aber muss der Sponsor in der Lage sein, seine Vasallen jederzeit fallen zu lassen, wenn sie ihm nicht mehr von Nutzen sind.

Als Beispiel für ein erfolgreiches »proxy management« gilt Groh der Stellvertreterkrieg der USA in Laos, mit dem Washington seit 1959 die rechte Regierung in Vientiane an der Macht halten wollte. Dafür musste man den Einfluss brechen, den die kommunistische, provietnamesische Widerstandsbewegung Pathet Lao innerhalb der vorwiegend buddhistischen Bevölkerung gewonnen hatte. Zu diesem Zweck baute die CIA eine antikommunistische Geheimarmee auf, die sie vorwiegend aus dem Bergvolk der Hmong (Meo) rekrutierte und die in Lagern in Thailand ausgebildet wurde.

Der Rückgriff auf diese Proxies, deren Existenz ein »offizielles Geheimnis« blieb, brachte der CIA »einen erheblichen Nutzen zu vergleichsweise geringen Kosten«, meint Groh, denn damit habe sie ein Übergreifen der linksnationalistischen Bewegungen auf Thailand verhindert. Was das für die Bevölkerung von Laos bedeutete, ist wohl bekannt. Aber auch die Hmong selbst haben ihren Einsatz teuer bezahlt. Sie verloren ihre Heimat und sehr viele Menschenleben.[7]

Für die rekrutierten Hilfstruppen sind die Risiken, die sie mit einer Patronage-Beziehung eingehen, offensichtlich. Stellvertreterkrieg bedeutet immer auch Ausbeutung. Für eine lokale Miliz, die fast immer aus Freiwilligen besteht, ist es oft die einzige Aktionsmöglichkeit, mit der sie auf Missstände reagieren kann. Und die angebotene Ausbildung und Bewaffnung kann sie nutzen, um noch mehr Freiwillige zu rekrutieren.

Andererseits wird ein Konflikt durch Interventionen von außen häufiger verlängert als beigelegt. Im Kontext eines Bürgerkriegs kann das für eine Gruppe, die als Marionette einer fremden Macht in Erscheinung tritt, katastrophale Folgen haben. Wenn es einer Stellvertretertruppe nicht gelingt, ihre Feinde zu unterwerfen, wird sie in der Regel für ihre Vasallendienste büßen müssen.

Selbst für reguläre Truppen ist das Schlachtfeld ein unübersichtlicher Ort. Aber der Einsatz von Proxies macht alles noch komplizierter. Undisziplinierte Soldaten kämpfen womöglich nicht so entschlossen, wie es sich die Auftraggeber wünschen. Zudem kommt es vor, dass sie vornehmlich eigene Interessen verfolgen. Das kann auch heißen, dass nagelneue Waffen nicht gegen den gemeinsamen Feind eingesetzt werden, sondern auf dem Schwarzmarkt landen. Schon der Florentiner Niccolò Machiavelli erachtete Söldner und Hilfstruppen als »nutzlos und gefährlich«, denn sie seien meist »uneinig, herrschsüchtig, undiszipliniert und treulos; mutig unter Freunden und feige vor dem Feind«. Als Erklärung verwies der neuzeitliche Militärstratege auf den geringen Sold, der »nicht ausreicht, um sie für dich den Tod suchen zu lassen«.[8]

Allerdings dürfen wir Stellvertretertruppen nicht mit Söldnern gleichsetzen. Obwohl beide bezahlt werden müssen, gibt es einen wichtigen Unterschied: Söldner haben kein eigenes Programm und sind daher leichter zu kontrollieren. Kurz vor dem Abzug aus Afghanistan im August 2021 bestand etwa die Hälfte der US-Truppen aus Angestellten von Privatfirmen, die für ihre Dienste bezahlt wurden. Aber dieser Rückgriff auf private Auftragnehmer folgte der Logik der Privatisierungsideologie und nicht den Anforderungen des Stellvertreterkriegs.

Der Einsatz von Stellvertretertruppen durch die USA im Nahen und Mittleren Osten begann mit der Unterstützung paramilitärischer Gruppen in Afghanistan. Um die sowjetische Invasion von 1979 zu kontern, versorgte die CIA damals afghanische und arabische Mudschaheddin mit Geld – sprich Rucksäcken voller Dollar – und mehr als 2000 Luftabwehrraketen vom Typ Stinger. Die Kontrolle dieser Kämpfer blieb weitgehend dem pakistanischen Geheimdienst ISI überlassen.

Als direkte Stellvertretertruppe der USA fungierten dagegen die Milizen der sogenannten Nordallianz, die 2001 die Taliban aus Kabul vertrieben. Das Bündnis von fünf islamischen Gruppen war das geeignete Instrument für einen erfolgreichen Aufstand, erwies sich jedoch als hinderlich, als es um den Aufbau einer neuen Regierungsmacht ging. Damit sahen sich die USA gezwungen, eine große Zahl eigener Soldaten zu entsenden.

Im Irak dagegen hatte der Zusammenbruch des Staats zur Folge, dass die Besatzungstruppen die neue Armee bewaffnen und ausbilden mussten, wobei das Pentagon hoffte, diese Armee zu einer festen und berechenbaren Stellvertretertruppe zu machen. Zugleich rekrutierten die US-Militärs und die Geheimdienste lokale bewaffnete Kämpfer, die nicht dem offiziellen irakischen Militär angehört hatten. In der Provinz Anbar zum Beispiel setzten sie auf sunnitische Stämme, um al-Qaida zu bekämpfen und die Ordnung wiederherzustellen. Als im Oktober 2016 die Belagerung von Mossul begann, koordinierten die USA eine gemischte Proxy-Truppe aus irakischen Sicherheitskräften, kurdischen Peschmerga und schiitischen Milizen, die den IS mit Unterstützung der U.S. Air Force aus der Stadt vertrieben.[9]

Ein anderer Fall, der exemplarisch für das Zeitalter der Stellvertreterkriege steht, ist der komplizierte Bürgerkrieg in Syrien. Hier sind mindestens neun Staaten mit Proxy-Milizen vertreten. Die iranische Badr-Organisation und das russische »Fünfte Corps« unterstützten die syrischen Regierungstruppen mit Freiwilligen, die sie durch Monatsgehälter in Höhe von mehreren hundert Dollar anlockten. Die Türkei und die Golfstaaten finanzierten fundamentalistische sunnitische Milizen. Und die USA und Großbritannien koordinierten ihre Unterstützung für aufständische Gruppierungen in Syrien über militärische Operationszentralen in Amman und im südtürkischen Gaziantep.

In Syrien hatten die USA mit der Kontrolle der lokalen Fraktionen – und ihrer medialen Präsenz – ein ständiges Problem. Zum Beispiel als 2016 ein Video auftauchte, in dem Kämpfer einer zuvor von der CIA unterstützten Miliz einen offenbar 12-jährigen Jungen enthaupteten. In Afghanistan und im Irak hatten die lokalen Proxy-Gruppen den unschätzbaren Vorteil der Unterstützung durch die U.S. Air Force. Das war in Syrien meist nicht der Fall, was sich als entscheidend herausstellte, als die russischen Luftstreitkräfte in den Krieg eingriffen.

Am Ende wurden die meisten syrischen Stellvertreter für ihre Sponsoren in Washington wegen ihrer geringen strategischen Bedeutung entbehrlich. Anders die syrischen Kurden, die ein wichtiger Verbündeter Washingtons im Kampf gegen das Kalifat des IS wurden. In dieser Phase waren sie nicht einfach gefügige Auftragnehmer, sondern kooperierten mit den US-Geheimdiensten bei der Koordinierung der Luftangriffe. Aber auch sie wurden fallen gelassen, sobald sie dem Auftraggeber keinen Nutzen mehr brachten.

Die gängige Erklärung für den Anbruch eines neuen Zeitalters von Stellvertreterkriegen lautet, dass die von den USA dominierte internationale Ordnung zerbrochen ist. Die alte unipolare Welt entwickle sich in Richtung einer ausgeglicheneren Machtbalance, die an das Konzert der europäischen Großmächte im 19. Jahrhundert erinnert.

Doch diese Sichtweise ist zu einfach. Die USA können sich – trotz einer gewissen Erosion ihrer Macht – mit Fug und Recht immer noch als die dominierende Weltmacht sehen. Selbst ihr unter Trump vollzogener Rückzug aus internationalen Organisationen und Verträgen signalisierte eher Stärke – und nicht einen Rückzug. Allein in Ostasien unterhalten die USA mehr als ein Dutzend Flottenstützpunkte. Und es gibt weder eine iranische noch eine russische und auch keine chinesische Einflusssphäre, die Washington daran hindern könnte, seinen Willen in allen Weltregionen durchzusetzen.

Ein spezieller Fall ist der Krieg in der Ukraine. Hier agieren die von Moskau rekrutierten Hilfstruppen in den Regionen Donezk und Luhansk in einer klassische Proxy-Rolle. Weniger Beachtung findet die Tatsache, dass die CIA bereits seit Februar 2014 ukrainische Truppen aufgebaut und ausgebildet hat. Dasselbe gilt für den ukrainischen Militärnachrichtendienst (GUR), dessen heutiger Chef Kyrylo Budanow der von der CIA ausgebildeten Spezialeinheit 2245 angehörte.

Natürlich ist die ukrainische Armee, sieht man von einigen direkt mit der CIA kooperierenden Einheiten ab, keine Stellvertretertruppe der USA wie im Irak, in Syrien oder in El Salvador. Dennoch lässt sich seit Beginn der russischen Invasion vom 24. Februar 2022 ein Aspekt von Proxy-Strategie beobachten. Für den Großteil der ukrainischen Bevölkerung geht es um die Verteidigung ihrer Heimat gegen eine umfassende russische Aggression. Aber für einige Unterstützer der Ukraine – in den USA wie in anderen Nato-Staaten – läuft hier zugleich ein Stellvertreterkrieg gegen Russland. US-Verteidigungsminister Antony Blinken formulierte schon im April 2022 als Ziel, »Russland geschwächt zu sehen«. Dass sich Russland in der Ukraine militärisch festgefahren hat, erscheint aus dieser Sicht als Erfolg.

Auf globaler strategischer Ebene handelt es sich also auch um einen Stellvertreterkrieg zwischen den USA und Russland. Die US-Armee hat in der Ukraine eine Einheit der 10th Special Forces Group stationiert, die militärische Beraterdienste leistet, nachrichtendienstliche Informationen liefert und Zielobjekte für ihre ukrainischen Partner identifiziert.

Seit der russischen Invasion beinhaltet die Strategie der Nato offensichtlich, dass die ukrainischen Streitkräfte mit Hilfe der richtigen Kombination von Hightechwaffen und US-Knowhow befähigt werden müssen, die Russen aus der Ukraine zu vertreiben und Putin eine demütigende und kostspielige Niederlage beizubringen. Aber selbst die modernsten Waffensysteme dürften einen Krieg wie diesen nicht beenden können.

So gesehen erscheint ein Sieg auf dem Schlachtfeld – für welche Seite immer – fast ausgeschlossen. Das führt zu Unstimmigkeiten zwischen den ukrainischen Streitkräften und ihren ausländischen Unterstützern. Nationalistische Militärkreise entwickeln häufig ihre eigenen Ideen über Methoden und Ziele des Kriegs und missbilligen die Nähe gewisser ukrainischer »Sicherheitsorgane« zu den westlichen Verbündeten. Deren langfristigeres strategisches Ziel – ein Machtverschleiß des russischen Staats – könnte durchaus irgendwann in Gegensatz zu den Interessen der Ukraine geraten.

Dass die USA und Großbritannien heute auf Stellvertreterkriege setzen, entspringt weniger einem strategischem Kalkül als vielmehr der Angst vor einer innenpolitischen Katastrophe, mit der etwa der Vietnamkrieg oder die Invasion im Irak endeten. Das gilt auch für die meisten westlichen Staaten, die seit gut zehn Jahren vor militärischen Auslandseinsätzen zurückschrecken. Anders stellt sich das für die kleineren Mächte dar, denen ein Proxy-Krieg die Möglichkeit bietet, ihre nationalen Interessen zu verfolgen, ohne den Zorn der Mächtigen auf sich zu ziehen.

Aber das war auch schon früher so. Zu Zeiten des Kalten Kriegs führte das Apartheidregime in Südafrika Stellvertreterkriege in Angola und in Mosambik. Und während der Epoche der US-amerikanischen Vorherrschaft tobte in der Demokratischen Republik Kongo einer der blutigsten Bürger- und Stellvertreterkriege überhaupt. Das Lamento über den Verlust der »stabilen internationalen Ordnung«, die damals angeblich herrschte, beschwört einen frommen Mythos: Die Pax Americana war niemals friedlich.

Damit sind wir bei einem Punkt, der in der akademischen Literatur zu Proxy-Kriegen selten behandelt wird. Zum Teil sind und waren Stellvertreterkriege auch deshalb attraktiv, weil sie vor unliebsamen Fragen und politischer Kritik im eigenen Land schützen. Dabei muss ein Stellvertreterkrieg keineswegs klandestin sein, um der öffentlichen Rechenschaftspflicht entzogen zu sein. Wer wen unterstützt, lässt sich zumeist leicht ermitteln; und auch wenn die Betreuung einer Proxy-Truppe offizieller Geheimhaltung unterliegt, kommt die Wahrheit doch irgendwann ans Licht.

Allerdings können die Herrschenden bei einem Stellvertreterkrieg genauere Nachforschungen über die Kosten und die Zahl der Toten und Verwundeten vermeiden. Zudem schützt der Einsatz lokaler Hilfstruppen gegen mögliche rechtliche Anfechtungen, die eigentlich fällig wären, weil Stellvertreterkriege in aller Regel gegen das Völkerrecht verstoßen.[10] Im Grunde sind Stellvertreterkriege also auch antidemokratische Unternehmungen. Genau darin liegt die Erklärung dafür, dass die westlichen Staaten ebenfalls Stellvertreterkriege führen, die sie offiziell als eine Erfindung ihrer undemokratischen Feinde darstellen und verurteilen.

Auch das britische, das australische und das kanadische Militär sind in gewisser Weise Proxy-Streitkräfte, denn sie haben keine eigenständige Vision und fungieren im Grunde nur als Anhängsel der militärischen Vormacht USA. Auch die Armeen vieler kleiner Staaten halten sich zur Verfügung des großen Verbündeten, sei es zum angeblichen »Kampf gegen den Terrorismus« oder zur Einhegung von »unregierbaren Räumen« oder für andere Phantommissionen.

Inzwischen ist die neue Strategie, die auf der Kombination lokaler Proxy-Bodentruppen, Luftunterstützung, globalen Überwachungsmethoden und Spezialeinsatzkräften beruht, nicht mehr wegzudenken. Für die Spitzenpolitiker ist die Verführung groß, sich diese militärische Strategie als »goldenen Mittelweg« einzureden, auf dem wir zwischen den beiden unerwünschten Alternativen hindurch steuern: zwischen einem »heißen« Krieg und »kalter« Gleichgültigkeit.

Wer so denkt, vergisst allerdings, dass der Einsatz von Gewalt immer zur Eskalation tendiert. Deshalb dürfte die Verbreitung dieser illusionären Doktrin zu noch mehr militärischen Interventionen in anderen Ländern führen. Und die werden noch zerstörerischer sein und mit noch mehr Kriegsverbrechen einhergehen, die allerdings einer begrenzten Kontrolle durch öffentliche Nachforschungen entzogen sein werden.

Aus dem Englischen von Niels Kadritzke

1 Der von US-Luftwaffengeneral David Deptula im Ersten Golfkrieg geprägte Begriff bezeichnet eine Methode, wie das Militär mit einem Minimum konventioneller Waffen eine maximale Wirkung erzielen kann.
2 Siehe »Summary of the 2018 National Defense Strategy of the United States of America«, Januar 2018. Dieser Text ist eine Kurzversion des Gesamtreports, der als geheim klassifiziert ist.
3 Siehe die veröffentliche Version des Reports unter dem Titel »Providing for the Common Defense«, 13. November 2018.
4 Rede vom 30. September 2020 unter: www.gov.uk/government/speeches/chief-of-the-defence-staff-general-sir-nick-carter-launches-the-integrated-operating-concept.
5 Siehe etwa die Aufsatzsammlung über militärische Interventionen der USA, vor allem in Lateinamerika: Eli Berman und David A. Lake (Hg.), »Proxy Wars: Suppressing Violence Through Local Agents«, Ithaca, N. Y., (Cornell University Press) 2019.
6 Tyrone L. Groh, »Proxy War The Least Bad Option«, Stanford University Press, 2019.
7 Als die Pathet Lao 1975 in Laos an die Macht kamen, flohen tausende Hmong nach Thailand und in die USA, wo sie lange als staatenlose Flüchtlinge lebten.
8 Niccolò Machiavelli, »Von den Heeresarten und vom Söldnerwesen« (1513), www.europa.clio-online.de.
9 Siehe Patrick Cockburn, »Tödliche Belagerungen«, *Le Monde diplomatique*, September 2018.
10 Siehe dazu: Andreas Krieg und Jean-Marc Rickli, »Surrogate Warfare: The Transformation of War in the 21st Century«, Washington, D. C., (Georgetown University Press) 2019.

Kriege und Bürgerkriege
1989–2024, eine Auswahl

1975–1999	Unabhängigkeitskrieg in Osttimor
1978–	Krieg und Bürgerkrieg in Afghanistan
1983–2009	Bürgerkrieg in Sri Lanka
1988–	Bürgerkrieg in Somalia
1990–1994	Bürgerkrieg in Ruanda
1991–2011	Jugoslawienkriege
1991–2002	Bürgerkrieg in Sierra Leone
1991–2002	Bürgerkrieg in Algerien
1991–1994	Bürgerkrieg in Dschibuti
1991–1993	Bürgerkrieg in Georgien
1992–1997	Bürgerkrieg in Tadschikistan
1993–2005	Bürgerkrieg in Burundi
1994–1996	Erster Tschetschenienkrieg
1996–2006	Bürgerkrieg in Nepal
1996–1997	Erster Kongokrieg
1997–1999	Bürgerkrieg in der Republik Kongo
1998–2000	Eritreisch-Äthiopischer Krieg
1998–1999	Kosovokrieg
1998–1999	Bürgerkrieg in Guinea-Bissau
1998–	Bürgerkrieg in Jemen
1999–2003	Bürgerkrieg in Liberia
1999–2009	Zweiter Tschetschenienkrieg
2002–2007	Bürgerkrieg in der Elfenbeinküste
2003–2020	Bürgerkrieg in Darfur, Sudan
2003–2011	Irakkrieg
2004–	Dritter Kongokrieg
2005–2010	Bürgerkrieg in Tschad
2006	Libanonkrieg
2008	Russisch-Georgischer Krieg
2009–	Bürgerkrieg in Nigeria
2010–2011	Bürgerkrieg in der Elfenbeinküste
2011	Bürgerkrieg in Libyen
2011–	Bürgerkrieg in Syrien
2012–	Bürgerkrieg in Mali
2012–	Bürgerkrieg in der Zentralafrikanischen Republik
2013–2017	Bürgerkrieg im Irak
2013–	Bürgerkrieg im Südsudan
2014–	Ukrainekrieg
2014–2020	Bürgerkrieg in Libyen
2015–	Bürgerkrieg in Burkina Faso
2020	Krieg in Bergkarabach
2020–2022	Bürgerkrieg in Äthiopien (Tigray)
2021–	Bürgerkrieg in Myanmar
2023–	Bürgerkrieg in Sudan
2023–	Gazakrieg

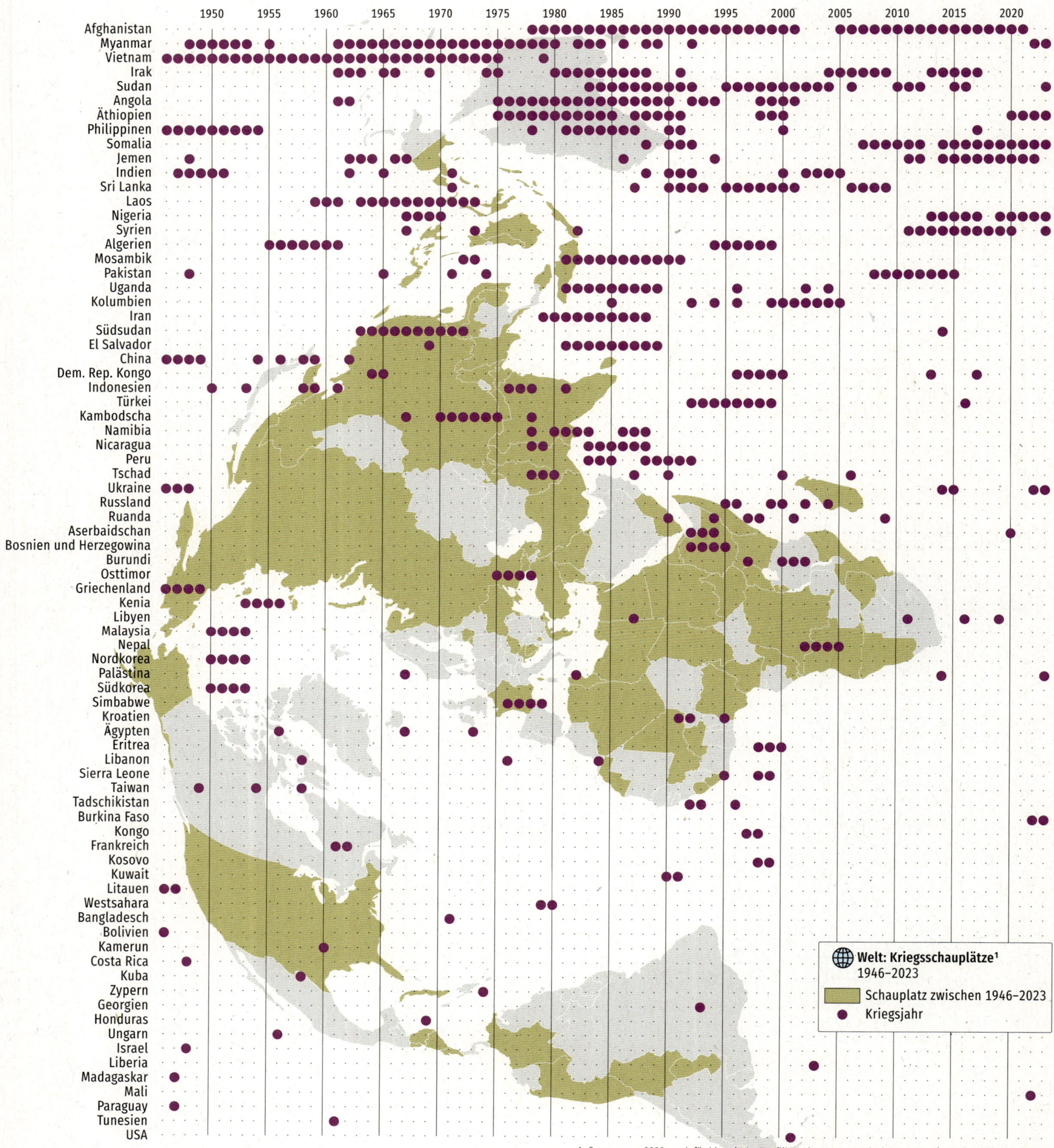

1. Grenzen von 2023, auch für historische Konflikte. Litauen zum Beispiel war 1946/47 Teil der Sowjetunion.

Kriege und bewaffnete Konflikte

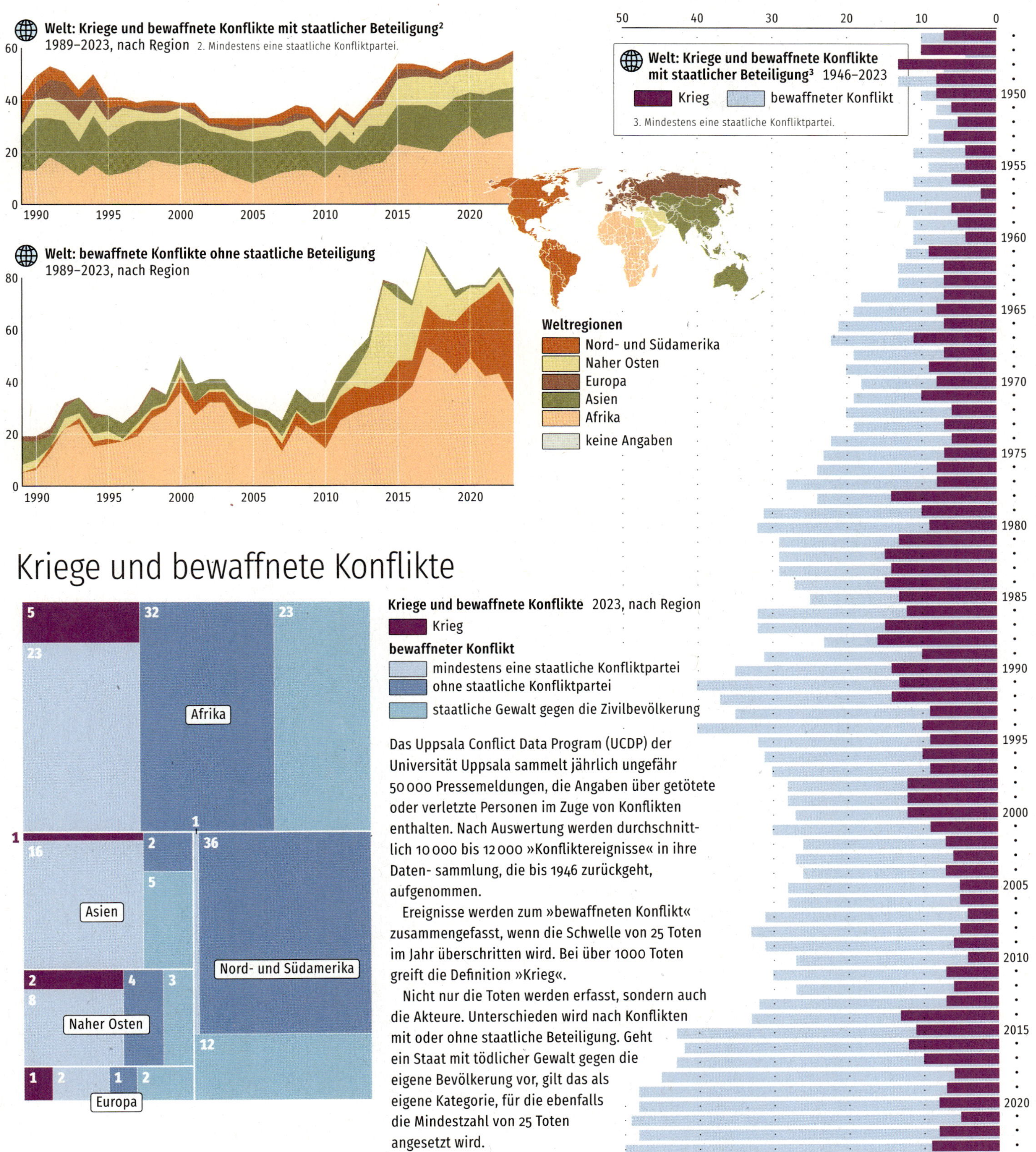

Das Uppsala Conflict Data Program (UCDP) der Universität Uppsala sammelt jährlich ungefähr 50 000 Pressemeldungen, die Angaben über getötete oder verletzte Personen im Zuge von Konflikten enthalten. Nach Auswertung werden durchschnittlich 10 000 bis 12 000 »Konfliktereignisse« in ihre Daten- sammlung, die bis 1946 zurückgeht, aufgenommen.

Ereignisse werden zum »bewaffneten Konflikt« zusammengefasst, wenn die Schwelle von 25 Toten im Jahr überschritten wird. Bei über 1000 Toten greift die Definition »Krieg«.

Nicht nur die Toten werden erfasst, sondern auch die Akteure. Unterschieden wird nach Konflikten mit oder ohne staatliche Beteiligung. Geht ein Staat mit tödlicher Gewalt gegen die eigene Bevölkerung vor, gilt das als eigene Kategorie, für die ebenfalls die Mindestzahl von 25 Toten angesetzt wird.

Quellen: Shawn Davies u.a., Organized violence 1989–2023, and the prevalence of organized crime groups. Journal of Peace Research 61(4), 2024, doi: 10.1177/00223433241262912; Nils Petter Gleditsch u.a., Armed Conflict 1946-2001: A New Dataset, Journal of Peace Research 39(5), 2002, doi: 10.1177/0022343302039005007; Uppsala Conflict Data Program (UCDP), UCDP/PRIO Armed Conflict Dataset version 24.1, ucdp.uu.se
Adolf Buitenhuis | Le Monde diplomatique, Berlin

Töten und Sterben in der Fremde

Kolumbianische Bürgerkriegsveteranen verdingen sich als Söldner in aller Welt

Grundausbildung an der Carlos-Julio-Gil-Colorado-Artillerieschule, Bogotá, Kolumbien, März 2022. VANNESSA JIMENEZ | ANADOLU/PICTURE ALLIANCE

Von Hernando Calvo Ospina

Am 7. Juli 2021 um ein Uhr nachts wurde der haitianische Präsident Jovenel Moïse in seiner Residenz in Port-au-Prince ermordet. Zwölf Schüsse wurden auf ihn abgefeuert, sie trafen in die Stirn, ins linke Auge, in die Brust, in die Hüfte und in den Bauch. 18 Kolumbianer stehen unter Verdacht, an dem Attentat beteiligt gewesen zu sein. Tatsächlich glich das grausame Vorgehen bei der Hinrichtung des Präsidenten einer Signatur.

In Kolumbien versuchten die Medien damals, die Täter zu entlasten, und stützten sich dabei auf Aussagen von deren Familien: Die Kolumbianer, ehemalige Soldaten, seien von ihren Auftraggebern getäuscht worden, angeheuert habe man sie lediglich als Sicherheitsleute und Personenschützer.

Bereits in den 1980er Jahren tauchten erste Berichte über kolumbianische Söldner auf – im Zusammenhang mit dem Drogenkartell von Pablo Escobar. Leute, die durch die Schule einer der repressivsten Armeen der Welt gegangen waren, perfektionierten in seinen Diensten als sogenannte sicarios im Lauf der Jahre die Instrumente der Gewalt. Mittlerweile gilt Kolumbien als weltweit größtes Reservoir an Söldnern und Auftragskillern.[1]

Weniger als ein Jahr nach der Ermordung des haitianischen Präsidenten, am 10. Mai 2022, töteten kolumbianische Auftragsmörder den paraguayischen Staatsanwalt Marcelo Pecci auf der Halbinsel Barú an der kolumbianischen Karibikküste. Er war gerade auf Hochzeitsreise. Pecci stand an vorderster Front im Kampf gegen die organisierte Drogenkriminalität in seinem Land. Ein Jahr später traf es einen Politiker in Ecuador: Fernando Villavicencio, Journalist und Präsidentschaftskandidat, wurde am 9. August 2023 bei einem Wahlkampfauftritt von kolumbianischen Killern getötet.

Seit zwei Jahrzehnten berichtet die kolumbianische Presse hin und wieder über ehemalige einheimische Soldaten, die im Nahen Osten kämpfen oder Ölquellen schützen. Bereits 2006 hatten Medien wie das kolumbianische Nachrichtenmagazin *Semana* oder das katarische Onlinemedium *The New Arab* mit Sitz in London berichtet, dass 35 kolumbianische Veteranen zum Schutz von US-Militärstützpunkten im Irak angeheuert worden waren. Auch in Afghanistan waren im Jahr 2010 hunderte kolumbianischer Staatsangehöriger an den Kämpfen beteiligt.[2]

Die Militäroperationen der USA nach den Anschlägen vom 11. September 2001 brachten ein rasches Anwachsen privater Sicherheitsfirmen mit sich. Im Auftrag von Pentagon und Außenministerium rekrutierten sie Söldner, die dann für die gefährlichsten Operationen eingesetzt wurden oder die gegen die Bevölkerung gerichtete Drecksarbeit erledigten. Sie waren eine ideale Personalressource, denn ihr Tod brachte keine politischen Kosten und keine moralische Belastung für die Nation mit sich. Private Unternehmen müssen zudem keine Rechenschaft ablegen, das internationale Recht ist im Hinblick auf ihre Handlungen nicht klar genug. Zwar gelten auch für sie Regeln, doch beachtet und durchgesetzt werden sie meist nicht.

Lange Zeit waren die Söldner an den verschiedensten Orten im Einsatz, von Libyen über Syrien bis Irak; wobei es in den meisten Fällen vor allem einen Auftraggeber gab, die USA. Doch dann änderte sich die Lage. Im Mai 2011 enthüllte die *New York Times,* dass zahlreiche kolumbianische Ex-Militärs in Abu Dhabi gelandet waren und sich als Bauarbeiter ausgegeben hatten.[3] Die Söldner wurden dem Kommando eines ehemaligen Obersts der kolumbianischen Armee unterstellt und von der Militärkoalition unter Führung Saudi-Arabiens in den Jemen entsandt.

2015 schrieb ebenfalls die *New York Times,* dass 450 ehemalige lateinamerikanische Soldaten, die meisten von ihnen abermals Kolumbianer, direkt von den Vereinigten Arabischen Emiraten (VAE) für denselben Zweck angeheuert wurden. Kolumbianischen Medien zufolge wurden 15 von ihnen am 10. Dezember 2015 in der Stadt Taiz getötet, wo die heftigsten Kämpfe stattfanden und mehr als 10 000 Zivilisten den Tod fanden.[4]

Dante Hincapié, pensionierter Offizier des Generalkommandos der kolumbianischen Streitkräfte, hat im Jemen gekämpft: 2015 war er für ein Jahr von den VAE angeheuert worden, 2018 bis 2020 war er erneut dort. Er erzählt, dass damals drei Söldnerbataillone aufgestellt wurden: Im ersten waren 10 Prozent Kolumbianer. Im zweiten waren es 90 Prozent. Und im dritten, dem er selbst zugeteilt war, seien alle Soldaten Kolumbianer gewesen.

Hincapié ist einer von etwa 10 000 ehemaligen kolumbianischen Militärs, die als Söldner im Nahen Osten gedient haben. Die meisten von ihnen waren von den VAE angeheuert und fast alle waren ehemalige Berufssoldaten.[5]

Als die Ukraine ab 2023 begann auch auf Spanisch freiwillige Kämpfer zu rekrutieren, meldeten sich ebenfalls kolumbianische Interessenten. Viele verkaufen ihren Besitz, um die lange Reise bezahlen zu können. Die einen reisen über die Dominikanische Republik, Belgien, Polen und dann auf dem Landweg in die Ukraine, andere nehmen die Südroute über Spanien und Italien nach Polen. An der Grenze erklären sie – mithilfe einer Übersetzungs-App –, dass sie kämpfen wollen, und werden zu einem Militärstützpunkt in der westukrainischen Stadt Ternopil geschickt. Dort werden sie verhört und medizinisch untersucht.

Anschließend werden die neuen Rekruten zum Karpatenbataillon Sitsch oder zur Internationalen Legion für die Verteidigung der Ukraine geschickt. Bevor sie in den Kampf ziehen, gestattet man ihnen ein Bankkonto zu eröffnen, damit sie Geld nach Hause an ihre Familien schicken können.

Hunderte kolumbianische Söldner sollen in der Ukraine dienen oder gedient haben. Doch viele von ihnen halten die Misshandlungen, die Fremdenfeindlichkeit und die brutalen Kriegsverbrechen, deren Zeuge sie werden, nicht lange aus. Nicht selten sind sie gezwungen, ihre Landsleute unbestattet auf dem Schlachtfeld zurückzulassen. Wenn einer von ihnen stirbt, schicken die ukrainischen Behörden den Angehörigen eine Schachtel mit einer Medaille – nicht aber das Geld, das ihnen laut Vertrag zusteht. Über 50 Kolumbianer sollen seit Kriegsbeginn in der Ukraine getötet worden sein.[6]

Im Juli 2023 ging ein Video viral, in dem Söldner sich vor ukrainischen Soldaten über Misshandlungen beklagen und als Antwort eine Tränengaswolke abbekommen. »Sie behandeln mich wie einen Hund, obwohl ich einen verdammten Granatsplitter in meinem Arm habe, weil ich euer verdammtes Land verteidigt habe«, schreit da ein Soldat. In einem zweiten Video liegt ein Söldner mit blutendem Gesicht heulend am Boden: »Diese ukrainischen Schweine sind schlimmer als die Russen!«[7]

Die kolumbianischen Streitkräfte sind aufgrund von 60 Jahren Bürgerkrieg die zweitgrößten in Lateinamerika, mit rund 250 000 Soldaten. Mit der Demobilisierung der Guerillakämpfer der Revolutionären Streitkräfte Kolumbiens (Farc) ab 2017 wurde ihre Truppenstärke um etwa 50 000 Mann reduziert. Jedes Jahr gehen etwa 6000 Soldaten nach 20 Dienstjahren in Pension, weitere 10 000 gehen mit rund 40 Jahren, weil sie nicht befördert werden oder die Lebensbedingungen zu aufreibend sind.

Ehemalige Armeeangehörige erhalten eine monatliche Pension von maximal 2,6 Millionen kolumbianischen Pesos (etwa 600 Euro), mit der man selbst als Single nicht über die Runden kommt. Die Mörder des haitianischen Präsidenten erwarteten für ihren Auftrag rund 3000 US-Dollar pro Person. Die Söldner im Jemen erhielten zwischen 2000 und 3000 Dollar pro Monat, mit Prämien von 1000 Dollar für jede Woche, die sie im Landesinnern eingesetzt wurden.[8]

Vielen wurden die versprochenen Summen jedoch nie ausgezahlt. So wurden 2006 im Irak eingesetzte Kolumbianer mit Versprechungen von 7000 US-Dollar Monatsgehalt von der Firma ID Systems in Bogotá angeworben, im Irak erhielten sie jedoch nur 1000 Dollar und konnten nicht vom Vertrag zurücktreten.[9]

Kolumbien ist nicht zuletzt deswegen ein Reservoir an sehr gesuchten jungen Veteranen, weil die Soldaten dort seit 1947, als das Land mit den USA das erste Militärabkommen in Lateinamerika unterzeichnete, eine Ausbildung nach westlichen Standards erhalten, militärisch wie ideologisch. So war Kolumbien das einzige Land der Region, das ab 1951 am Koreakrieg teilnahm, mit immerhin fast 5000 Mann.

Entscheidend war jedoch der 1999 von US-Präsident Bill Clinton und seinem kolumbianischen Amtskollegen Andrés Pastrana ins Leben gerufene »Plán Colombia«. Dieses millionenschwere Programm zur Drogenbekämpfung, das jedoch vor allem auf die verschiedenen Guerillagruppen abzielte, machte das Land zum größten Empfänger von US-Militärhilfe in Lateinamerika.

Im Gefolge dieses Programms kamen private US-Sicherheitsfirmen ins Land, die Veteranen der US-Armee zu Hunderten einsetzten, um kolumbianische Spezialtruppen im Antiguerillakampf auszubilden. Blackwater war 2009 die erste Firma, die in Kolumbien ein Rekrutierungsbüro für Söldner eröffnete. Mit solchen Aktivitäten ist das Unternehmen zum Inbegriff der Privatisierung des Kriegs im 21. Jahrhundert geworden.

Ebenso wie die USA hat auch Kolumbien das UN-Übereinkommen gegen die Anwerbung, den Einsatz, die Finanzierung und die Ausbildung von Söldnern nicht unterzeichnet. Rechtlich gesehen ist es in Kolumbien kein Verbrechen, ein Söldner zu sein, und deshalb hat die Staatsanwaltschaft keine Handhabe, dergleichen Tätigkeiten strafrechtlich zu verfolgen. ●

Aus dem Französischen von Nicola Liebert

1 Juan Sebastián Serrano, »Mercenaries: the sinister export from Colombia's conflict«, *International Business Times,* 9. Juli 2021.
2 »EEUU – Mercenarios de Colombia en Irak y Afganistán piden ser reconocidos como veteranos«, Euronews, 16. Januar 2022.
3 Mark Mazzetti und Emily B. Hager, »Secret Desert Force set up by Blackwater's founder«, *The New York Times,* 14. Mai 2011.
4 Inigo Alexander, »From Haiti to Yemen: Why Colombian mercenaries are fighting foreign wars«, *The New Arab,* 4. August 2021.
5 Iván Gallo, »Ganarse la vida matando: testimonio de un mercenario colombiano«, *Las Orillas,* 18. August 2021.
6 »De Cali a una cárcel rusa pasando por TikTok, la misteriosa historia del colombiano que combatió en Ucrania«, Voz de América, 6. Juni 2024.
7 »Videos demostrarían maltrato a exmilitares colombianos en Ucrania«, Semana TV, 1. August 2023.
8 Siehe Anmerkung 4.
9 »Atrapados en Bagdad«, *Semana,* Bogotá, 19. August 2006.

Erstmals erschienen in *Le Monde diplomatique* vom Februar 2024. Gekürzt und aktualisiert.

Die Macht des Haschd

Im Irak nehmen die paramilitärischen Volksmobilmachungskräfte immer mehr Einfluss auf Politik und Wirtschaft

Haschd-Milizionär bei der Beerdigung von 16 seiner Kollegen, die bei einem Vergeltungsluftschlag der USA getötet wurden, Irak, 4. Februar 2024. ■ AMEER AL-MOHAMMEDAWI | DPA/PICTURE ALLIANCE

Von Adel Bakawan

Am 10. Juni 2014 herrschte im Irak lähmendes Entsetzen. Mossul, die Großstadt im Norden des Landes, war in die Hände des Islamischen Staats (IS) gefallen. Armee, Antiterroreinheiten, Polizei und andere nationale Sicherheitsorgane hatten sich als unfähig erwiesen, ein paar hundert Dschihadisten aufzuhalten. Bei ihrem überstürzten Rückzug ließen sie tonnenweise Militärmaterial zurück. Es war ein nationales Drama und erzeugte ein Gefühl von Panik und Demütigung.

Drei Tage nach dem Fall von Mossul erließ Ali al-Sistani, Großajatollah in Nadschaf, dem religiösen Zentrum der irakischen Schiiten, eine Fatwa, in der er das Volk zu den Waffen rief, um sich der Offensive des sunnitischen IS entgegenzustellen. Tausende junge Männer schlossen sich den Milizen an, die überall im Land neu gegründet wurden.

Ein Eintritt in die Armee kam für die meisten Freiwilligen nicht infrage, denn die hatte jede Glaubwürdigkeit verloren. Um die Kontrolle über die Bewegung zu behalten, schuf die Regierung in Bagdad die Dachorganisation »al-Haschd asch-Scha'bī« (Volksmobilmachung). Diese hatte die Aufgabe, die Milizen zusammenzuführen, zu organisieren und zu lenken. So entstand »der Haschd«, den manche Politiker bald als »neue republikanische Garde« bezeichneten – eine Referenz an die Eliteeinheit von Ex-Diktator Saddam Hussein.

Damals half der Haschd bei der Zerschlagung des IS – heute beschränken sich die unter seinem Banner vereinten Milizen nicht mehr darauf, den IS oder Gruppen, die sich auf ihn berufen, zu bekämpfen. Er beherrscht praktisch das politische Leben des Irak. Über 240 000 Männer gehören ihm an (2021 waren es noch 122000). Zum Vergleich: Die Armee hat 454 000 Angehörige und das Innenministerium 700 000.

Um zu verstehen, wie das Bündnis ein solches Gewicht bekommen konnte, muss man einen Blick auf die Entwicklung des Irak nach Saddam Hussein werfen.

Für diejenigen, die nach dem Sturz des Diktators am 9. April 2003 an die Macht gekommen sind, bedeutet der Haschd inzwischen eine Überlebensgarantie, vergleichbar der Islamischen Revolutionsgarde in Iran. Seine anfängliche Aufgabe, die Dschihadisten zu bekämpfen, genügte nicht, um aus ihm eine Institution zum Schutz des Regimes zu machen. Es musste erst ein juristischer Rahmen geschaffen werden, um seinen Einfluss und seine Aktionen zu legitimieren.

Am 26. November 2016 verabschiedete das Parlament ein Gesetz, mit dem der Haschd zum offiziellen Staatsorgan wurde, das dem Ministerpräsidenten als Oberkommandierenden untersteht. Allerdings existiert diese Führung nur auf dem Papier, denn die nunmehr institutionalisierte paramilitärische Organisation entzieht sich de facto jeder Regierungskontrolle.

Im Irak gibt es einen beträchtlichen Unterschied zwischen dem Regime – der realen Macht – und der Regierung. Das Regime wurde Mitte der 2000er Jahre von proiranischen Gruppen nach iranischem Vorbild geschaffen. Es beruht auf der Vormachtstellung des Schiismus, funktioniert nach seinen eigenen Regeln und Strategien und erkennt weder Kurden noch Sunniten als Partner an, mit denen eine nationale Einheit geschaffen werden könnte.

Die Regierung dient als Fassade und hat nur einen marginalen Einfluss. Das Regime gestattet durch die Organisation von Parlamentswahlen Regierungswechsel in engem Rahmen und die Bildung neuer Regierungen, ja duldet sogar den Wettbewerb zwischen Parteien, solange seine Macht nicht infrage gestellt wird.

Aufgrund dieser Konstellation können Konflikte zwischen dem Haschd oder einer seiner Fraktionen und der Regierung leicht eskalieren. So geschehen in der Nacht vom 5. zum 6. November 2021, als mitten in der Grünen Zone, dem Hochsicherheitsviertel der Hauptstadt, die Residenz von Premierminister Mustafa al-Kadhimi mit Drohnen angegriffen wurde. Der Premier entging dem Anschlag, aber viele Iraker sahen die Hand des Haschd hinter dem Attentat.

Al-Kadhimi war beschuldigt worden, an der Ermordung des iranischen Generals Qasim Soleimani, Kommandant der Quds-Einheit, und Abu Mahdi al-Muhandis, Anführer der Iran nahestehenden Miliz Kataib Hisbollah (Bataillone der Partei Gottes) und starker Mann des Haschd, beteiligt gewesen zu sein. Die beiden wurden am 3. Januar 2020 durch einen US-Raketenangriff am Bagdader Flughafen getötet. Al-Kadhimi wurde zudem vorgeworfen, er wolle sich international Gewicht verschaffen, um die radikalsten proiranischen Gruppen des Regimes isolieren und den politischen Einfluss der Milizen einschränken zu können.

Der Haschd ist keine homogene Einheit. Er teilt sich in drei größere Fraktionen, deren Interessen sich zuweilen entgegenstehen. Die erste orientiert sich ideologisch an Iran, sie dominiert derzeit das Bündnis. Die zweite beruft sich auf die *marja'iyya* von Nadschaf, also auf eine religiöse Autorität, die durch Großajatollah al-Sistani verkörpert wird. Der dritte Zweig schließlich folgt in seiner politischen Orientierung dem irakischen Nationalismus und steht hinter dem politischen und religiösen Führer Muktada al-Sadr.

Nach der Niederlage des IS haben die letzten beiden Strömungen unterschiedliche Wege eingeschlagen. Die Anhänger al-Sistanis wurden in die irakische Armee eingegliedert, während al-Sadrs »Friedenskompanien« (Saraya al-Salam, früher Mahdi-Armee) Mitglieder des Haschd blieben und von dessen finanziellen Mitteln profitierten. Im Lauf der Zeit haben sich al-Sadrs paramilitärische Einheiten auch von der proiranischen Strömung abgegrenzt und dieser die faktische Kontrolle des Haschd überlassen.

Neben diesen drei großen Gliederungen gibt es kleinere bewaffnete Gruppen, Sunniten oder Angehörige von Minderheiten (Christen, Jesiden, Schabak). Diese verbünden sich je nach Interesse mit einer der Hauptgruppen, meist mit der mächtigen proiranischen Fraktion.

Der Einfluss des Haschd wuchs auch dadurch, dass die Milizen zivile Ableger gründeten, die das politische Leben des Landes nun mitbestimmen. Sie entsandten Vertreter ins Parlament, erhielten Regierungsposten und staatliche Mittel, so dass ihr Einfluss immer weiter wuchs. Seit 2018 kamen die Listen, die mit den Milizen verbunden sind, bei den Parlamentswahlen stets auf den ersten und zweiten Platz.

Bei den Wahlen vom Mai 2018 erhielt al-Sadrs Liste 54 der 329 Sitze. Auf den zweiten Platz kam mit 48 Sitzen die Liste von Hadi al-Amiri, der Teheran nahesteht und von der Badr-Miliz (benannt nach einem militärischen Sieg des Propheten Mohammed), der Asa'ib Ahl al-Haqq (Liga der Rechtschaffenen) sowie den Kataib Hisbollah unterstützt wird. Die Liste des vom Westen und von den Golfstaaten unterstützten Ministerpräsidenten Haider al-Abadi kam mit 42 Sitzen nur auf den dritten Platz.

2021 stand erneut al-Sadrs Liste mit 73 Sitzen an der Spitze. Al-Amiris Fatah-Allianz kam zwar nur auf 17 Sitze, doch addiert man die Mandate hinzu, die die Liste des früheren Premiers Nuri al-Maliki, der ebenfalls Iran nahesteht, gewinnen konnte, kommt man auf 51 Sitze. Das zeigt, das die von den Haschd-Milizen unterstützten Kräfte auch das parlamentarische Leben des Irak bestimmen.

Der Haschd verfügt mittlerweile über ein beträchtliches staatliches Budget, 2024 belief es sich auf 4,6 Milliarden Dinar (3,2 Millionen Euro). Aber er strebt nach dem Vorbild der iranischen Revolutionsgarden auch danach, ökonomisch unabhängig zu werden. Im November 2022 genehmigte ihm die Regierung die Gründung eines Unternehmens, das auf staatliche Aufträge in diversen Branchen spezialisiert ist und nach dem Kataib-Hisbollah-Gründer al-Muhandis (»der Ingenieur«) benannt ist.

Der Irak steckt mitten im Wiederaufbau, und der Staat ist der größte Auftraggeber für Infrastrukturprojekte. Der Haschd kann über sein Unternehmen, das zunächst mit einem Kapital von umgerechnet 65 Millionen Euro ausgestattet wurde, Verträge unterzeichnen und große finanzielle Ressourcen mobilisieren. Damit wappnet er sich gegen möglichen Druck seitens einer feindlich gesinnten künftigen Regierung.

Die Milizen des Haschd profitieren außerdem von illegalen Zöllen auf Waren, die in den Irak importiert werden. An allen fünf offiziellen Grenzübergängen zu Iran sind sie präsent und kassieren ihren Obulus, ebenso am Grenzposten zur Türkei und am einzigen Tiefwasserhafen des Landes, Umm Qasr. Im Gegenzug helfen sie den Transporteuren, die langsame Bürokratie zu umgehen. Im März 2021 gab der irakische Finanzminister zu, dass seine Behörden nur 10 bis 12 Prozent der eigentlich fälligen Importsteuern einnehmen.

Der illegale Im- und Export von Erdöl und anderen Produkten ist eine weitere wichtige Einnahmequelle für die Milizen im Irak. Am 15. Juli 2022 meldete die Nationale Sicherheitsbehörde, sie habe in den vorangegangenen Monaten mehr als 1 Million Liter geschmuggelter Erdölprodukte beschlagnahmt. Zwei Monate zuvor hatte die Iraqi National Petroleum Products Company den Umfang des Erdölschmuggels allerdings auf 7 Millionen Liter täglich geschätzt, das entspricht etwa der Hälfte der gesamten Tagesproduktion des Landes. Zwischen 2017 und 2019 sollen dem Staat durch diesen Schmuggel 2 Milliarden Dollar an Einnahmen entgangen sein.

Im Lauf der Jahre hat sich der Haschd immer tiefer verwurzelt und seinen Einfluss verstärkt. Die im Westen verbreitete Wahrnehmung, es handle sich lediglich um eine Koalition von Milizen, trifft immer weniger zu. Die Organisation verfügt über eine gesellschaftliche Basis, einen bewaffneten Arm, politische Vertreter und viel Geld. Je mehr Zeit vergeht, desto schwerer wird es sein, ihren politischen Einfluss wieder zurückzudrängen, geschweige denn ihn ganz zu beenden.

Aus dem Französischen von Claudia Steinitz

Erstmals erschienen in *Le Monde diplomatique* im Oktober 2023. Aktualisiert.

Waffendrehkreuz Libyen

Trotz Embargo entwickelt sich das Land zum Umschlagplatz – auch für schwere Rüstungsgüter

Kämpfer der international anerkannten Regierung der Nationalen Übereinkunft, Tripolis, Libyen, August 2019. AMRU SALAHUDDIEN | XINHUA/PICTURE ALLIANCE

Von Driss Rejichi

Es war ein sonderbarer Mangel an Umsicht, der den russischen Militärs am 24. April 2024 im Hafen der ostlibyschen Großstadt Tobruk unterlief. Am Abend veröffentlichte die libysche Medienplattform Fawasel Bilder von einem Dutzend Kamaz-Laster, deren Ladeflächen mit großen grünen Planen abgedeckt waren.

Darüber, was die Lkws dort entlang des Piers transportierten, gibt es kaum Zweifel: Waffen, gepanzerte Fahrzeuge, Granatwerfer. Laut der anonymen Quelle, die Fawasel das Bildmaterial zugespielt hatte, handelte es sich um »die fünfte Anlieferung von Rüstungsgütern in Tobruk innerhalb von 45 Tagen«.

Marschall Chalifa Haftar, der den Osten Libyens kontrolliert und der mächtigste Gegenspieler der international anerkannten Regierung in Tripolis ist, unterhält enge Beziehungen zu Moskau. Doch es »ist das erste Mal, dass die Russen in so großem Stil und in so provozierender Manier militärische Ausrüstung liefern«, meint Jalel Harchaoui vom Royal United Services Institute (Rusi).

Die Lieferungen sind ein eklatanter Verstoß gegen das 2011 von den Vereinten Nationen beschlossene Waffenembargo, das die UN-Expertengruppe für Libyen im März 2021 übrigens als »komplett wirkungslos« eingestuft hat. Laut Harchaoui kann Libyen mittlerweile »als regelrechte Drehscheibe des Waffenhandels« gelten.

Dabei hat die internationale Gemeinschaft sich in den vergangenen Jahren verstärkt darum bemüht, das Embargo durchzusetzen. Im März 2020 startete die Europäische Union die Operation »Irini« im zentralen Mittelmeer. 23 der 27 Mitgliedstaaten wirken mit. Die Irini-Schiffe patrouillieren zwischen Sizilien und Kreta vor der libyschen Küste, koordiniert werden sie von einer italienischen Militärbasis in Rom aus.

»Seit Beginn der Operation wurden vor allem große Frachtstücke abgefangen«, sagt der französische Konteradmiral und stellvertretende Irini-Kommandeur Fontarensky, »die sind leichter zu entdecken als Munition oder Handfeuerwaffen.« Im Juli 2022 etwa wurden 105 und im Oktober 2022 noch einmal 41 »Landfahrzeuge für militärische Zwecke« – umgerüstete Pick-ups oder Panzerwagen vom Typ BATT-UMG – auf Handelsschiffen entdeckt.

Trotz dieser Erfolge sieht sich die Operation Irini mit diversen Hindernissen konfrontiert – etwa mit der fehlenden Kooperation seitens der libyschen Behörden. »Es gibt weder eine stabile politische Situation noch eine einheitliche Verwaltung und auch keine entsprechend gekennzeichnete Küstenwache«, klagt Fontarensky.

Ein weiteres Problem: Es gibt immer mehr externe Akteure, die Waffen nach Libyen zu schaffen versuchen. Das erste der 2022 aufgebrachten Schiffe wurde umgeleitet, nachdem es den Suezkanal durchquert hatte; das zweite war einige Monate zuvor ins Visier geraten, weil es in den Vereinigten Arabischen Emiraten (VAE) produzierte leichte Panzerfahrzeuge nach Bengasi geliefert hatte. Manche Länder wie die Türkei und neuerdings auch Russland haben sogar keine Hemmungen, Frachter auf dem Weg nach Libyen mitunter von Militärschiffen eskortieren zu lassen – zur Abschreckung.

»Einige Akteure verfolgen in Libyen strategische Ziele«, sagt Libyen-Experte Jalel Harchaoui. Die 2022 erfolgten Beschlagnahmungen im Rahmen der Irini-Operation sind ein deutliches Indiz, dass bei der Belieferung des libyschen Markts die VAE eine immer wichtigere Rolle spielen. Neben Russland zählt die Golfmonarchie seit mehreren Jahren zu den aktiven Unterstützern von Chalifa Haftar. Zwischen 2011 und 2022 stellte die UN-Expertengruppe für Libyen

Dutzende Verstößen der VAE gegen das Embargo fest, bei denen es mitunter um schwere Waffen ging: Mi-24-Kampfhubschrauber, Wing-Loong-Drohnen oder das Luftabwehrsystem Pantsir.[1]

Harchaoui warnt zudem vor weiteren russischen Lieferungen nach Tobruk. Für den Kreml ist der ostlibysche Tiefseehafen auch deshalb wichtig, weil er darüber seine neue Militärorganisation »Afrikakorps« mit Waffen versorgen kann. Dessen Söldner haben in Libyen die Gruppe Wagner ersetzt und werden mittlerweile auch in Nachbarländer wie den Niger geschickt. »Wer große Schiffslieferungen innerhalb weniger Stunden durchführen kann, ist mit Blick auf beinahe ganz Afrika im Vorteil«, meint Harchaoui.

Am 23. Juni 2020 bezichtigte die deutsche EU-Abgeordnete Özlem Demirel auch die Türkei, regelmäßig gegen das Embargo zu verstoßen, indem sie die Passage durch das zentrale Mittelmeer erzwinge, um ihre Verbündeten im Westen Libyens mit schweren Waffen zu versorgen.[2] Harchaoui betont außerdem die Rolle »kleiner, nicht ideologisch motivierter Akteure« wie das syrische Assad-Regime, die »einfach Waffen verkaufen wollen«.

Außerdem weist der Forscher auf kriminelle Netzwerke aus den Niederlanden, Indien und der Türkei. Diese Waffenhändler liefern allerdings sehr viel seltener schwere Rüstungsgüter: »Abgesehen von Sonderlieferungen, geht es hier vor allem um leichte Waffen wie Pistolen und Gewehre.«

Mit diesen Waffen wird, sobald sie in Libyen angelangt sind, zunächst die Inlandsnachfrage befriedigt. Der Bürgerkrieg zwischen Ost und West endete zwar im Oktober 2020, aber die Kontrolle über das fragmentierte Staatsgebiet teilen sich nach wie vor verschiedenste bewaffnete Gruppierungen. Und viele von ihnen verknüpfen ihre Machtposition mit kriminellen Machenschaften.

In einem Bericht, der im März 2024 im Rahmen des Small Arms Survey veröffentlicht wurde, wird zum Beispiel die Küstenstadt Zawiya 40 Kilometer westlich von Tripolis unter die Lupe genommen.[3] Von den vier Milizen, die in Zawiya präsent sind, »sind drei tief in illegale Geschäfte verstrickt«. Der innerlibysche Handel mit Feuerwaffen läuft also weitgehend ungehindert.

Wer sich davon überzeugen will, wie reibungslos der Waffenhandel vonstattengeht, muss nicht einmal nach Libyen reisen. In den sozialen Netzwerken finden sich etliche – teils öffentlich zugängliche – Verkaufsplattformen. Auf einem dieser Kanäle, der von Angehörigen einer Miliz im (westlibyschen) Sintan eingerichtet wurde, werden täglich neue Annoncen gepostet. Granaten, Sturmgewehre, schwere Maschinengewehre, aber auch Mörser, Raketenwerfer und Flugabwehrkanonen: Alles oder fast alles steht zum Verkauf. Im Februar 2024 wurde sogar eine vom deutsch-französischen Rüstungskonzern Euromissile entwickelte Panzerabwehrlenkwaffe vom Typ Milan angeboten.

Die meisten Akteure machen sich nicht einmal die Mühe, ihre Accounts zu anonymisieren. Die Profilbilder zeigen junge Männer in Kampfmontur aus dem Westen wie aus dem Osten des Landes. Aus der Herkunft der Waffen wird kein Hehl gemacht. »Die haben wir in Tschechien gekauft«, versichert ein Anbieter, der ein Video mit Kalaschnikows für 3800 Dinar (720 Euro) pro Stück schickt. »Sie funktionieren einwandfrei. Zwei für 6000 Dinar.«

Die relative Stabilisierung der politischen Landschaft in Libyen hat eine unerwünschte Nebenwirkung: »Da in Libyen momentan kein Krieg herrscht, hält sich die Nachfrage der bewaffneten Gruppen in Grenzen, sodass die Waffen ins Ausland gehen können«, erklärt Harchaoui. Hinzu kommt, dass in benachbarten Ländern neue Konflikte ausgebrochen sind, die die Lieferketten des regionalen Waffenhandels neu in Schwung bringen.

Ein Beispiel ist der Sudan, wo die Armee und die aufständischen Rapid Support Forces (RSF) sich seit April 2023 einen erbitterten Bürgerkrieg liefern. »Für die RSF entwickelt Libyen sich derzeit zu einer der wichtigsten Drehscheiben«, erklärt die Sudan-Expertin Hager Ali vom Hamburger Giga-Institut.[4] Die RSF werden inoffiziell von den VAE unterstützt und »seit April 2023 mit Munition, Kraftstoff, medizinischem und logistischem Material versorgt«.

Ausgeführt werden die Lieferungen von Marschall Haftars Leuten. Eine besondere Rolle spielen laut Ali Schmuggelrouten über den Tschad. So versuche die VAE die Spuren zu verwischen: »Je mehr Transitländer die Waffen durchlaufen, umso schwerer lässt sich ihr Weg zurückverfolgen«.

In anderen Ländern der Sahelzone haben eine Reihe von Militärputschen die Spannungen verstärkt. In Mali ist laut einem Bericht des Small Arms Survey ein Teil des militärischen Materials, dass seit 2022 von islamistischen Gruppierungen genutzt wird, Schmuggelware aus Libyen.[5] Im Wesentlichen handelte es sich um leichte Waffen wie serbische oder jordanische Granaten und chinesische Maschinengewehre. Bereits in den 2010er Jahren kamen Waffen aus Libyen nach Mali, aber laut dem Bericht »wurden diese Transporte zwischen 2017 und 2018 seltener«. Auf Nachfrage erklärt der Verfasser des Berichts, die libyschen Waffen würden wahrscheinlich auch von islamistischen Gruppen in Burkina Faso oder im Niger gekauft, zumal Niger direkt an Libyen grenzt und den Waffenschiebern als Durchgangsstation diene.

Selbst im weiter entfernte Kamerun gibt es potenzielle Interessenten. Adam (Name geändert) hat zwischen 2018 und 2023 für eine englischsprachige Separatistengruppe in Kamerun gekämpft. Anfang 2024 kam er nach Libyen: »Mein letzter Einsatz war eine blutige Mission. Meine Eltern wurden verhaftet; daraufhin bin ich geflohen«. Adam hält es für »durchaus möglich, Waffen über Libyen und den Niger nach Kamerun zu schicken, »aber das kostet Geld«. Die libysche Polizei führe kaum Fahrzeugkontrollen durch und interessiere sich nur fürs Schmiergeld. Dass die anglofonen Rebellen ihre Waffen angesichts begrenzter Finanzmittel dann doch lieber aus dem Nachbarland Nigeria bezögen, findet er bedauerlich: »Manche Gewehre, die ich hier in Libyen sehe, sind von bester Qualität – aus russischer, türkischer oder französischer Produktion.«

Jalel Harchaoui fasst es so zusammen: »Die chaotischen Zeiten der ›Waffenschwemme‹ von 2013 und 2014 sind vorbei. Heute ist Libyen ein Ort, an dem man seine Einkäufe erledigt. Ein Supermarkt, in dem nur noch wirtschaftliche Faktoren zählen.«

Aus dem Französischen von Andreas Bredenfeld

1 »Final report of the Panel of Experts established pursuant to resolution 1973 (2011) concerning Libya«, UN-Sicherheitsrat, 27. Mai 2022.

2 Özlem Demirel, »Secret arms shipments from Turkey to Libya«, European Parliament, 23. Juni 2020.

3 Wolfram Lacher, »A political economy of Zawiya. Armed Groups and Society in a Western Libyan City«, *Small Arms Survey,* März 2024.

4 Hager Ali, »The War in Sudan: How Weapons and Networks Shattered a Power Struggle«, *Giga Focus Middle East,* Nr. 2, 2024.

5 Holger Anders, »Continuity and Change: Extremist-used Arms in Mali«, *Small Arms Survey,* Januar 2024.

Ungleichgewicht des Schreckens

Die nukleare Rüstungsbegrenzung zwischen den USA und Russland steht vor dem Aus – das hat auch mit China zu tun

Von Jonas Schneider

Russlands Krieg gegen die Ukraine zeigt, dass im Handeln der Großmächte die Bedeutung militärischer Gewalt zunimmt. Dieser Trend umfasst neben dem tatsächlichen großflächigen Einsatz von Waffen ebenso den Aufbau militärischer Fähigkeiten und die Drohung damit, diese einzusetzen. Als Teil dieser Entwicklung steigt auch die Bedeutung von Kernwaffen – mit deren Einsatz der Kreml seit Beginn der russischen Invasion wiederholt gedroht hat. Mit dieser atomaren Aufwertung einher geht der Ruf nach mehr Rüstungskontrolle, um die nuklearen Risiken einzuhegen und wenigstens Kriege mit Beteiligung von Atommächten zu verhindern.

Zur nuklearen Rüstungskontrolle gehört neben der Rüstungsbegrenzung auch die Risikoreduzierung. Bei Letzterer geht es darum, durch größere Transparenz und direkte Kommunikationskanäle die Wahrscheinlichkeit eines Atomwaffeneinsatzes zu senken, speziell eines unabsichtlichen. Die nukleare Rüstungsbegrenzung zielt indes darauf ab, die von destabilisierenden Waffen ausgehenden Gefahren auf allen Seiten einzuhegen oder Aggressorstaaten im Rüstungswettbewerb gezielt zu schwächen.

Während der Zustand der nuklearen Risikoreduzierung seit 2022 weitgehend unverändert geblieben ist, hat sich die Lage bei der Rüstungsbegrenzung signifikant verschlechtert. Die Risiken für unbeabsichtigte Atomwaffeneinsätze und für ein nukleares Wettrüsten sind weiterhin kontrollierbar. Um ein ungebremstes einseitiges Aufrüsten von Russland und China zu verhindern, setzen die westlichen Staaten allerdings zunehmend auf Drohungen mit eigener Nachrüstung.

Seit über 50 Jahren sind die zwei größten Atomarsenale der Welt (von Russland und den USA) in einem zentralen Bereich reguliert: Ihre für den Einsatz vorgehaltenen strategischen Offensivwaffen – an Land stationierte nukleare Interkontinentalraketen (Intercontinental Ballistic Missiles, ICBMs), U-Boot-gestützte Langstreckenraketen (Submarine-Launched Ballistic Missiles, SLBMs) sowie atomar bewaffnete Langstreckenbomber – sind zahlenmäßigen Obergrenzen unterworfen. Diese Grenzwerte waren stets in bilateralen Verträgen der USA mit der Sowjetunion beziehungsweise Russland kodifiziert, die später auch detaillierte Bestimmungen zur Überprüfung (Verifikation) der Vertragseinhaltung beinhalteten. Der erste Vertrag dieser Art war 1972 das SALT-Abkommen (Strategic Arms Limitation Talks). Der bislang letzte ist der New START (Strategic Arms Reduction Treaty), der seit 2011 in Kraft ist. Er erlaubt Russland und den USA je 1550 Atomsprengköpfe, die für den Einsatz auf strategischen Systemen bereitstehen.

Dieser Pfeiler der nuklearen Rüstungskontrolle – die Limitierung der beiden größten strategischen Arsenale anhand numerischer Obergrenzen, kodifiziert in Verträgen, mit Verifikationsregeln – steht vor dem Aus. Seit Jahren ist klar: New START läuft im Februar 2026 aus, und es gibt keine Option für eine Verlängerung.

Diese ohnehin schon schwierige Lage hat sich seit Sommer 2022 weiter verschlechtert. Moskau verweigerte damals die Wiederaufnahme der von New START vorgesehenen Inspektionen in Russland, die ab 2020 wegen der Covid-Pandemie unterbrochen waren.

Interkontinentalrakete RS-24 auf der Militärparade am 9. Mai 2023 in Moskau. Der Feiertag erinnert an den Sieg im Zweiten Weltkrieg. GAVRIIL GRIGOROV | ZUMAPRESS.COM/PICTURE ALLIANCE

Auch spätere Einigungsversuche blockierte Russland. Im Januar 2023 knüpfte der Kreml dann seine Verhandlungsbereitschaft an eine Änderung der US-Politik zur Unterstützung der Ukraine. Und im Februar 2023 erklärte Putin, Russland suspendiere alle russischen Pflichten im Rahmen des New-START-Vertrags. Mit diesem Schritt hat die russische Regierung die strategische Rüstungsbegrenzung in ihre umfassenden Bemühungen einbezogen, mittels nuklearer Drohgebärden und Erpressungsversuche die USA und Europa zu einer Abkehr von ihren Ukrainehilfen zu drängen.

Doch nicht nur Putins Strategie torpediert die vertragliche Rüstungskontrolle. Auch China setzt durch eine beschleunigte Aufrüstung bei ICBMs den Status quo bei der Begrenzung der strategischen Atomarsenale unter Druck. In ihrer jährlichen Analyse des chinesischen Militärs stellte die US-Regierung 2023 fest, dass China sein Nukleararsenal schneller vergrößert als in den Jahren zuvor prognostiziert. Washington schätzte, dass Peking im Mai 2023 mehr als 500 Kernwaffen besaß, und prognostizierte, dass diese Zahl bei unverändertem Tempo bis 2030 auf über 1000 und bis 2035 auf 1500 Waffen ansteigen wird.[1] Die chinesische Regierung lehnt Obergrenzen für ihr Arsenal bisher ab und macht keine Angaben über die von ihr angestrebte Zahl von Kernwaffen. Die Folge ist, dass selbst unter Fachleuten große Ungewissheit herrscht über Chinas atomare Absichten.

Für Washington entsteht hieraus ein präzedenzloses Problem: In Zukunft müssen die USA mit Russland und China zwei nukleare Großmächte (die ihr Verhalten abstimmen könnten) parallel abschrecken – wobei das US-Arsenal unter New START aber nur auf einen ebenbürtigen Gegenspieler ausgelegt ist. Dieses Problem hat sich zuletzt weiter zugespitzt: Noch 2022 schien Putin an New START interessiert, und die zentrale Hürde bei der Rüstungskontrolle war die fragliche, aber erforderliche Zustimmung des US-Senats zu künftigen vertraglichen Limits mit Russland, wenn diese nicht auch China Grenzen setzten. Moskaus Kooperationsverweigerung seit 2023 wirft für die Nuklearplaner der USA nun die Frage auf, ob womöglich auch Russland die vertragsbasierte Rüstungskontrolle ganz verweigert und obendrein einen Ausbau seines strategischen nuklearen Offensivwaffenpotenzials in Angriff nimmt. In diesem Fall wären die USA die einzige atomare Großmacht, die Interesse an strategischer Rüstungsbegrenzung hat.

Angesichts der sich auflösenden Architektur der nuklearen Rüstungsbegrenzung und einem angespannten Klima der Rivalität steigt der praktische Bedarf für Risikoreduzierung. Obwohl der Aufbau neuer Maßnahmen in diesem Bereich in einem konflikthaften Umfeld umso schwieriger ist, haben die USA sowohl zu Russland als auch zu China seit 2022 neue Krisenkommunikationskanäle etabliert.

Die amerikanisch-russischen Mechanismen zur Vermeidung einer nuklearen Eskalation sind wegen der jahrzehntelangen gemeinsamen Erfahrung breit angelegt und von hoher Qualität. Mit der russischen Aussetzung von New START ist zwar der unter diesem Vertrag vorgesehene Datenaustausch zwischen Washington und Moskau etwa über tagesaktuelle Bewegungen ihrer strategischen Atomstreitkräfte zum Erliegen gekommen. Jedoch werden andere militärisch relevante Informationen weiterhin zwischen den Nationalen Zentren für Risikoreduzierung in den zwei Außenministerien übermittelt.[2] Dazu zählen, auf der Basis einer bilateralen Absprache von 1988, Ankündigungen für Testflüge von Langstreckenraketen, damit diese nicht fälschlicherweise für einen Angriff gehalten werden und einen ungerechtfertigten Vergeltungsschlag auslösen. Das Risiko für solche unabsichtlichen Eskalationen, die entstehen, weil in einem Konflikt das militärische Handeln des Gegners falsch interpretiert wird (inadvertent escalation), kann durch eine funktionierende Krisenkommunikation nahezu komplett eingefangen werden.

> Jeder künftige Deal zur Rüstungsbegrenzung zwischen den USA und Russland wird Chinas Aufrüstung einkalkulieren müssen

Im Verhältnis zu Russland gibt es dafür altbewährte, aber auch neu geschaffene Kanäle, die erfolgreich genutzt werden. Der erprobte Mechanismus zur Warnung vor anstehenden Raketentests kam seit 2022 mehrfach zum Einsatz, etwa als Russland im April 2022 seine neue Interkontinentalrakete testete.[3] Im März 2022 wurde zudem eine neue direkte Deeskalationshotline zwischen dem US-Militärkommando für Europa und dem russischen Verteidigungsministerium eingerichtet, um zu verhindern, dass die USA und Russland wegen der Ukraine in einen größeren Krieg miteinander geraten. Auch diese Verbindung wurde seit Beginn des Kriegs in der Ukraine schon genutzt.[4] Auf höchster politischer und militärischer Ebene haben sich seit 2022 die Nationalen Sicherheitsberater, die Leiter der Auslandsgeheimdienste, die Generalstabschefs und besonders die Verteidigungsminister der zwei Länder bei konkretem Bedarf direkt ausgetauscht, um Transparenz zu schaffen, Botschaften zu übermitteln und so zu deeskalieren.

Im amerikanisch-chinesischen Verhältnis ist die Krisenkommunikation indes schwach entwickelt. Eine Initiative der USA zur Warnung bei Raketentests ließ Peking im Sande verlaufen. Auch Washingtons Bemühungen, für Krisen belastbare Gesprächskanäle zu Chinas Militärführung aufzubauen, blieben lange erfolglos. Erst Ende 2023 wurde der Gesprächsfaden wieder aufgenommen. Die Nutzung dieses Kommunikationswegs durch Peking und dessen technische Umsetzung sind jedoch viel weniger professionell als die russische Krisenkommunikation mit den USA.[5] Zudem hat die Häufigkeit krisenähnlicher Lagen mit China seit 2022 zugenommen: Nach Nancy Pelosis Taiwan-Besuch in jenem Jahr testete China unangekündigt Raketen und simulierte eine Luft- und Seeblockade, 2023 schoss das US-Militär einen chinesischen Spionageballon ab, und auf Taiwans Präsidentenwahl 2024 reagierte Peking erneut mit Militärmanövern. Der neue Kommunikationskanal ist also hilfreich, bleibt aber hinter dem steigenden Deeskalationsbedarf zurück.

Die Gefahr, dass der Einsatz einer Kernwaffe aus einem Unfall oder technischem Versagen hervorgeht (accidental escalation), ist weiter minimal. Ganz auszuschließen sind solche Ereignisse zwar nicht. Die Geschichte zeigt aber, dass dieses Risiko vor allem dann steigt, wenn in internationalen Krisen Atomstreitkräfte in Gefechtsbereitschaft versetzt werden oder Nuklearsprengköpfe im Land herumtransportiert werden.[6] In Russlands Krieg gegen die Ukraine ist es, trotz anderslautender Aussagen Putins kurz nach Beginn der Invasion, bisher nicht zu einer solchen erhöhten nuklearen Einsatzbereitschaft gekommen. Die mögliche Verlegung taktischer russischer Kernwaffen nach Belarus würde indes von Spezialtruppen übernommen, bei denen das Risiko für Unfälle so minimal wie möglich ausfällt, zumal der Transport nicht in Kriegsgebieten stattfände. Bei den Übungen im Mai 2024 in Russland, bei denen der Einsatz taktischer Kernwaffen geprobt wurde, kamen keine echten Sprengköpfe, sondern nur Attrappen zum Einsatz. Peking meidet bislang, auch wegen der Risiken, eine erhöhte nukleare Alarmbereitschaft noch mehr als Moskau. Infolgedessen fällt auch in China die Gefahr unfallbedingter Atomschläge extrem niedrig aus.[7]

Zahlreiche Beobachter befürchten, dass ohne vertragliche Obergrenzen in naher Zukunft ein atomares Wettrüsten bei strategischen Offensivwaffen zwischen Russland und China und den USA ansteht. Ob es tatsächlich dazu kommen wird, ist allerdings unklar.

Auch nach der Aussetzung seiner Pflichten aus dem New-START-Vertrag hält sich Russland offenbar noch an die dort vereinbarten Obergrenzen.[8] Zwar entwickelt Moskau modernere und teils neuartige Interkontinentalwaffen. Aber der Gesamtumfang seines strategischen Arsenals ist gleichgeblieben. Vertreter des Kremls betonen ferner, dass Russland weiterhin interessiert sei an Berechenbarkeit und an einem Dialog mit den USA über ihre strategischen Atomarsenale. Moskaus Bereitschaft, Obergrenzen in völkerrechtlich oder politisch verbindlicher Form zu fixieren, sei jedoch an eine Änderung der US-Ukrainepolitik geknüpft.

Offenbar verfolgt Russland nicht das Ziel, sein interkontinentales Atomarsenal um jeden Preis auszubauen. Das dürfte auch daran liegen, dass seine Kapazitäten zur Produktion zusätzlicher strategischer Trägersysteme aus Sicht diverser Fachleute aktuell ausgeschöpft und kurzfristig kaum zu steigern sind.[9] Allerdings könnte der Kreml auch unter diesen Umständen sein strategisches Arsenal noch auf eine andere Weise zeitnah vergrößern: indem er die Zahl seiner Atomsprengköpfe pro Trägersystem erhöht, so dass etwa eine ICBM statt einem Sprengkopf drei tragen würde, die auch drei Ziele zerstören könnten. Bei diesem sogenannten Uploading lägen die Kapazitäten der USA jedoch weit über denen Russlands: Experten zufolge könnte Washington hier um 1926 zusätzliche Atomsprengköpfe aufstocken, Russland nur um 837.[10] Vor diesem Hintergrund dürfte Moskaus Interesse gering sein, in ein atomares Wettrüsten mit den USA im Bereich der strategischen Offensivwaffen einzusteigen, das von völliger Regellosigkeit geprägt wäre. Aus russischer Sicht wird auch in einer vertragslosen Zukunft weiter eine Parität mit den USA bevorzugt.

Mit Russland einen Modus Vivendi bei interkontinentalen Kernwaffen zu finden, scheint daher aus US-Perspektive durchaus machbar. Eine solche »de facto« New-START-Nachfolgeregelung wird höchstwahrscheinlich kein Vertrag und wohl auch kein offizielles politisches Abkommen sein, da Moskau diese an Konditionen knüpft, die aus US-Sicht inakzeptabel sind. Aber eine stillschweigende Übereinkunft, bei der sich beide Seiten über »rote Linien« verständigen, ist realistisch. Zentral ist eher die Frage, auf welchem zahlenmäßigen Niveau die russischen und amerikanischen strategischen Arsenale gedeckelt würden. An den Obergrenzen von New START festzuhalten, wird umso unwahrscheinlicher, je stärker China bei Interkontinentalraketen aufrüstet.

Dieses Problem spricht seit Sommer 2024 auch die Biden-Regierung explizit an: Jeder künftige Deal zur Rüstungsbegrenzung zwischen den USA und Russland wird Chinas Aufrüstung einkalkulieren müssen. Und bei unveränderten Trendlinien könnten sich so die USA schon bald gezwungen sehen, ihr Atomarsenal auszubauen, um beide Rivalen wirksam abschrecken zu können.[11] Mithin könnte die US-Politik – sollte Peking Limits für sich weiter ablehnen – darauf hinauszulaufen, höhere gemeinsame Obergrenzen als in New START mit Moskau abzustimmen, um Chinas Raketen besser mitabzudecken. Indes verknüpft die Biden-Regierung mit ihrer Ankündigung, zur Not selber atomar aufzurüsten, auch die Hoffnung auf ein chinesisches Einlenken, weil ein wachsendes Arsenal den USA mehr Verhandlungsmacht verschafft. Historisch erzielten die USA aus einer solchen Position der Stärke die großen Rüstungskontrollerfolge.[12]

Bei Waffen mittlerer Reichweite gibt es bereits seit 2019 keinerlei vertragliche Rüstungsbegrenzung mehr. Damals zerfiel der INF-Vertrag (Intermediate-Range Nuclear Forces Treaty), der von 1988 an den USA und Russland den Besitz, die Produktion und das Testen landgestützter ballistischer Raketen und Marschflugkörper mit Reichweiten zwischen 500 und 5500 km verboten hatte. Nachdem Moskau über viele Jahre gegen den Vertrag verstoßen und zudem außerhalb des Vertrags China seit Jahrzehnten massiv landgestützte Mittelstreckenraketen stationiert hatte, traten die USA 2019 aus: Der Vertrag hatte aus Sicht der US-Regierung seinen Sinn verloren, wenn er einzig noch die USA vertraglich band (und die Europäer sich freiwillig an seine Bestimmungen hielten), während Russland und China aufrüsteten. Von vielen wurde damals ein Wettrüsten als unvermeidliche Folge vorhergesagt.

Fast fünf Jahre lang sah es nach dem Ende des INF-Vertrags aber so aus, als könnte in Europa das Ziel einer Rüstungsbegrenzung bei landgestützten Mittelstreckenwaffen auch ohne Rüstungskontrollvertrag erreicht werden. Russland hatte eine überschaubare Kapazität in diesem Bereich, die nur langsam wuchs. Die USA entwickelten zwar nach dem Zerfall des Vertrags neue INF-Systeme, sahen jedoch in Europa keine Stationierung vor. Die bloße Fähigkeit Washingtons, selbst bodengestützte Mittelstreckenwaffen stationieren zu können, schien Moskau davon abzuschrecken, sein INF-Arsenal weiter auszubauen.

Erst Putins Krieg gegen die Ukraine hat dieses relativ stabile Gefüge verändert. Russland hat seine eigene Produktion von bodengestützten Mittelstreckenwaffen seit 2023 um ein Vielfaches gesteigert[13] und Abschussrampen an Land so umgebaut, dass sie auch seegestützte Marschflugkörper dieser Reichweite verschießen können. Außerdem hat der Kreml Ende 2023 hunderte ballistische Raketen aus Iran und dutzende aus Nordkorea importiert, die alle unter dem INF-Vertrag verboten gewesen wären. Ist die Rüstungsbegrenzung in diesem Bereich damit tot?

Kurzfristig sind keine Fortschritte zu erwarten. Seit dem Sommer 2024 ist klar, dass nun auch die Nato-Länder Fähigkeiten im Bereich von Mittelstreckenwaffen in Europa aufbauen: nicht so sehr als Antwort auf das wachsende russische Arsenal an sich, sondern vielmehr aus der Sorge heraus, dass ein »zu allem« bereites Putin-Regime künftig auch einen Angriff gegen Nato-Gebiet wagen könnte und deshalb noch stärker abgeschreckt werden muss, mithilfe neuer Waffensysteme und demonstrierter Entschlossenheit. Ab 2026 werden die USA deswegen weitreichende konventionelle Marschflugkörper, ballistische Raketen und Hyperschallwaffen in Deutschland stationieren. Etwas später werden Frankreich, Polen, Deutschland und Italien über eigene weitreichende landgestützte Marschflugkörper verfügen, die sie unter dem European Long-range Strike Approach (Elsa) gemeinsam entwickeln wollen.

Mittelfristig hat dieser Fähigkeitsaufbau in Nato-Europa zumindest das Potenzial, zu neuen Schritten der Rüstungsbegrenzung bei Mittelstreckenwaffen auf dem Kontinent beizutragen. Moskaus militärische Wettbewerbsposition wird sich dadurch zusehends verschlechtern, so dass eine gemeinsame Rüstungsbegrenzung für Russland attraktiver werden dürfte. Dass Rüstung der erste Schritt zu Abrüstung sein kann, mag für manche paradox klingen. Aber nach diesem Muster ist nicht zuletzt der INF-Vertrag zustande gekommen: Ohne die Nachrüstung des Nato-Doppelbeschlusses von 1979 hätte es das INF-Abkommen von 1987 nie gegeben.

Die klassischen Rüstungskontrollverträge haben eine Ära geprägt. Ihr Zerfall löst aber nicht automatisch nukleares Wettrüsten oder gar außer Kontrolle geratende Krisen zwischen Atommächten aus. Krisenkommunikation kann ungewollte nukleare Eskalationen vermeiden. Daneben sind die Kapazität und die Bereitschaft zur schnellen Nachrüstung zentral, um das einseitige Aufrüsten von Gegnern von vornherein abzuschrecken. Scheitert dieser präventive Ansatz, dann kann entschlossene Nachrüstung die eigene Verhandlungsposition verbessern und so dazu beitragen, dass zu einem späteren Zeitpunkt nukleare Rüstungsbegrenzung wieder möglich wird. Diese robusten Mittel sind in einem Deutschland, dass sich an die europäische Friedensordnung gewöhnt hatte, nicht die bevorzugte Wahl: Sie bedeuten ein Zurück in die Vergangenheit vor 1990. Der Blick in diese Zeit stimmt allerdings zuversichtlich, dass diese Instrumente auch heute, in der neuen Ära der Großmachtrivalitäten positiv wirken können.

1 U.S. Department of Defense, »Annual Report to Congress: Military and Security Developments Involving the People's Republic of China 2023«, 19. Oktober 2023, S. 111.
2 Mathias Hammer, »Inside the Little-Known U.S. Arms Control Center in Daily Contact with Russia«, *Time,* 9. Dezember 2023.
3 Caitlin Talmadge, »Putin Just Tested a New Long-Range Missile. What Does That Mean?«, *The Washington Post,* 23. April 2022.
4 Phil Stewart und Indrees Ali, »Exclusive: U.S., Russa have used their military hotline once so far during Ukraine war«, Reuters, 29. November 2022.
5 Christian Ruhl, »Beijing is unavaidable to take your call: Why the US-China crisis hotline won't work«, *Bulletin of the Atomic Scientists,* 24. Juni 2024.
6 Michael D. Cohen, »How Nuclear Proliferation Causes Conflict: The Case for Optimistic Pessimism«, *Nonproliferation Review,* 3-4/2016, S. 432 ff.
7 Wu Riqiang, »Assessing China-US Inadvertent Nuclear Escalation«, International Security, 3/2022, S. 159 f.
8 »The U.S. Arms Control Agenda: A Discussion with NSC Senior Director Pranay Vaddi«, Center for Strategic an International Studies (CSIS), 18. Januar 2024.
9 Maxim Starchak, »Russia's Nuclear Modernization Drive Is Only a Success on Paper«, *Carnegie Politika,* 31. Januar 2024; »America and its allies are entering a period of nuclear uncertainty«, *The Economist,* 4. April 2024.
10 Jessica Rogers, Matt Korda und Hans Kristensen, »The long view – Strategic arms control after the New START treaty«, *Bulletin of the Atomic Scientists,* 6/2022, S. 351.
11 »America prepares for a new nuclear arms race«, *The Economist,* 12. August 2024.
12 John D. Maurer, »For Peace, America Must Negotiate from Strength«, Real Clear Defense, 17. Juni 2020.
13 Federico Borsari, »Russia's Swelling Missile Arsenal Threatens to Tip the Scales of War«, Center for European Policy Analysis, 4. März 2024.

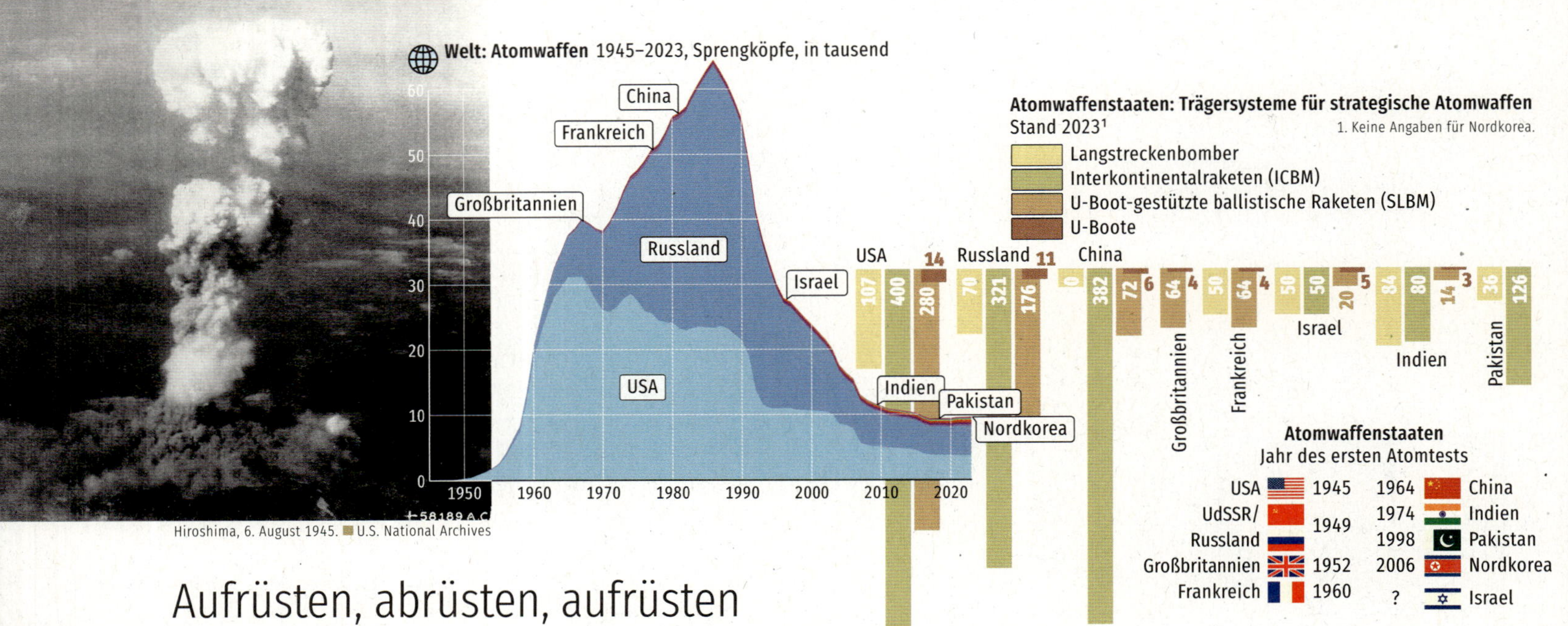

Hiroshima, 6. August 1945. ■ U.S. National Archives

Aufrüsten, abrüsten, aufrüsten

Mittelstreckenraketen in Deutschland

1982 war sowohl ein Erfolgsjahr für die westdeutsche Friedensbewegung als auch ein Jahr des Scheiterns. Im Oktober protestierten geschätzt 350 000 Menschen im Bonner Hofgarten gegen den sogenannten Nato-Doppelbeschluss. Es war die größte Demonstration der Bonner Republik. Am 22. November stimmte der deutsche Bundestag für die Strategie der nuklearen Aufrüstung bei gleichzeitigen Abrüstungsverhandlungen. Noch im Dezember wurden die ersten Pershing-Mittelstreckenraketen in Westdeutschland stationiert.

Danach kamen die laufenden Abrüstungsverhandlungen in Genf zum Erliegen. Erst im Dezember 1987 unterzeichneten Generalsekretär Michail Gorbatschow und US-Präsident Ronald Reagan das INF-Abkommen zur Demontage aller landgestützten Nuklearraketen mit kurzer oder mittlerer Reichweite.

2011 wurden die gegenseitigen Vertragskontrollen eingestellt. Die beiden großen Atommächte hatten ihre Verpflichtungen erfüllt: Russland (als Nachfolgestaat der UdSSR) hatte 1846 Raketen demontiert, die USA 846.

Nach der Ab- kam die Aufrüstung. 2019 traten beide Länder aus dem Vertrag aus. Russlands Präsident Putin kündigte an, die Produktion von Mittelstreckenraketen wieder aufzunehmen. Die Stationierung US-amerikanischer Tomahawk-Marschflugkörper in Deutschland ist für 2026 vorgesehen.

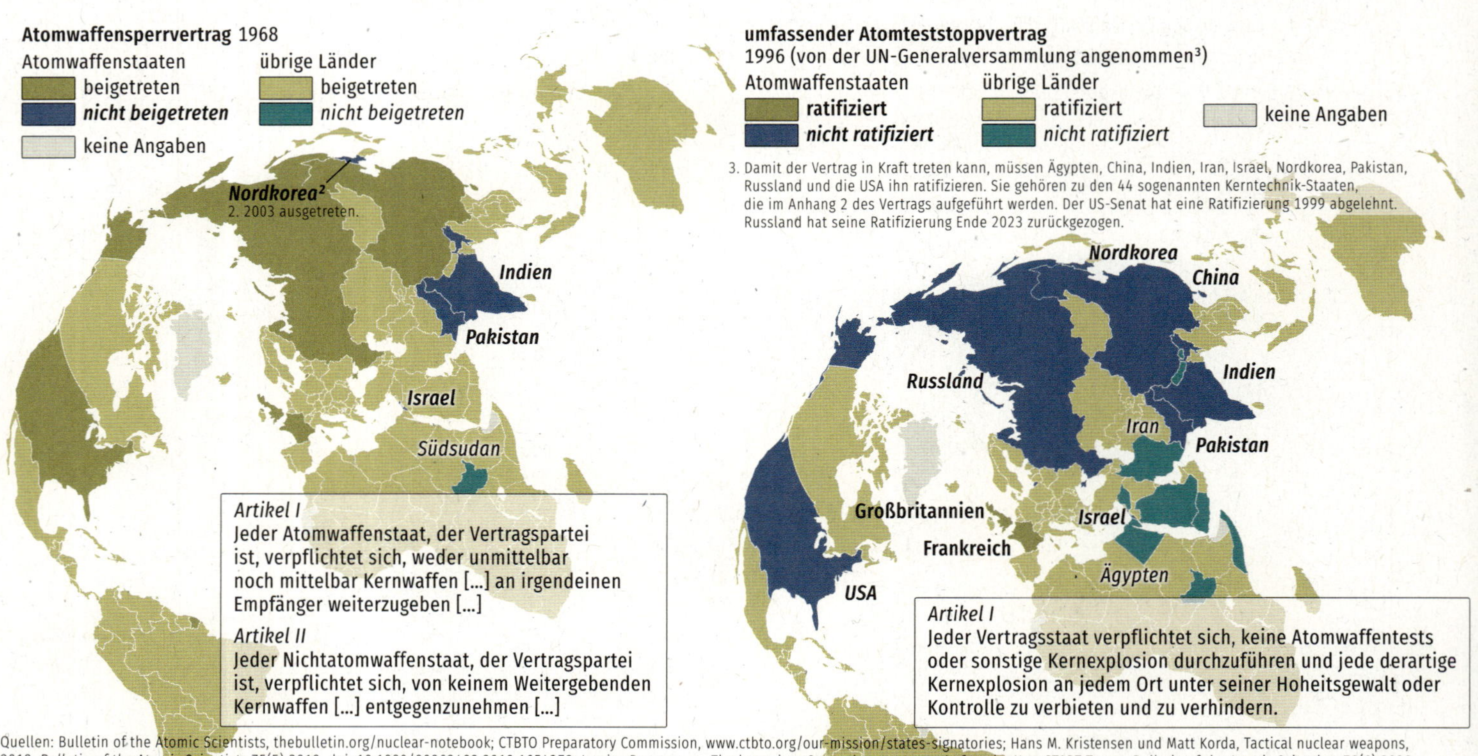

Quellen: Bulletin of the Atomic Scientists, thebulletin.org/nuclear-notebook; CTBTO Preparatory Commission, www.ctbto.org/our-mission/states-signatories; Hans M. Kristensen und Matt Korda, Tactical nuclear weapons, 2019, *Bulletin of the Atomic Scientists* 75(5) 2019, doi: 10.1080/00963402.2019.1654273; Jessica Rogers u. a., The long view: Strategic arms control after the New START Treaty. *Bulletin of the Atomic Scientists* 78(6) 2020, doi: 10.1080/00963402.2022.2133287; Sipri, Sipri Yearbook 2023, www.sipriyearbook.org; UN Office for Disarmament Affairs (Unoda), Treaties Database, treaties.unoda.org/treaties; UN Platform for Nuclear-Weapon-Free Zones, www.un.org/nwfz; UN Treaty Collection, Treaties Database, treaties.un.org.

■ Adolf Buitenhuis | Le Monde diplomatique, Berlin

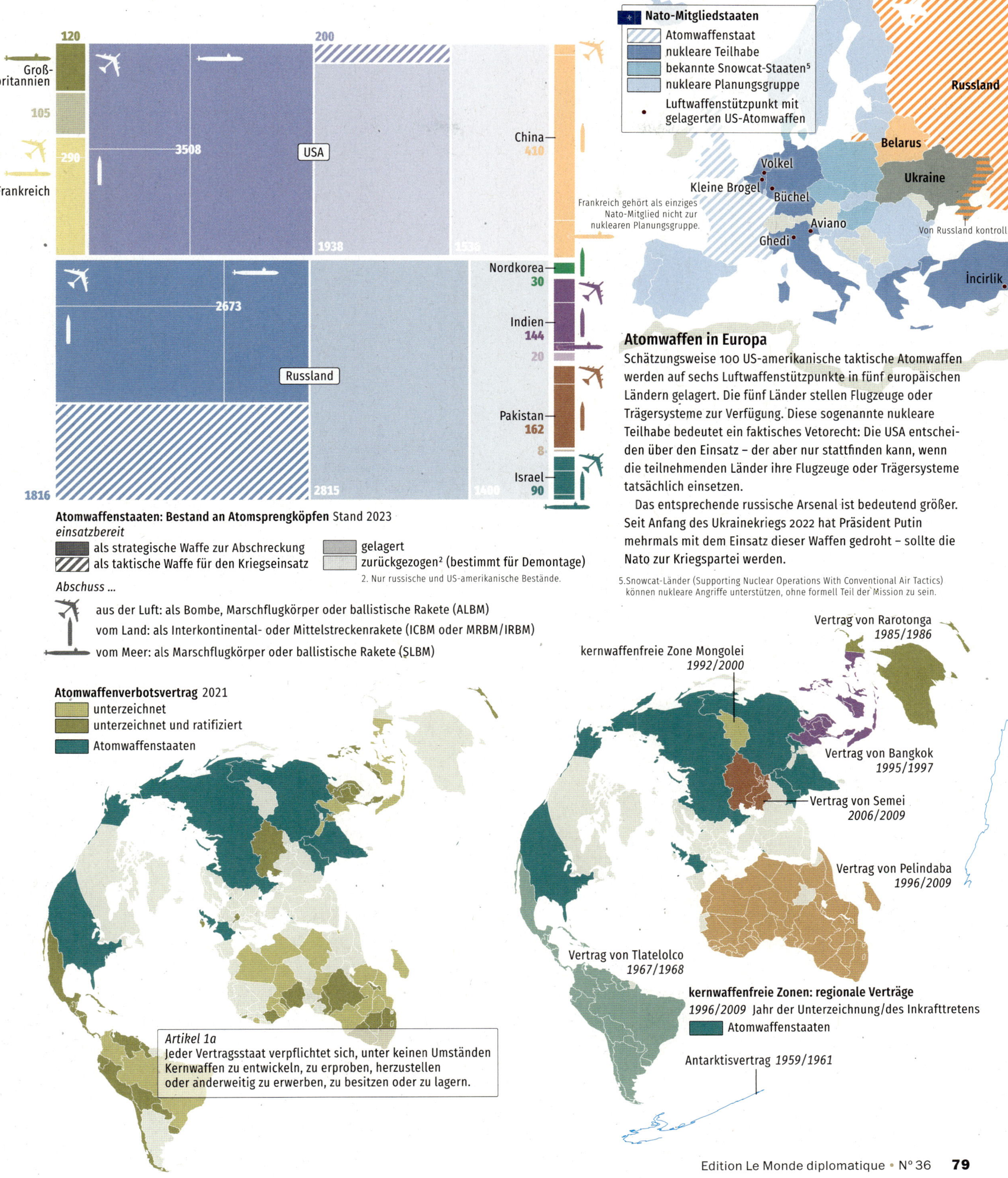

Atomwaffen in Europa

Schätzungsweise 100 US-amerikanische taktische Atomwaffen werden auf sechs Luftwaffenstützpunkte in fünf europäischen Ländern gelagert. Die fünf Länder stellen Flugzeuge oder Trägersysteme zur Verfügung. Diese sogenannte nukleare Teilhabe bedeutet ein faktisches Vetorecht: Die USA entscheiden über den Einsatz – der aber nur stattfinden kann, wenn die teilnehmenden Länder ihre Flugzeuge oder Trägersysteme tatsächlich einsetzen.

Das entsprechende russische Arsenal ist bedeutend größer. Seit Anfang des Ukrainekriegs 2022 hat Präsident Putin mehrmals mit dem Einsatz dieser Waffen gedroht – sollte die Nato zur Kriegspartei werden.

5. Snowcat-Länder (Supporting Nuclear Operations With Conventional Air Tactics) können nukleare Angriffe unterstützen, ohne formell Teil der Mission zu sein.

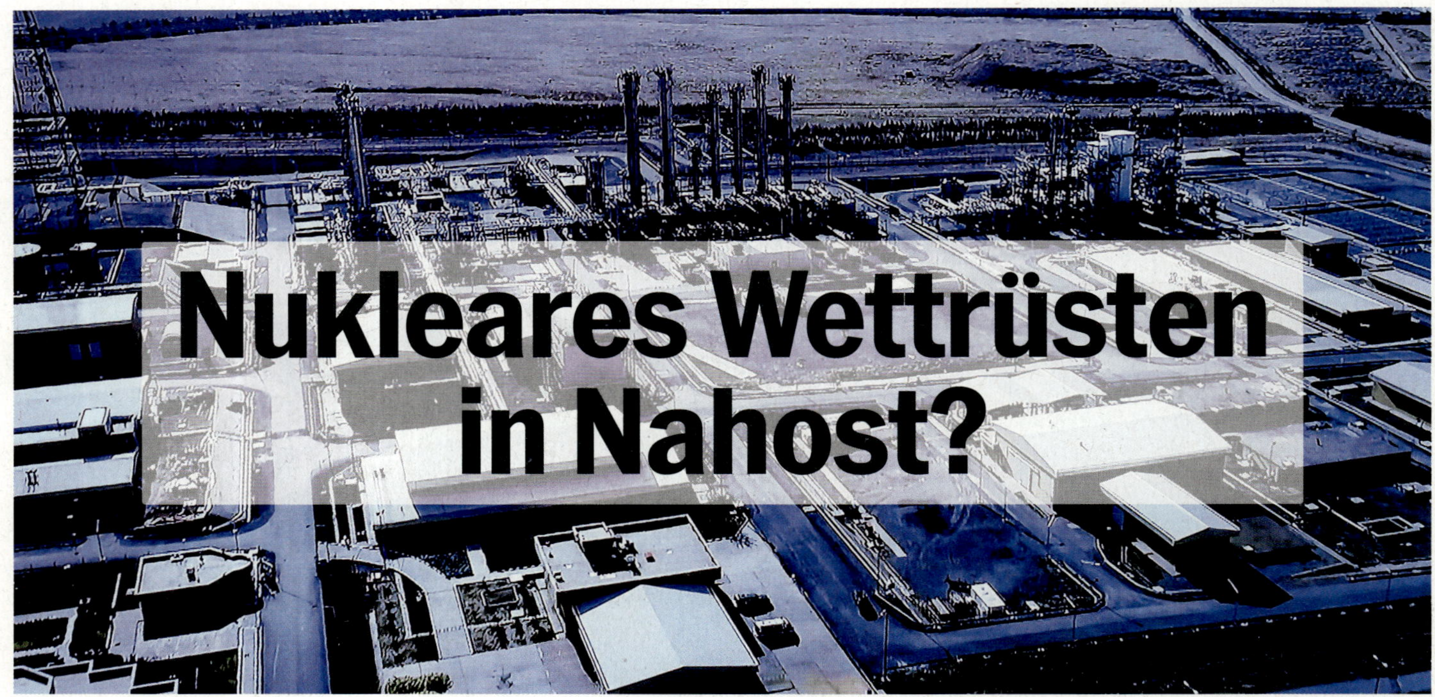

Nukleares Wettrüsten in Nahost?

Videostill der Urananreicherungsanlage in Natanz, Iran, April 2021. ALFRED YAGHOBZADEH | SALAMPIX/ABACAPRESS.COM/ PICTURE ALLIANCE

Von Eva Thiébaud

Saudi-Arabien will Atommacht werden. »Wenn Iran die Bombe erlangt, dann brauchen wir auch eine«, erklärte der saudische Kronprinz Mohammed bin Salman (MBS) im September 2023 gegenüber dem US-Sender Fox News.[1] Im selben Interview sprach er über die Annäherungen zwischen seinem Land und Israel. Weniger Tage später, nach dem Hamas-Angriff vom 7. Oktober 2023, wurden die saudisch-israelischen Verhandlungen allerdings auf Eis gelegt.

Teheran und Riad liegen in vielen Dingen über Kreuz. Die beiden Golfanrainer ringen um die regionale Vorherrschaft und bekämpften sich auf diversen Schauplätzen, unter anderem im Jemen. Beide Länder haben jedoch den Atomwaffensperrvertrag (NPT) unterzeichnet, der sie zum Verzicht auf Atomwaffen verpflichtet. Fast alle UN-Mitgliedstaaten sind dem Vertrag beigetreten – auch die Atommächte USA, China, Russland, Frankreich und Großbritannien. Einzig Indien, Pakistan und Israel haben den NPT nicht unterzeichnet (Nordkorea ist 2003 wieder ausgetreten).

Seit den späten 1960er Jahren ist Israel das einzige Land im Nahen Osten, das über Atomwaffen verfügt, hat aber den Besitz der Bombe nie bestätigt oder dementiert. Deshalb kann Tel Aviv mögliche Aufforderungen, über seine atomare Abrüstung zu verhandeln, einfach ignorieren, meint Mycle Schneider vom International Panel on Fissile Materials (IPFM).[2]

Dass diese israelische Intransparenz von der internationalen Gemeinschaft hingenommen wird, bedeutet für den Nahen Osten einen fatalen Präzedenzfall. Denn andere Staaten der Region sehen sich durch die israelische Bombe herausgefordert, ebenfalls nukleare Kapazitäten zu entwickeln.

Israel hingegen will seine Vormachtstellung auf diesem Feld um jeden Preis behaupten. Die regelmäßige Androhung eines Luftangriffs auf iranische Anlagen – mit oder ohne Segen Washingtons – gefährdet die Stabilität in der Region. Zur Erinnerung: Bereits im Juni 1981 bombardierte Israel den im Bau befindlichen Reaktor Osirak im Zentralirak.

Als 1991 das geheime irakische Atomprogramm ans Licht kam, wurde der Etat der Internationalen Atomenergie-Organisation (IAEO) aufgestockt. Durch ein Zusatzprotokoll von 1997 wurden die meldepflichtigen Aktivitäten ausgeweitet; seitdem müssen Kontrollen der IAEO-Inspektoren nur sehr kurzfristig vorher angekündigt werden.

Das Zusatzprotokoll haben jedoch nicht alle NPT-Mitglieder unterzeichnet. Iran tat dies 2003, hat seine Verpflichtungen aber nicht vollständig umgesetzt. »Ursprünglich wollte Iran nukleare Kapazitäten aufbauen, um mit Israel gleichzuziehen«, sagt Mohammad Alzghoul vom Emirates Policy Center in Abu Dhabi. Heute gehe es Teheran darum, seine Macht auch auf internationaler Bühne zu demonstrieren.

Die Iraner versichern allerdings, dass sie den Atomwaffensperrvertrag einhalten. Dazu meint Sharon Squassoni von der George Washington University, die früher eine hohe Stelle im US-Außenministerium bekleidete: »Der Vertrag hat Schwächen. Er verbietet weder die Anreicherung von Uran noch die Herstellung von Plutonium. Sobald ein Land über ausreichend spaltbares Material verfügt, braucht es etwa sechs Monate, um eine Bombe zu bauen.«

Um zu verhindern, dass Iran so viel Uran anreichert, dass es zu einer »Schwellenmacht« oder »latenten Atommacht« wird, handelten die USA, Russland, China, Frankreich, Deutschland und Großbritannien 2015 das Atomabkommen aus, in dem sich Teheran zur Einstellung seines militärischen Atomprogramms und zur Reduzierung seiner Bestände an angereichertem Uran verpflichtete; im Gegenzug wurden die Wirtschaftssanktionen gegen Iran aufgehoben. 2018 zogen sich die USA unter Donald Trump jedoch aus dem Abkommen zurück, was Iran dazu veranlasste, sein Programm zur Urananreichung wieder aufzunehmen.

»Andere Staaten haben von Teheran gelernt«, meint der französische Ex-Diplomat Marc Finaud, der am Genfer Zentrum für Sicherheitspolitik forscht. Nach iranischem Vorbild nutzen sie die zivile Atomkraft, »um zur Schwellenmacht zu werden und möglichst rasch ein militärisches Programm aufbauen zu können«.

Mit der Beherrschung der Nukleartechnologie verschaffen sich diese Länder ein gewisses Prestige. Auch deshalb wächst die Zahl der Kandidaten: Die Türkei hat 2018 mit dem Bau eines AKWs in Akkuyu begonnen, und Ägypten legte 2022 den Grundstein für ein AKW in El Dabaa. Beide sind aufstrebende Regionalmächte mit vielen Einwohnern und stetig steigendem Energiebedarf. Weil beide nur über begrenzte finanzielle Mittel verfügen, finanziert der russischen Konzern Rosatom den Bau der Anlagen und soll später durch den Verkauf von Energie ausbezahlt werden.[3]

In den Golfstaaten spielen Finanzierungsfragen eine untergeordnete Rolle. Hier denkt man bereits seit Ende der 1990er Jahre über zivile Nuklearprogramme nach. Aber nach der Katastrophe im japanischen Fukushima 2011 wurden die meisten Projekte vorerst gestoppt. Nicht so in den Vereingten Arabischen Emiraten (VAE), wo seit Mai 2024 alle vier Reaktoren des AKWs Barakah in Betrieb sind. Mit einer Gesamtkapazität von 5,6 Gigawatt decken sie ein Viertel des nationalen Strombedarfs. Ausgeführt wurde der Bau in kürzester Zeit vom südkoreanische Stromversorger Kepco, einem Neuling auf nuklearem Gebiet.

Bei der Sicherheit wurde jedoch gespart. Paul Dorfman von der Nuclear Consulting Group kritisiert, dass ein zusätzliches Containment fehlt, also eine doppelte Schutzhülle um den Reaktor, die ihn vor einem Flugzeugabsturz oder einem Luftangriff schützt.[4]

»Ein Unfall in Barakah wäre katastrophal, weil das Kraftwerk direkt am Persischen Golf liegt«, sagt Dorfman. In der Region wird ein Großteil des Trinkwassers mittels Entsalzungsanlagen aus dem Meer gewonnen. Die politische Führung der VAE ist sich dieser Schwäche offenbar bewusst: Ende 2011 erwarb Abu Dhabi für fast 2 Milliarden US-Dollar das Raketenabwehrsystem Thaad des US-Rüstungsgiganten Lockheed Martin.

Tatsächlich gibt es eine lange Geschichte von Luftangriffen auf Atomanlagen im Nahen Osten. Während des Iran-Irak-Kriegs (1980–1988) hatte Bagdad das noch im Bau befindliche iranische AKW Bushehr ins Visier genommen. 2007 zerstörten die Israelis, 26 Jahre nach ihrem Angriff auf den irakischen Reaktor Osirak, die fast fertiggestellte syrische Anlage bei Deir ez-Zor. In beiden Fällen »befürchtete der angreifende Staat, dass waffenfähiges Plutonium oder Uran produziert werden könnte«, erläuterte der Wissenschaftler Henry Sokolski im März 2018 bei einer Anhörung im US-Repräsentantenhaus zu den regionalen Auswirkungen eines nuklearen Kooperationsabkommens zwischen den USA und Saudi-Arabien.

Genau solche Befürchtungen waren laut Sokolski der Grund, warum Washington 2009 mit Abu Dhabi ein Abkommen über »friedliche nukleare Kooperation« abschloss, in dem die VAE auf die Anreicherung von Uran und die Wiederaufbereitung von Plutonium verzichten. Im selben Jahr ratifizierten die VAE auch das NPT-Zusatzprotokoll.

Doch einige Beobachter bleiben skeptisch, was das Abkommen tatsächlich wert ist: »Solange die Anreicherung von Uran und Technologien zur Wiederaufbereitung nicht wirksam reguliert werden, können neue AKWs als Deckmantel für die Herstellung von Atomwaffen dienen«, schreibt Dorfman.

Noch mehr Anlass zur Unruhe geben die Pläne Saudi-Arabiens. Seit 2017 betreibt Riad ein »Nationales Atomenergieprojekt«, das von der staatlichen King Abdullah City for Renewable and Atomic Energy (KA-Care) getragen wird. Das Projekt umfasst den Bau kleiner modularer Anlagen und eines AKWs mit zwei Reaktoren und einer Leistung von 2,8 Gigawatt, für das seit 2022 eine Ausschreibung läuft. Allerdings zögern die Saudis, die gleichen Verpflichtungen wie die VAE einzugehen, obwohl ihr Programm auch die Urananreicherung umfasst. Sollte Riad stur bleiben und auf der Anreicherung beharren, kann es keine US-Technologie kaufen. Noura Mansouri vom King Abdullah Petroleum Studies and Research Centre hofft jedoch auf einen Vorzugsdeal: »2005 haben die USA eine Ausnahme für Indien gemacht, um China zuvorzukommen. Angesichts der Präsenz von Rosatom in der Region könnten sie das Gleiche für Saudi-Arabien tun.«[5]

Die Hoffnung ist nicht unbegründet. Im Mai 2024 handelten Washington und Riad ein gemeinsames Verteidigungsabkommen aus, dass auch US-Hilfe für den Aufbau eines zivilen Atomprogramms in Aussicht stellt, wenn Saudi-Arabien im Gegenzug Israel anerkennt. Doch bevor die saudische Regierung das Abkommen unterzeichnet, wird sie das Ergebnis der US-Wahlen im November 2024 abwarten. Möglicherweise spekuliert man in Riad auf eine Wiederwahl Donald Trumps, der während seiner Präsidentschaft enge Kontakte nach Saudi-Arabien gepflegt hatte. Um seine nuklearen Ambitionen zu verwirklichen, könnte Saudi-Arabien auch mit der Atommacht Pakistan zusammenarbeiten, dessen Nuklearprogramm Riad mitfinanziert hat. »Viele Beobachter glauben, dass Islamabad bereit ist, im Gegenzug den Saudis bei ihrem Programm zu helfen«, meint die Außenpolitikexpertin Silvia Boltuc.

Um ein nukleares Wettrüsten in der Region zu verhindern, brachten Ägypten und Iran bereits 1974 die Idee einer regionalen Konferenz über das Verbot von Massenvernichtungswaffen im Nahen Osten ein. Doch die ersten Sitzungen fanden erst ab 2019 statt – und das ohne Israel und die USA. Angesichts der israelischen Verweigerung bleibt die Konferenz zwar wirkungslos, aber sie eröffnet zumindest Gesprächskanäle zwischen den anderen Ländern.

Auch die jüngste Annäherung zwischen Riad und Teheran, die seit Anfang 2024 gemeinsam Mitglied der erweiterten Brics-Staaten sind, könnte helfen, die Spannungen im Persischen Golf abzubauen. Ebenfalls hilfreich könnte sein, dass in Iran im Juni 2024 der Reformer Massud Peseschkian zum Präsidenten gewählt wurde, der sich für die Wiederaufnahme der Atomverhandlungen ausspricht. »Doch das Gleichgewicht in der Region ist prekär«, bedauert Marc Finaud. »Ein kleiner Zwischenfall könnte alles zum Kippen bringen.«

Aus dem Französischen von Jakob Farah

1 »Mohammed bin Salman: We aren't proud of all of our laws in Saudi Arabia«, Fox News, 20. September 2023.
2 Das IPFM hat es sich zur Aufgabe gemacht, die globale Produktion, Lagerung und Nutzung von hoch angereichertem Uran und Plutonium zu reduzieren.
3 Siehe Teva Meyer, »Geopolitik der Brennstäbe«, *Le Monde diplomatique*, Juni 2022.
4 Paul Dorfman, »Gulf nuclear ambition: New reactors in United Arab Emirates«, Nuclear Consulting Group, Dezember 2019.
5 Noura Mansouri, »The saudi nuclear energy project«, Kapsarc, Januar 2020.

Erstmals erschienen in *Le Monde diplomatique* vom Oktober 2022. Gekürzt und aktualisiert.

Toxische Hinterlassenschaften

Die Umweltsünden der US-Armee im Nahen und Mittleren Osten

Von Bruce Stanley

Am 2. Juli 2021 mussten die afghanischen Sicherheitskräfte feststellen, dass die US-Soldaten über Nacht vom Luftwaffenstützpunkt Bagram nördlich von Kabul abgezogen waren. Auf dem Gelände des größten afghanischen Flughafens und der umliegenden veritablen Stadt – mit Krankenhäusern, Schulen, Einkaufszentren und Bunkern – hatten sie nicht nur Berge von Munition, kaputtes Militärgerät und eine 96 Millionen US-Dollar teure, drei Kilometer lange Betonpiste zurückgelassen, sondern auch Fahrräder, Krankenhausabfälle, hunderte Lkws und Kleintransporter, gepanzerte Fahrzeuge, Möbel aller Art und Unmengen Plastikflaschen.

Vor der Aufgabe der Feldlager Camp Leatherneck und Camp Bastion in der Nähe von Laschkar Gah im Südwesten des Landes hatte das US-Militär die Panzer abtransportiert und die persönlichen Besitztümer der Soldaten sowie den größten Teil des Magazins mit 25 000 Tonnen Lebensmitteln mitgenommen. Um all das aus Afghanistan herauszubringen, organisierte die US-Luftwaffe mehr als 1000 Flüge mit schweren Transportmaschinen. Auf dem Höhepunkt ihres Engagements im Jahr 2011 hatten die USA insgesamt fast 200 000 Soldaten und Angehörige privater Sicherheitsfirmen vor Ort.

Im Irak waren auch Anfang 2024 weiterhin etwa 2500 US-Soldaten stationiert; offiziell, um den lokalen Kräften dabei zu helfen, ein Wiedererstarken des IS zu verhindern. Am Ende ihrer massiven Truppenaufstockung (»surge«) von 2007 während des Besetzung des Landes hatten die USA mehr als 300 000 reguläre Soldaten und Söldner privater Militärunternehmen im Irak stationiert, die auf rund 70 Militärbasen und andere Einrichtungen verteilt waren.

Seitdem 1958 mehrere tausend US-Marines in Beirut landeten, um die prowestliche Regierung von Camille Chamoun zu stützen, hat Washington insgesamt Millionen von Soldaten in den Nahen und Mittleren Osten entsandt. Mit rund 40 000 Männern und Frauen ist die heutige Militärpräsenz in der Region jedoch deutlich geringer als noch 2003 oder 2007. Die meisten von ihnen sind nach Hause zurückgekehrt oder wurden in andere Ecken der Welt verlegt.

Die Umwelt allerdings hat ein langes Gedächtnis. Nichts ist vergessen in diesen Ländern, wo die Bevölkerung noch immer unter der giftigen Hinterlassenschaft des US-Militärs und seiner Subunternehmer zu leiden hat. Zurückgeblieben sind nicht nur Berge von abgelegten Turnschuhen und Sporttrikots und Unmengen Plastikmüll, sondern auch abgereichertes Uran, das den Boden kontaminiert, tausende »Burn pits«, in denen Müll verbrannt wurde, verseuchtes Grundwasser, häufig toxischer Schutt von zerstörten Gebäuden, zurückgelassene Waffen und Munition. Hinzu kommen noch eine massive Luftverschmutzung und verseuchte Meeresgewässer, in denen sich Ölrückstände und nicht abgebaute Giftstoffe ausbreiten.

Überall dort, wo das US-Militär längst am Horizont verschwunden ist, hat es gefährliche Rückstände hinterlassen, wie etwa Agent Orange in Südostasien. Da solche Stoffe nicht leicht abbaubar sind, werden sie noch jahrhundertelang die Umwelt, die Gesundheit und die Lebensgrundlagen von vielen Menschen bedrohen.

»Burn pit« (Müllverbrennungsgrube), Balad Air Base, Irak, März 2008.
JULIANNE SHOWALTER | US-VERTEIDIGUNGSMINISTERIUM/PICTURE ALLIANCE

Auch im Nahen Osten haben die US-Truppen ihren »Konfliktmüll« 80 Jahre lang illegal entsorgt. Man hat den Abfall einfach liegen gelassen und nirgends hat das Pentagon Verantwortung übernommen für die durch US-Soldaten verursachten Umweltschäden.

Wenn es um den umweltschädlichen »Fußabdruck« der US-amerikanischen »boots on the ground« in der Nahostregion geht, sind als Erstes die Treibhausgasemissionen zu nennen: ein Cocktail aus CO_2, Methan, Distickstoffmonoxid und fluorierten Gasen, freigesetzt durch militärische Operationen und alle Militäreinrichtungen, die dem Centcom, dem Regionalkommando der USA für den Nahen Osten, Ostafrika und Zentralasien, unterstehen.

Das US-Verteidigungsministerium gilt als die Institution, die weltweit die größte Menge an Treibhausgasen produziert. Die enormen Emissionen im Nahen Osten sind die Summe einer ganzen Reihe verschiedenartiger Aktivitäten: Da ist zunächst der Einsatz von Fahrzeugen (ein Humvee der US-Armee verbraucht 50 Liter Diesel auf 100 Kilometer), Schiffen, Flugzeugen und anderem Militärgerät; dazu kommen Serviceleistungen und taktische Unterstützung im Rahmen solcher Kampfeinsätze; Stabsübungen und Manöver; der Transport von Personal zu entfernten Einsatzorten; die Stromerzeugung für Militärbasen und für private Subunternehmen; der Betrieb von Müllentsorgungs- und Kläranlagen; aber auch Reisen von Mitarbeitern privater Firmen.

Eine besondere Belastung für Mensch und Umwelt ist der Dieselruß, der von Schiffsmotoren ausgestoßen wird und der eine Mischung höchst schädlicher Partikel enthält, die auch zum Klimawandel beitragen. Speziell in Küstennähe hat sich die Luftqualität zum Teil drastisch verschlechtert, weil die im Hafen liegenden Kriegsschiffe ihre Dieselmotoren zur Stromerzeugung nutzen und dabei große Schadstoffmengen ausstoßen.

Ende 2023 hatte das Centcom gleich zwei Flugzeugträgerkampfgruppen in den nahen Osten entsandt.[1] Nach dem Angriff der Hamas auf Israel am 7. Oktober 2023 war die USS Gerald Ford ins östliche Mittelmeer verlegt worden, die Dwight D. Eisenhower ins arabische Meer.

Der vor Kurzem um ein Trockendock erweiterte Hafen von Duqm in Oman hat sich zu einem wichtigen Anlaufpunkt für Flugzeugträger entwickelt. Durch die dort geplante Ölraffinerie, eine weitere Reparaturwerft und zahlreiche andere Neubauten wird sich die Umweltbelastung noch weiter verstärken.

Für weitere – indirekte – Treibhausgasemissionen sind die militärischen Lieferketten verantwortlich, also die Versorgung der US-Truppen mit Fleisch und anderen Lebensmitteln, mit Kleidung und vor allem mit fossilen Treibstoffen, die zum Beispiel in Afghanistan einen Großteil der US-Importe ausmachten. In die Gesamtbilanz sind auch die industriellen Emissionen einzurechnen, die bei der Produktion von Panzern, Waffen, Schiffen, Flugzeugen und Munition anfallen.

Der Rüstungsgigant Lockheed Martin allein meldete für 2020 einen Ausstoß von 33 Millionen Tonnen CO_2. Ebenfalls zu berücksichtigen sind die Emissionen, die durch Luftangriffe auf Öllager und -förderanlagen freigesetzt werden oder bei der Müllverbrennung auf US-Stützpunkten entstehen.

In der Umgebung praktisch aller US-Stützpunkte und US-Flugplätze auf der ganzen Welt ist das Grundwasser durch hochgiftige fluorierte Chemikalien verseucht, die im Feuerlöschschaum enthalten sind. Solche per- und polyfluorierte Alkylverbindungen (PFAS) kommen seit den 1970er Jahren bei der Brandbekämpfung auf allen US-Militärbasen zum Einsatz, insbesondere um Brände von Flugzeugen oder Fahrzeugen zu löschen.

Die Rückstände dieser Löschchemikalien versickern und gelangen so in die Gewässer oder in die Kanalisation. Auch US-Flugzeugträger und andere Schiffe verwenden diesen Schaum, der dann vom Deck ins Meer gespült wird. Die toxische Wirkung einer erhöhten PFAS-Konzentration wurde für Fische und Schalentiere nachgewiesen, aber auch für Menschen, die diese verzehren.

Die USA haben sich ausschließlich um die Gesundheit der Veteranen und der noch aktiven Soldatinnen und Soldaten in der eigenen Armee gekümmert

Diese »ewigen Chemikalien«, die nicht abbaubar sind und sich in Organismen anreichern, verbreiten sich unterirdisch und kontaminieren so auch noch Brunnen, die viele Kilometer von den Stützpunkten entfernt liegen. Über den Boden und das Grundwasser oder über den Feinstaub in der Luft gelangen PFAS in Flüsse und Meere wie auch auf die Felder und in die angebauten landwirtschaftlichen Produkte.

PFAS-Verbindungen gelten als gefährlich, weil sie sich im Blut und in den Organen der Menschen anreichern. Dort können sie zu Krebsleiden, Leber- und Nierenschäden führen und Schilddrüsenerkrankungen sowie Fehlgeburten und Fruchtbarkeitsstörungen verursachen.

Medizinische Fachstudien haben in den USA 641 Militärstützpunkte als wahrscheinliche Quellen für Verschmutzungen außerhalb des Standorts ermittelt. In einer Untersuchung von 100 inländischen Militärbasen wurde bei 87 eine PFAS-Konzentration gemessen, die mehr als 100-mal höher lag als der unbedenkliche Schwellenwert. Auf den US-Marinestützpunkten etwa werden seit 50 Jahren große Mengen von PFAS in die Hafenbecken entsorgt.

Unter dem politischen und juristischen Druck von Gemeinden und Veteranenverbänden stufen US-Gesundheitsexperten die Konzentration von PFAS im Trinkwasser inzwischen als »eine der wichtigsten Gefahren für die öffentliche Gesundheit im nächsten Jahrzehnt« ein.

Weitere Untersuchungen in der Umgebung aller Militäranlagen sind geplant, aber die Ausarbeitung von Strategien zur Schadensbegrenzung hat gerade erst begonnen. Die Regierung in Washington will in den nächsten 30 Jahren fast 3 Milliarden Dollar ausgeben, um die inländischen Stützpunkte, Flughäfen und Marinebasen zu sanieren. Außerdem sollen mit dem Geld gesundheitlich beeinträchtigte Veteranen unterstützt werden. Die PFAS-Vorschriften sollen drastisch verschärft werden, um die Grundwasserbelastung in umliegenden Gemeinden zu reduzieren.

Die PFAS-Belastung durch militärische Anlagen ist allerdings ein globales Problem, das je nach Standort spezifische Auswirkungen hat. Im japanischen Okinawa etwa wurden in den Gemeinden um die Luftwaffenstützpunkte Futenma und Kadenma extrem hohe PFAS-Belastungen im Grundwasser und in der Luft festgestellt. Und beim US-Luftwaffenstützpunkt Ramstein in Rheinland-Pfalz beträgt die PFAS-Konzentration im Flusswasser auch in 11 Kilometer Entfernung noch immer das 538-Fache des von der EU als unbedenklich eingestuften Werts.

Mehrere deutsche Gemeinden in der Nähe von US-Stützpunkten haben inzwischen die Verursacher dieser Umweltverbrechen auf Entschädigungsleistungen verklagt. Dagegen gibt es im Nahen Osten so gut wie keine Studien über die von US-Stützpunkten oder -Häfen ausgehende Grundwasserkontamination oder über die Auswirkungen von PFAS auf die Gesundheit der Bevölkerung in den umliegenden Gemeinden.

Hier müssen die Behörden erst einmal Informationen sammeln und genaue Untersuchungen einleiten, um die Verursacher zur Rechenschaft ziehen zu können. Das US-Militär hat bisher noch keinerlei Verantwortung für die Verschmutzung durch PFAS in der Umgebung seiner Stützpunkte im Nahen Osten übernommen; weder für die Luftwaffenbasen Incirlik in der Türkei, Al Dhafra (Vereinigte Arabische Emirate) und Al Udeid (Katar) noch für den Marinestützpunkt NSA (Naval Support Activity) in Bahrain oder für Camp Lemonnier in Dschibuti, wo das US-Marineexpeditionskorps für die Einsätze am Horn von Afrika stationiert ist.

Weitere Schäden für die Gemeinden im Nahen Osten resultieren aus der »conflict pollution«; das sind Umweltbelastungen als Folge von Kampfhandlungen, etwa die toxischen Nachwirkungen eines »Urbizids«. Als Stadtmord bezeichnet man die vorsätzliche Zerstörung großer Teile der städtischen Infrastruktur (Gebäude, Industrieanlagen, Kraftwerke) mit dem Ziel, einen militärischen Sieg und die Kontrolle über eine Stadt zu erringen. Dabei werden die Gebäude meist von innen gesprengt, wobei die Sprengkörper (ob Artilleriegranaten oder abgeworfene Bomben) enorme Druckwellen und hohe Temperaturen erzeugen.

Die pulverisierten Baustoffe verbreiten sich als riesige Staubwolken über bewohnte Gebiete – exakt wie nach dem Anschlag auf das New Yorker World Trade Center am 11. September 2001. Dieser Feinstaub wird von den Einsatzkräften und den Bewohnerinnen und Bewohnern der betreffenden Viertel eingeatmet. Die Folge sind Lungenkrankheiten wie Asbestose und Silikose oder Herz-Kreislauf-Probleme – und langfristig eine erhöhte Sterberate. Da der Schutt der zerstörten Gebäude oft jahrelang nicht weggeräumt wird, werden auch die in den Ruinen spielenden Kinder vergiftet.

Wenn dann später ein Wiederaufbau erfolgt, gefährdet die Räumung der Trümmer – Beton, Zement, Asbest, Metalle und Chemikalien – die örtliche Bevölkerung zusätzlich. Und in der Umgebung von Abladeplätzen, wo die toxischen Trümmer am Ende landen, kommt es zu weiteren Umweltbelastungen.

Ein Beispiel für die massive Luftbelastung durch den Staub zerstörter Gebäude ist die irakische Stadt Ramadi. Sie war dreimal (2004, 2006 und 2015) Schauplatz heftiger Kämpfe. Jedes Mal wurden ganze Stadtteile und viele Brücken über den Euphrat zerstört.

Nach der Einnahme im Dezember 2015, als die irakische Armee mit Unterstützung der USA die Stadt vom IS zurückeroberte, lag Ramadi zu 80 Prozent in Trümmern und war praktisch unbewohnbar; in der Innenstadt wurden 615 Bombenkrater und mehr als 3000 zerstörte Häuser gezählt. Angesichts der schätzungsweise 7 Millionen Tonnen Schutt und Wiederaufbaukosten in Höhe von rund 10 Milliarden Dollar bezeichnete Lisa Grande, die Irak-Beauftragte der UN, die Zerstörung von Ramadi im März 2016 als »erschütternd«.[2] Danach dauerte es Jahre, bis Aufräumarbeiten durchgeführt werden konnten, denn zuvor mussten nicht explodierte Munition und Sprengfallen beseitigt werden. Für diesen Zweck stellten die USA ganze 5 Millionen Dollar bereit.

Die langfristige Aufgabe, die Folgen der unkoordinierten Schuttentsorgung und der Kontaminierung von Boden, Luft und Grundwasser zu bewältigen, steht noch bevor. Dabei geht es vor allem um die gesundheitliche Gefährdung der Bevölkerung. Eine Folge ist etwa die extrem hohe Schwermetallbelastung des Euphrats bei Ramadi, was automatisch auch die Wasserqualität in den Bewässerungskanälen der Landwirtschaft in Mitleidenschaft zieht.

Nach der Befreiung der irakischen Stadt Mossul vom IS im Jahr 2017 schätzten UN-Experten, dass in der Stadt mehr als 11 Millionen Tonnen Schutt zu entsorgen waren; allein die Kosten für den Abtransport der Trümmer wurden auf weit über 100 Millionen Dollar geschätzt. Der größte Teil wurde einfach am Ufer des Tigris aufgeschüttet oder in den Fluss gekippt.[3]

Oft erfolgte der Urbizid nach der »Shock and Awe«-Taktik: Mit dem Einsatz beispielloser Gewalt gegen die Verkehrs-, Wasser-, Strom- und Kommunikationsinfrastruktur soll Furcht und Schrecken verbreitet werden, um den Gegner zu destabilisieren und eine schnelle Kapitulation zu erzwingen. Bei ihrer Irak-Invasion von März 2003 setzten die US-Streitkräfte allein in den ersten vier Tagen 2000 Präzisionslenkwaffen (precision guided munition, PGM) ein, die Zielobjekte punktgenau zerstören können.

Insgesamt wurden in der heißen Phase des Krieges fast 20 000 PGMs abgefeuert. Verteidigungsminister Donald Rumsfeld kommentierte die durch US-Waffen angerichtete Zerstörung der irakischen Bevölkerungszentren damals mit einem Achselzucken und der Bemerkung: »So was passiert. Und schön ist es nicht.«

Die städtischen Kampfzonen im Irak waren übersät mit nicht explodierter Munition und den Resten explodierter Bomben, wobei weißer Phosphor und unberechenbare Streumunition ebenfalls langfristige Gesundheitsrisiken darstellen. Über die Gefährdung der Bevölkerung durch solche Hinterlassenschaften gibt es nur wenige Studien, von denen etliche einen Zusammenhang zwischen einer hohen Blei- und Quecksilberbelastung und einer Zunahme angeborener Missbildungen und Frühgeburten sehen.

Seit Langem bekannt sind auch die fatalen Auswirkungen der Uranmunition, also von panzerbrechenden Projektilen, die abgereichertes Uran (depleted uranium, DU) enthalten. Solche DU-Munition kam im ersten Irakkrieg von 1991 und bei der Irak-Invasion von 2003 zum Einsatz und beeinträchtigt bis heute die reproduktive Gesundheit der Bevölkerung des Südirak. Die gravierendsten gesundheitlichen Folgen zeigten sich bei der Bevölkerung besonders intensiv bombardierter Städte wie Basra, Ramadi und Falludscha.[4]

Insgesamt lässt sich festhalten, dass die US-Militärpräsenz im Nahen Osten komplexe, zeitlich und örtlich differenzierte Auswirkungen hat. Über die toxischen Belastungen und die durch die US-Armee angerichteten Umweltschäden in der Region gibt es nach wie vor viel zu wenig Daten, detaillierte Studien und Analysen – und auch zu wenig politisches Interesse. Vor diesem Hintergrund lässt sich kaum ein vollständiges Bild über die kurz- und langfristigen Gesundheits- und Umweltrisiken anfertigen, die sich daraus für bestimmte Bevölkerungsgruppen ergeben.

Außer Zweifel steht allerdings, dass »es eine Epidemie toxischer Verunreinigungen auf und von US-Militärstützpunkten gibt«. So formuliert es eine von der Stanford University im Jahr 2016 veröffentlichte Studie.[5] Diese belegbare Tatsache wird heute jedenfalls für die Militäranlagen auf dem Territorium der USA und für die umliegenden Gemeinden anerkannt. Und auch das Pentagon muss inzwischen wohl oder übel zugeben, dass etwa die Grundwasserverseuchung durch PFAS oder die Müllverbrennung unter freiem Himmel die Gesundheit der betroffenen US-Veteranen erheblich gefährdet haben.

Solche Eingeständnisse bedeuten sogar eine gewisse Anerkennung der Verantwortung und eine Bereitschaft zu begrenzter Wiedergutmachung für die US-Soldaten, die etwa in den Kriegen in Afghanistan oder im Irak oder während der vielen darauf folgenden Jahre US-amerikanischer Militärpräsenz in der Region eingesetzt waren.

Allerdings sind diese Veteranen und ihre Familien höchst frustriert über die zögerliche Haltung und die Sturheit der Militärbürokratie. Dasselbe gilt im Übrigen für die Städte und Gemeinden in den USA, die in der Nähe von Marine- und Luftwaffenstützpunkten liegen. Dieses Drama wird sich noch über Jahrzehnte hinziehen, vor den Gerichten ebenso wie im Kongress in Washington.

Aber was ist mit dem Müll, den das US-Militär im gesamten Nahen Osten hinterlassen hat, und den Gesundheitsschäden in Familien und Gemeinden, die mit diesen Abfällen leben müssen? Die Hinterlassenschaften der weit über 2 Millionen US-Soldaten, die seit 1958 in der Region stationiert waren, werden noch viele kommende Generationen belasten.

Und doch wurden sie bislang nicht anerkannt, ja nicht einmal erfasst. Die USA haben sich ausschließlich um die Gesundheit der Veteranen und der noch aktiven Soldatinnen und Soldaten in der eigenen Armee gekümmert. Für deren häufige Atemwegserkrankungen, körperliche Behinderungen und sonstigen Krankheiten zeigt man Interesse und zahlt Entschädigungen, nicht aber für die Menschen in der Region, zu deren Befreiung man angeblich beitragen wollte.

Viele US-Experten, die sich mit den von Militärbasen außerhalb der USA ausgehenden Umweltschäden befasst haben, kamen zu eindeutigen Befunden: »Mit dieser Art der Abfallentsorgung würde man in den USA nicht durchkommen.«[6] Oder: Die US-Umweltbehörde würde solche Anlagen dichtmachen, »wenn das bei uns stattfände«.

Es ist an der Zeit, dass Washington endlich die Verantwortung übernimmt und einen Beitrag zur Beseitigung dieser Umweltverbrechen leistet. Die US-Truppen haben in der gesamten Region ihren verheerenden Fußabdruck hinterlassen. Bilder und Erinnerungen mögen irgendwann vergehen, für die »ewigen Chemikalien« gilt das nicht. ●

Aus dem Englischen von Nicola Liebert

1 Jede der Kampfgruppen besteht aus einem Flugzeugträger, drei Kreuzern, vier Zerstörern und neun Fliegerstaffeln.
2 Siehe Reuters-Bericht vom 4. März 2016.
3 Zum Zerstörungsgrad von Mossul siehe Patrick Cockburn, »Die Belagerten von Mossul«, *Le Monde diplomatique*, September 2017; ganz ähnlich endete die Belagerung der ehemaligen IS-Hauptstadt Rakka in Syrien; siehe Patrick Cockburn, »Tödliche Belagerungen«, *Le Monde diplomatique* September 2018.
4 Siehe Kamal Al Ayash, »Geboren in Falludscha«, *Le Monde diplomatique*, November 2019.
5 John W. Hamilton, »Contamination at U.S. Military Bases: Profiles and Responses«, *Stanford Environmental Law Journal*, Bd. 35 (2016).
6 »Burn Pit On US Base In Iraq Said To Pose Health Risks«, *Air Force Times*, 28. Oktober 2008.

Napalm über Nordkorea

Seit 1983 ist der Einsatz von Brandwaffen gegen Zivilisten verboten. Im Koreakrieg hat die U.S. Air Force damit ganze Landstriche verwüstet

Von Bruce Cumings

Der von 1950 bis 1953 dauernde Koreakrieg wird oft als der vergessene Krieg bezeichnet, aber man sollte wohl eher von einem unbekannten Krieg sprechen. Als Historiker, der über diesen Krieg geforscht hat, empfinde ich es immer noch als das eindrücklichste Faktum, wie verheerend die Wirkung der Luftangriffe war, mit denen die U.S. Air Force damals Nordkorea überzog. Sie beschränkte sich nicht auf das großflächige Dauerbombardement mit Brandbomben, sondern drohte auch mit dem Einsatz atomarer und chemischer Waffen.[1] Noch in der Endphase des Kriegs, die von der Forschung lange ignoriert worden ist, wurden die riesigen Staudämme in Nordkorea zerstört.

Überhaupt wird der Koreakrieg im Rückblick lediglich als eine begrenzte militärische Auseinandersetzung wahrgenommen. Tatsächlich gleicht seine Durchführung aber dem Luftkrieg 1943–1945, der gegen das kaiserliche Japan geführt wurde – viele US-Befehlshaber im Koreakrieg waren noch dieselben wie im Krieg gegen Japan. Während aber die Atomwaffenangriffe auf Hiroshima und Nagasaki vom 6. und 9. August 1945 mittlerweile aus ganz verschiedenen Perspektiven untersucht worden sind, haben die Brandbombenangriffe auf japanische und koreanische Städte weit weniger Beachtung gefunden. Und noch weniger bekannt ist, dass die USA auch noch nach dem Koreakrieg in Nordostasien auf ihre überlegene Luftwaffe und auf Nuklearwaffen setzten. Damit haben sie die politischen Optionen Nordkoreas definiert und die nationale Sicherheitsstrategie Pjöngjangs beeinflusst.

Napalm – eine brennbare gelatinöse Masse, die zu 33 Prozent aus Benzin, zu 21 Prozent aus Benzol und zu 46 Prozent aus Polystyren besteht – wurde 1942 an der Harvard-Universität entwickelt. Ende des Zweiten Weltkriegs wurden Napalmbomben erstmals über japanischen Städten abgeworfen. Doch erst 30 Jahre später, während des Vietnamkriegs, wurde Napalm für die Öffentlichkeit zum Begriff – als das Foto des jungen vietnamesisch-amerikanischen Kriegsreporters Nick Út, der am 8. Juni 1972 bei einem Napalmangriff in Nordvietnam dabei war, um die Welt ging: Die neunjährige, nackte Phan Thi Kim Phuc und andere Kinder aus dem bombardierten Dorf Trang Bang laufen weinend auf den Fotografen (und Betrachter) zu. Im Bildhintergrund sieht man das Land in Flammen aufgehen.

In Korea waren die Zerstörungen noch verheerender, weil es hier damals mehr Ballungszentren mit einer größeren Bevölkerungsdichte und mehr innerstädtische Industrieanlagen gab als in Nordvietnam. 2003 – auf einer Konferenz mit US-Veteranen – meldete sich ein US-Soldat zu Wort, der beim Kampf um den Changjin-Staudamm ein Auge verloren hatte. Napalm sei bestimmt eine scheußliche Waffe gewesen, aber sie habe »die richtigen Leute« getroffen, so sein nüchterner Kommentar.

Dabei gab es natürlich auch Opfer durch Eigenbeschuss (friendly fire), an die sich ein Überlebender folgendermaßen erinnert: »Um mich herum hatte das Napalm die Männer verbrannt. Sie wälzten sich im Schnee. Männer, die ich kannte, mit denen ich marschiert war und gekämpft hatte, flehten mich an, sie zu erschießen. Es war grauenhaft. Die verbrannte Haut pellte sich augenblicklich ab, vom Gesicht, von den Armen und Beinen.«[2]

Bergwerk nach einem US-Luftangriff mit Napalmbomben, Changdo-up, Nordkorea, Juni 1951.
ASSOCIATED PRESS/PICTURE ALLIANCE

Im Februar 1951 wurde der *New York Times*-Reporter George Barrett in einem Dorf nördlich von Anyang in Südkorea Zeuge einer Szene, die er später als »makabres Sinnbild für die Totalität des modernen Kriegs« bezeichnete: Nach einem Napalmangriff fand er die getöteten Dorfbewohner in der Bewegung erstarrt vor, etwa einen Mann, der gerade im Begriff gewesen war, auf sein Fahrrad zu steigen; in einem Waisenhaus sah er die Leichen von fünfzig Jungen und Mädchen, die aussahen als würden sie noch spielen, und auf der Straße eine Frau, die merkwürdig unversehrt wirkte, und in ihrer toten Hand die herausgerissene Seite aus einem amerikanischen Versandhauskatalog hielt, in dem sie den »Artikel Nr. 3811294 angekreuzt hatte, eine ›bezaubernde rosa Bettjacke‹ für 2,98 Dollar«. Nach dem Erscheinen von Barretts Artikel ordnete Außenminister Dean Acheson an, derartige Sensationsberichte seien vorab den Zensurbehörden zu melden – um ihre Veröffentlichung zu verhindern.[3]

Einer der ersten Befehle zum Niederbrennen von Städten und Dörfern, die ich in den Archiven fand, datiert vom August 1950, als in der Umgebung von Busan, im äußersten Südosten Koreas, heftig gekämpft wurde. Am 6. August beantragte ein Offizier der US-Armee bei seiner Luftwaffe, »die folgenden Städte auszulöschen: Chongsong, Chinbo und Kusu-dong«. Damals wurden auch Langstreckenbomber vom Typ B-29 angefordert, die taktische Ziele angreifen sollten. Am 16. August bombardierten fünf B-29-Geschwader ein Gebiet in Frontnähe, in dem viele Städte und Dörfer lagen, die unter hunderten von Tonnen Napalm in einem Flammenmeer zerstört wurden. Ein weiterer derartiger Angriff folgte am 20. August. Und am 26. August meldete die Luftwaffeneinheit: »Elf Dörfer in Brand gesetzt«.[4]

Zwar hatten die Piloten Anweisung, ihre Ziele nur auf Sicht anzufliegen, damit keine Zivilisten getroffen werden, aber häufig bombardierten sie größere Bevölkerungszentren nur mit Hilfe von Radarbildern, oder sie warfen riesige Mengen von Napalm auf »Zweitziele« ab, wenn sie ihr Erstziel nicht erreichen konnten. Bei einem großen Luftangriff auf die Industriestadt Hungnam am 31. Juli 1950 wurden 500 Tonnen Sprengstoff durch eine geschlossene Wolkendecke abgeworfen, also nur durch Radar gelenkt. Sie erzeugten eine Flammenwand, die bis zu hundert Meter in die Höhe schoss. Allein am 12. August 1950 warf die U.S. Air Force über Nordkorea eine Bombenlast von 625 Tonnen ab. Ende August waren es pro Tag bereits 800 Tonnen, ein Großteil davon reines Napalm.[5]

Zwischen Juni und Ende Oktober 1950 warf die B-29-Bomberflotte über Korea insgesamt 866 914 Gallonen (3 281 270 Liter) Napalm ab. Vertreter der Luftwaffe waren begeistert von den Eigenschaften der relativ neuen Waffe. Man witzelte über die Proteste der kommunistischen Seite, und der Presse servierte man die Lüge vom Präzisionsbombardement. So ließ man auch gern verkünden, dass die Zivilbevölkerung außerdem durch Flugblätter über anfliegende Bomber im Vorfeld informiert werde. Wie sinnlos dieses Unterfangen war, wussten die Piloten.[6]

Auf den Kriegseintritt Chinas folgte die Zerstörung der meisten großen und kleineren nordkoreanischen Städte. Anfang November 1950 befahl US-Oberbefehlshaber General MacArthur, tausende Quadratkilometer nordkoreanisches Territorium aus der Luft zu zerstören und dadurch eine Art verbrannte Zone zwischen der chinesischen Grenze und der militärischen Front zu schaffen. Wie der gut informierte britische Militärattaché damals aus MacArthurs Hauptquartier berichtete, ordnete dieser an, »alle Kommunikations- und Versorgungseinrichtungen und alle Fabriken und Städte und Dörfer zu zerstören«. Das Bombardement sollte an der Grenze zur Mandschurei beginnen und dann Richtung Süden fortgeführt werden. Nur die Stadt Najin an der sowjetischen Grenze und die Staudämme am Yalu-Fluss wollte man verschonen, um Moskau und

Als Präsident Truman am 30. November 1950 damit drohte, die USA könnten sämtliche Waffen aus ihrem Arsenal zum Einsatz bringen, war klar, was gemeint war

Peking nicht zu sehr zu provozieren. Am 8. November 1950 warfen 79 B-29-Bomber über Sinuiju 550 Tonnen Brandbomben ab, die Stadt wurde »ausradiert«. Eine Woche später ließ man Napalm auf Hoeryong niederregnen, um die Stadt »restlos niederzubrennen«. Bis zum 25. November standen weite Teile der Nordwestregion zwischen dem Yalu und den feindlichen Linien im Süden in Flammen. Wenn es so weitergehe, hieß es in dem britischen Bericht, werde die Region bald zu einer »Wildnis aus verbrannter Erde«.[7]

Das alles geschah noch vor der großen chinesisch-nordkoreanischen Offensive, mit der die UN-Streitkräfte aus dem Norden Koreas gedrängt wurden. Gleich nach Beginn dieser Offensive ließ die US-Luftwaffe am 14. und 15. Dezember 1950 die Hauptstadt Pjöngjang mit 700 Fünfzentnerbomben angreifen. Die Mustang-Kampfflugzeuge hatten nicht nur Napalm geladen, sondern auch 175 Tonnen Sprengbomben mit Verzögerungszündern – sie explodierten erst in dem Moment, als die Menschen versuchten, die Toten aus den Napalmbränden zu bergen. Anfang Januar befahl der Chef der 8. US-Armee, Matthew Ridgway, eine neue Angriffswelle auf Pjöngjang zu starten, »mit dem Ziel, die Stadt mit Brandbomben in Schutt und Asche zu legen« – was dann auch nach zwei Luftangriffen geschah. Als sich die US-Streitkräfte hinter den 38. Breitengrad zurückzogen, wurde die Verbrannte-Erde-Strategie fortgesetzt: Uijongbu, Wonju und andere kleine Städte im Süden wurden »abgefackelt«, sobald ihnen der Feind näherrückte.[8]

Die US-Luftwaffe versuchte auch, die politische Führung Nordkoreas auszuschalten. Kim Il Sung und seine engsten Vertrauten hatten sich während des eisigen Winters 1950/51 in den Tiefbunkern von Kanggye in der Nähe der mandschurischen Grenze regelrecht eingegraben. Als die Amerikaner sich nach der Landung bei Inch-on drei Monate lang vergeblich bemüht hatten, die nordkoreanische Führung aufzuspüren, warfen B-29-Bomber sogenannte Tarzanbomben auf Kanggye ab – gewaltige, neu entwickelte 12 000-Pfund-Bomben, die hier erstmals zum Einsatz kamen.[9] Eine noch stärkere Bombe kam erst wieder 2003 im Irakkrieg zum Einsatz: die berühmte »Mutter aller Bomben« mit einem Gewicht von 21 500 Pfund und einer Explosivkraft von 18 000 Pfund TNT.[10]

Am 9. Juli 1950, zwei Wochen nach Kriegsbeginn, sandte General MacArthur eine »dringende Botschaft« an General Ridgway, die den Vereinigten Generalstab veranlasste, »zu überlegen, ob MacArthur nicht Atombomben zur Verfügung gestellt werden sollten«. Der Operationschef General Charles Bolte wurde aufgefordert, mit MacArthur den Einsatz von Atombomben als »direkte Unterstützung von Bodentruppen« zu erörtern. Bolte ging damals davon aus, dass man zehn bis zwanzig dieser Bomben für den koreanischen Kriegsschauplatz abzweigen könne, ohne die Fähigkeit der USA zu globaler Kriegsführung »über Gebühr« zu gefährden. MacArthur machte Bolte zunächst den Vorschlag, Atomwaffen zu taktischen Zwecken einzusetzen, die unter anderem darauf hinausliefen, den Norden Koreas zu besetzen, um bei einer potenziellen Intervention chinesischer und sowjetischer Truppen diesen auf nordkoreanischem Boden den Rückzug abzuschneiden. MacArthur wörtlich: »Korea ist in meinen Augen eine Sackgasse. Die einzigen Straßen, die von der Mandschurei und Wladiwostok nach Korea führen, laufen über viele Tunnel und Brücken. Hier sehe ich eine einmalige Einsatzchance für die Atombombe, denn damit könnte man diese Strecke blockieren; die Reparatur würde sechs Monate dauern. Und meine B-29-Flotte kann sich erholen.«

Zu diesem Zeitpunkt lehnte der Vereinigte Generalstab den Einsatz der Atombombe jedoch aus drei Gründen ab: Erstens gab es keine Ziele, die für Nuklearwaffen groß genug gewesen wären; zweitens war nicht absehbar, wie die Weltöffentlichkeit darauf reagieren würde – nur fünf Jahre nach Hiroshima; drittens gingen die obersten Militärs davon aus, dass ein Sieg auch mit konventionellen militärischen Mitteln noch zu erreichen sei.[11] Dieses letzte Kalkül stellte sich jedoch als Fehleinschätzung heraus, als im Oktober und November 1950 große chinesische Truppenverbände in den Krieg eingriffen.

Als Präsident Truman am 30. November auf einer Pressekonferenz damit drohte, die USA würden womöglich sämtliche Waffen aus ihrem Arsenal zum Einsatz bringen, war klar, was gemeint war.[12] Und diese Drohung war kein Lapsus, wie damals weithin angenommen, sie beruhte vielmehr auf einem Plan, der den Einsatz der Atombombe als letzte Eventualität vorsah. Am selben Tag schickte Luftwaffengeneral George E. Stratemeyer an General Hoyt Vandenberg den Befehl, er solle das Strategic Air Command (SAC) anweisen, sich in Bereitschaft zu halten, »unverzüglich Bomben mittleren Kalibers in den Fernen Osten zu entsenden – diese Aufstockung (des Arsenals) sollte auch atomare Waffen einbeziehen«. Der Chef des SAC, General Curtis LeMay, hatte allerdings richtig in Erinnerung, dass der Vereinigte Generalstab zuvor der Ansicht gewesen war, Atomwaffen seien in Korea wahrscheinlich nicht von Nutzen, es sei denn als Teil eines »umfassenden atomaren Feldzugs gegen Rotchina«. Sollte sich diese Order nun ändern, weil chinesische Truppen eingegriffen hatten, dann wolle LeMay das Kommando übernehmen: Er teilte Stratemeyer mit, das SAC-Hauptquartier sei das einzige, das über die Erfahrung und technische Ausbildung wie auch über »intime Kenntnisse« hinsichtlich der Trägerwaffen verfüge. Der Mann, der im März 1945 den Abwurf von Feuerbomben auf Tokio befehligt und 1948 die Luftbrücke nach Westberlin organisiert hatte, war jetzt erneut bereit, das Kommando über die Bomberangriffe im Fernen Osten zu übernehmen.[13] Damals sorgte man sich kaum darüber, dass die UdSSR mit atomaren Waffen zurückschlagen könnten: 1950 hatten die USA 369 Atombomben, und die Sowjetunion verfügte erst über 5 Nuklearwaffen (1990, kurz vor ihrer Auflösung, hatten die UdSSR 21 211 und die USA 33 417 Nuklearwaffen).

Am 9. Dezember 1950 erklärte MacArthur, jedem Kommandeur auf dem koreanischen Kriegsschauplatz sei es freigestellt, Atomwaffen einzusetzen. Am 24. Dezember legte er eine Liste von Zielen vor, für die er 26 Atombomben einkalkulierte. Vier weitere wollte er auf die »Invasionstruppen« abwerfen und noch einmal vier auf »bedrohliche Konzentrationspunkte der feindlichen Luftwaffe«.

In postum veröffentlichten Interviews behauptete MacArthur, einen Plan ausgearbeitet zu haben, mit dem er den Krieg innerhalb von zehn Tagen gewonnen hätte: »Ich hätte mehr als 30 Atombomben über das gesamte Grenzgebiet zur Mandschurei abgeworfen.« Anschließend hätte er am Yalu, dem Grenzfluss zwischen Nordkorea und China, eine halbe Million nationalchinesischer Soldaten – die sich nach ihrer Niederlage 1949 aus dem kommunistischen China nach Taiwan abgesetzt hatten – anmarschieren lassen. Und zwischen dem Japanischen und dem Gelben Meer wollte er einen mit radioaktivem Kobalt verseuchten Landgürtel schaffen: Dann wäre »mindestens 60 Jahre lang keine Invasion über Land nach Südkorea von Norden aus möglich gewesen«. MacArthur war überzeugt davon, dass die Sowjets angesichts dieser extremen Strategie nichts unternommen hätten: »Mein Plan war bombensicher.«[14]

Kobalt-60 hat eine 320-mal stärkere Radioaktivität als Radium. Eine 400-Tonnen-Kobalt-Wasserstoffbombe könnte alles menschliche und tierische Leben auf der Erde auslöschen. In den zitierten Interviews wirkt Douglas MacArthur wie ein kriegsversessener Irrer, aber er ist nicht der Einzige, der diesen Eindruck hinterlässt. Schon vor der Offensive der Chinesen und Nordkoreaner waren die Mitglieder eines Ausschusses des Vereinigten Generalstabs zu der Auffassung gekommen, Atombomben könnten der »entscheidende Faktor« sein, um einen chinesischen Einmarsch in Korea zu unterbinden: Mit ihrer Hilfe könne man einen *Cordon sanitaire* auf mandschurischem Gebiet, unmittelbar nördlich der Grenze zu Korea schaffen.

Der demokratische Kongressabgeordnete Albert Gore, der später entschlossen gegen den Vietnamkrieg opponierte, klagte damals: »In Korea werden amerikanische Männer durch den Fleischwolf gedreht.« Um dem Krieg ein Ende zu bereiten, schlug er vor, müsse man »etwas ganz Verheerendes« einsetzen, zum Beispiel den Landgürtel zwischen Nord und Süd verstrahlen, sodass die koreanische Halbinsel für immer in zwei Hälften geteilt sein würde. Und obwohl General Ridgway, nachdem er MacArthur als Kommandeur der US-Truppen in Korea abgelöst hatte, die Idee mit den Kobaltbomben nicht wieder aufgriff, wiederholte er im Mai 1951 die Forderung seines Vorgängers und verlangte jetzt 38 Atombomben. Die wurden allerdings nicht bewilligt.

Anfang April 1951, also exakt in den Tagen, als Präsident Truman seinen Oberkommandierenden MacArthur entließ, standen die USA kurz davor, doch atomare Waffen einzusetzen. Obwohl viele diesbezügliche Informationen noch immer unter Verschluss sind, ist mittlerweile unstrittig, dass MacArthur nicht einfach wegen seiner wiederholten Widersetzlichkeit seines Postens enthoben wurde, sondern weil Truman einen verlässlichen Oberbefehlshaber vor Ort haben wollte, falls man den Einsatz von Atomwaffen beschließen sollte. Mit anderen Worten: MacArthur erhielt den Laufpass gerade wegen Trumans nuklearer Politik. Am 10. März 1951 hatte MacArthur eine »atomare Kapazität für einen D-Day« angefordert, um die Lufthoheit über Korea behaupten zu können. Denn inzwischen hatte Peking seine Truppen an der koreanischen Grenze massiv verstärkt, und die Sowjets hatten 200 Bomber auf Luftstützpunkte in der Mandschurei verlegt, die von dort nicht nur Korea, sondern auch die US-Basen in Japan angreifen konnten.[15]

Am 16. März schrieb General Vandenberg: »Finletter und Lovett sind wegen der Diskussionen über Atomwaffen alarmiert. Denke, alles ist einsatzbereit.« Ende März berichtete Stratemeyer, dass die Bestückungsanlagen für Atombomben in der Luftwaffenbasis Kadena auf Okinawa wieder funktionierten und dass man nur noch auf die eigentliche atomare Ladung warte. Am 8. April befahl der Vereinigte Generalstab einen sofortigen atomaren Vergeltungsschlag gegen die Militärbasen in der Mandschurei für den Fall, dass neue Truppen in großer Zahl in die Kämpfe eingreifen sollten oder dass von dort aus Bomber gegen US-Ziele eingesetzt würden. Am selben Tag begann Gordon Dean, Leiter der US-Atomenergiekommission, mit den Vorbereitungen für die Auslieferung von neun Mark-IV-Atomkapseln an die Neunte Bombergruppe der U.S. Air Force, die als Träger der Atombomben ausersehen war.

Am 6. April 1950 erhielt General Omar Bradley, der damalige Chef des Vereinigten Generalstabs, Trumans Zustimmung, die Mark-IV-Bomben »von der AEC (Atomenergiebehörde) unter die Aufsicht des Militärs« zu verlagern. Zur selben Zeit unterzeichnete der Präsident einen Befehl zum Einsatz der Bomben gegen Ziele in China und in Nordkorea. Die Neunte Bombergruppe der US-Luftwaffe wurde nach Guam verlegt. Doch »in der Konfusion, die nach der Entlassung von General MacArthur entstand«, wurde Trumans Befehl nie abgeschickt. Dafür gab es zwei Gründe: Erstens nutzte der Präsident die Krise, um vom Vereinigten Generalstab die Zustimmung zur Absetzung MacArthurs zu erlangen, der mit seinen 71 Jahren als Teilnehmer des Ersten und Zweiten Weltkriegs in der Öffentlichkeit wie ein Held verehrt wurde. Und zweitens verhielten sich die Chinesen in diesem Krieg eher zurückhaltend. Deshalb kamen die Bomben nicht zum Einsatz. Doch die neun Mark-IV-Bomben wurden nicht an die AEC zurückgeschickt, sondern blieben nach ihrem Transfer am 11. April unter Obhut der US-Luftwaffe. Die Neunte Bombergruppe blieb zwar in Guam stationiert, wurde aber nicht auf den Stützpunkt Kadena in Okinawa verlegt, wo die Ladevorrichtungen für die Mark IV installiert waren.

Im Juni 1951 fasste der Vereinigte Generalstab erneut den Einsatz von Atomwaffen ins Auge, dieses Mal als taktische Gefechtswaffe.[16] Bis zum Ende des Koreakriegs 1953 folgten noch viele Vorschläge dieser Art. So war etwa Robert Oppenheimer, der frühere wissenschaftliche Leiter des Forschungsprojekts zur Entwicklung der ersten Atombombe (Manhattan-Projekt) im Zweiten Weltkrieg, 1951 an dem »Project Vista« beteiligt, das untersuchen sollte, ob sich atomare Waffen auch für den taktischen Gebrauch eignen. Und Anfang 1951 wurde der junge Physiker Samuel Cohen in geheimer Mission vom US-Verteidigungsministerium als Kriegsbeobachter nach Seoul geschickt, das am 15. März von den US-geführten UN-Truppen zurückerobert wurde. Cohens Auftrag lautete, eine Methode zu entwickeln, mit der man den Feind vernichten kann, ohne die Stadt zu zerstören. Er erfand die Neutronenbombe.[17]

Das grässlichste Atomprojekt, das die USA in Korea verfolgten, war vermutlich die Operation »Hudson Harbor«. Sie gehörte offenbar zu einem größeren Projekt, das auch die Kooperation von Pentagon und CIA bei der Untersuchung des »möglichen Einsatzes von neuartigen Waffen« vorsah – ein euphemistischer Ausdruck für das, was heute Massenvernichtungswaffen heißt.

Selbst ohne den Einsatz solch »neuartiger Waffen« – dabei war auch Napalm damals noch ziemlich neu – wurde Nordkorea durch diesen Luftkrieg, dem Millionen Menschen zum Opfer fielen, dem Erdboden gleichgemacht. Die Überlebenden hausten in Höhlen. Drei Jahre lang hatten die Menschen mit der täglichen Angst gelebt, von Napalm verbrannt zu werden. »Es gab einfach kein Entrinnen«, erzählte mir ein Nordkoreaner Jahrzehnte später.

Am 20. Juni 1953 vermeldete die *New York Times* auf ihrer Titelseite die Hinrichtung der »sowjetischen Atomspione« Julius und Ethel Rosenberg[18] im New Yorker Gefängnis Sing Sing – in seiner Urteilsverkündung hatte der Richter die beiden auch mittelbar für den Tod von 50 000 US-amerikanischen Soldaten im Koreakrieg verantwortlich gemacht. Die kleiner gedruckten Kriegsberichte vom Tage enthielten die Mitteilung der US-Luftwaffe, dass ihre Flugzeuge die Staudämme von Kusong und Toksan in Nordkorea bombardiert hatten, und wie nebenbei die Nachricht, dass der nordkoreanische Rundfunk »große Schäden« an den beiden Wasserreservoiren vermeldet habe. Zu diesem Zeitpunkt war die Landwirtschaft der einzige Wirtschaftssektor, der in Korea noch einigermaßen funktionierte. Die Angriffe auf die Staudämme erfolgten im Frühjahr 1953 – kurz nachdem die Reisbauern die mühsame Arbeit des Reiseinpflanzens hinter sich gebracht hatten.

Viele Dörfer versanken in der Flutwelle oder wurden »flussabwärts mitgerissen«, und selbst Pjöngjang, das 43 Kilometer südlich des einen Dammes liegt, stand halb unter Wasser. In der offiziellen Geschichte der U.S. Air Force kann man nachlesen, dass die Flut, die durch den Zusammenbruch der Staumauer des Reservoirs von Toksan ausgelöst wurde, sechs Kilometer Bahngleise, fünf Brücken, drei Straßenkilometer und 1250 Hektar Reisfelder zerstört hat. In 200 000 Arbeitstagen wurde das Reservoir nach dem Krieg wiederhergestellt. Auch der 1932 errichtete Damm am Pujon-Fluss, der mit seiner Staukapazität von 670 Millionen Kubikmetern nicht nur ein 200 000-Kilowatt-Kraftwerk antrieb, sondern auch die Reisfelder unterhalb der Staumauer mit Wasser versorgte, wurde getroffen.[19]

Über die Anzahl der Landarbeiter, die bei den Angriffen auf diese und andere Dämme ihr Leben verloren, gibt es keine offiziellen Zahlen. Die Amerikaner rechtfertigten sich damit, dass sich die Bauern »loyal« zum Feind verhielten und »den kommunistischen Streitkräften direkte Hilfe leisteten«. Ihr Zerstörungswerk lehrte die US-Luftwaffe: »Dem Feind wurde exemplarisch die Totalität des Kriegs demonstriert, der sich auf die gesamte Wirtschaft und sämtliche Menschen einer Nation erstreckt.«[20]

Im Verlauf des Koreakriegs »richtete die US-Luftwaffe schreckliche Zerstörungen in ganz Nordkorea an«, resümiert der Militärstratege am Historischen Institut der US-Streitkräfte Conrad C. Crane: »Die Bilanz der Bombenschäden, die den Waffenstillstandsverhandlungen zugrunde lag, besagt, dass 18 der 22 größten Städte zumindest zur Hälfte zerstört worden waren.«[21] So wurden beispielsweise die beiden großen Industriestädte Hamhung und Hungnam zu etwa 80 Prozent zerstört, Sinajnu zu 100 Prozent und Pjöngjang zu 75 Prozent. Ein britischer Reporter, der eines von tausenden zerstörten Dörfern besucht hatte, fand nur noch »einen niedrigen, ausgedehnten Wall von violetter Asche« vor. Und General William Dean, der nach der Schlacht von Taejon im Juli 1950 in nordkoreanische Gefangenschaft geraten war, berichtete später, die meisten Städte und Dörfer im Norden seien »Ruinen oder verschneite, leere Flächen« gewesen. Nahezu jeder Koreaner, dem er damals begegnet sei, habe Angehörige durch Bombenangriffe verloren.[22] Selbst der britische Premier Winston Churchill war erschüttert und erklärte gegenüber dem US-Präsidenten, dass sich am Ende des Zweiten Weltkriegs, als das Napalm als Waffe erfunden wurde, niemand vorgestellt hätte, dass man damit kurze Zeit später die Zivilbevölkerung eines ganzen Landes »überschütten« würde.[23]

So sah er aus, der »begrenzte Krieg« in Korea. Als Nachruf auf diesen entfesselten Luftkrieg sei noch die Schilderung seines Erfinders, General Curtis LeMay, zitiert. Über den Beginn des Krieges sagte er 1966 in einem Interview: »Wir schoben beim Pentagon sozusagen eine Mitteilung unter der Tür durch, die in etwa lautete: ›Lasst uns doch […] fünf der größten Städte in Nordkorea niederbrennen – sie sind nicht besonders groß –, und damit dürfte die Angelegenheit dann beendet sein.‹ Nun, als Antwort kam das empörte Geschrei von vier, fünf Leuten: ›Ihr werdet eine Menge Nichtkombattanten töten‹, und: ›Nein, das ist zu schrecklich.‹ Doch dann haben wir innerhalb von etwa drei Jahren jede Stadt in Nordkorea und auch in Südkorea niedergebrannt. […] Tja, über einen Zeitraum von drei Jahren kann man das offenbar goutieren, aber ein paar Menschen zu töten, damit das gar nicht erst passiert, das können viele Leute eben nicht verkraften.«[24]

Aus dem Englischen von Niels Kadritzke

1 Siehe Stephen Endicott, Edward Hagerman, »Der Koreakrieg als Testfeld für die biologische Kriegführung«, *Le Monde diplomatique,* Juli 1999.
2 Siehe Clair Blair Jr., »The Forgotten War: America in Korea 1950–1953«, New York (Random House) 1989, S. 515.
3 National Archives, Aktenbestand 995 000, Karton 6175. Barretts Bericht datiert vom 8. Februar 1951, Achesons Brief an die US-Botschaft in Busan vom 17. Februar 1951.
4 National Archives, RG338, KMAG file, box 5418, KMAG journal, Einträge vom 6., 16., 20. und 26. August 1950.
5 *The New York Times* vom 31. Juli, 2. August und 1. September 1950.
6 »Air War in Korea«, *Air University Quarterly Review,* Bd. IV, Nr. 2 (1950), S. 19–40; »Precision Bombing«, *Air University Quarterly Review,* Bd. IV, Nr. 4 (1951), S. 58–65.
7 Siehe MacArthur Archives, RG6, box 1; Stratemeyer an MacArthur, 8. November 1950; zu den englischen Quellen: Public Record Office (London), FO 317, piece no. 84072, Bouchier to Chiefs of Staff, 6. November 1950; piece no. 84 073, 25. November 1959.
8 Bruce Cumings, »The Origins of the Korean War«, Bd. 2, Princeton (Princeton Universitiy Press) 1990, S. 753 f.
9 Truman Presidential Library, PSF, CIA file, box 248, Report vom 15. Dezember 1950.
10 Siehe die Titelgeschichte »Why America Scares the World« in *Newsweek* vom 24. März 2003.
11 Ausführlich hierzu, mit Dokumenten aus vormals geheimen Archiven: Cumings (siehe Anmerkung 8), S. 747–753.
12 *The New York Times* vom 30. November und 1. Dezember 1950.
13 Hoyt Vandenberg Papers, box 86, Schreiben von Stratemeyer an Vandenberg vom 30. November 1950; Schreiben von LeMay an Vandenberg vom 2. Dezember 1950.
14 Cumings (siehe Anmerkung 8), S. 750. Die Interviews, die Bob Considine und Jim Lucas 1954 mit MacArthur führten, wurden in der *New York Times* vom 9. April 1964 veröffentlicht.
15 Eine Verlegung von Luftstreitkräften in diesem Umfang wird durch Dokumente, die nach der Auflösung der Sowjetunion freigegeben wurden, nicht bestätigt. Allerdings steht fest, dass die US-Geheimdienste davon ausgingen, dass diese Verlegung stattgefunden hatte – vielleicht aufgrund einer Desinformation seitens der Chinesen.
16 Damit ist nicht der Einsatz »taktischer Atomwaffen« gemeint, die es 1951 noch nicht gab, sondern der Einsatz der Mark IV im Rahmen eines bestimmten Kampfgeschehens, so wie im August 1950 B-29-Bomber mit schweren konventionellen Bomben in die Bodenkämpfe eingegriffen hatten.
17 Siehe Fred Kaplan, »The Wizards of Armageddon«, New York (Simon & Schuster) 1983, S. 220. Über Oppenheimer und das Projekt Vista siehe auch Cumings (siehe Anmerkung 8), S. 751 f., und David C. Elliot, »Project Vista and Nuclear Weapons in Europe«, in: *International Security 2,* Nr. 1 (Sommer 1986), S. 163–183.
18 Die Rosenbergs wurden als »Hochverräter« verurteilt. Man warf ihnen die Weitergabe geheimer Informationen über die Atombombe vor. Siehe Schofield Coryell, »Warum mussten die Rosenbergs sterben?«, *Le Monde diplomatique,* Mai 1996.
19 Hermann Lautensach, »Korea: A Geography based on the Author's Travels and Literature«, Berlin (Springer) 1945 (1988), S. 202.
20 »The Attack on the Irrigation Dams in North Korea«, *Air University Quarterly,* Bd. 6, Nr. 4, 1953, S. 40–51.
21 Conrad C. Crane, »American Airpower Strategie in Korea 1950–1953«, Lawrence (University Press of Kansas), 2000, S. 168 f. Crane veröffentlichte 2003 mit Andrew Terrill auch eine kritische Studie zum Irakkrieg: Conrad C. Crane und W. Andrew Terrill, »Reconstructing Iraq: Insights, Challenges, and Missions for Military Forces in a Post-Conflict Scenario«, Carlisle (US Army War College Press) 2003.
22 Crane, »American Airpower Strategie in Korea 1950–1953«.
23 Jon Halliday und Bruce Cumings, »Korea: The Unknown War«, New York (Pantheon Books) 1988, S. 166.
24 John Foster Dulles Papers, Oral History Curtis LeMay, 28. April 1966.

Erstmals erschienen in *Le Monde diplomatique* vom Dezember 2004.

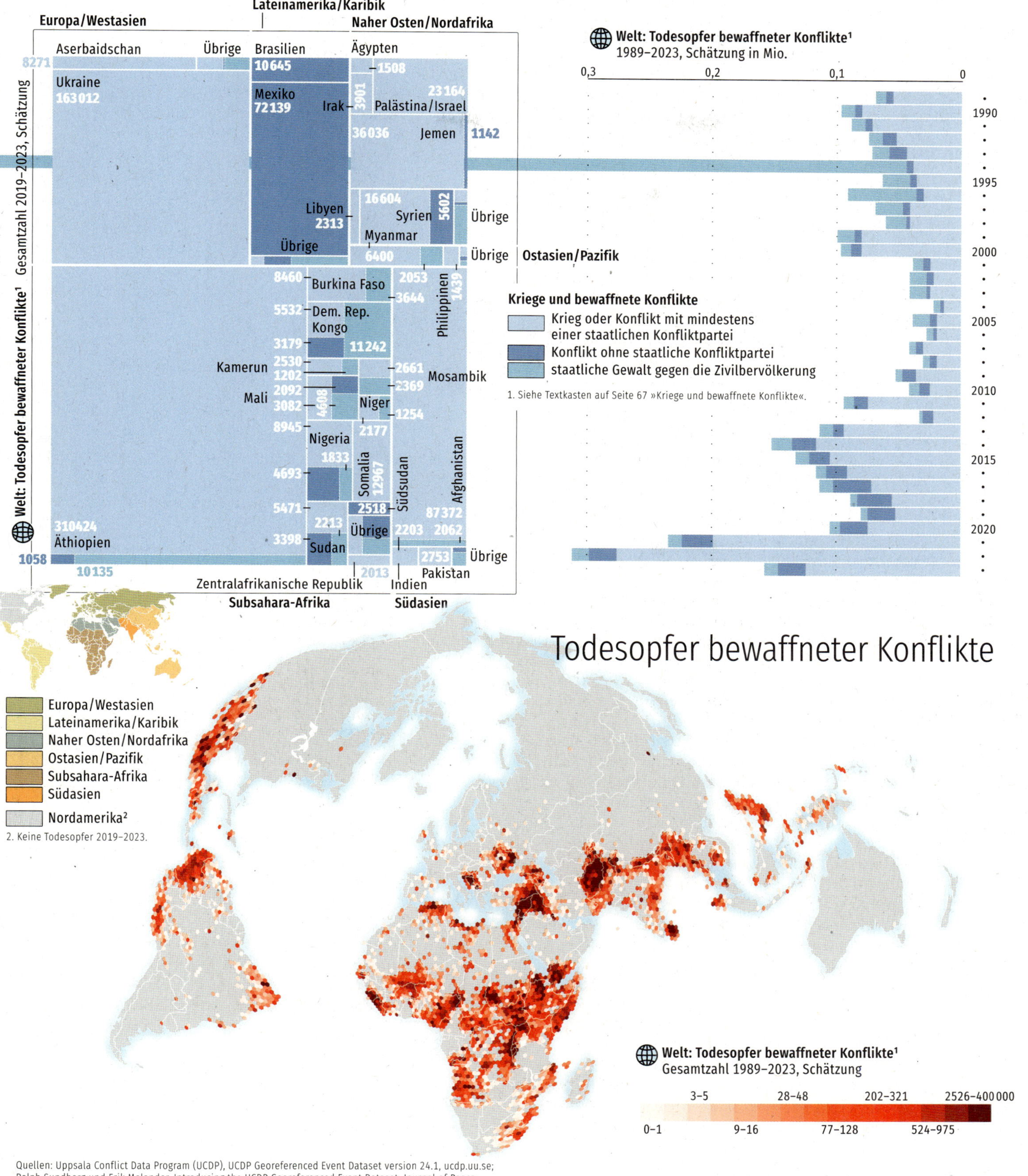

Quellen: Uppsala Conflict Data Program (UCDP), UCDP Georeferenced Event Dataset version 24.1, ucdp.uu.se; Ralph Sundberg und Erik Melander, Introducing the UCDP Georeferenced Event Dataset, Journal of Peace Research 50(4), 2013, doi: 10.1177/0022343313484347. ■ Adolf Buitenhuis | Le Monde diplomatique, Berlin

Sprache in Zeiten des Krieges

Sowjetisches Ehrenmal an der Straße des 17. Juni. Berlin, August 2011. SCHWARZ | CARO/PICTURE ALLIANCE

Von Katharina Döbler

Nach dem hastigen Abzug aus Afghanistan im Sommer 2021 herrschte ein paar Monate beschämtes Schweigen. Aber im Februar 2022 tauchten sie wieder auf, in Großbuchstaben geschrieben und gepriesen: die Westlichen Werte. Was uns von der Barbarei trennt, unser Distinktionsmerkmal gegenüber dem Rest der Welt, wird seither in der Ukraine verteidigt, nicht mehr am Hindukusch.

Im Gegensatz zu dort geht es in der Ukraine allerdings um den klaren Wunsch einer Bevölkerungsmehrheit, die einem Europa angehören will, das diese westlichen Werte für sich reklamiert. Wobei der Mythos von Europa besagt, dass Demokratie, Freiheit und Rechtsstaatlichkeit automatisch Wohlstand einschließen. Dass der Reichtum Europas auf kolonialen Plünderungen quer durch die Kontinente beruht, kommt in dieser mythischen Selbsterzählung nicht vor.

Der Europa-Mythos hat wie alle Mythen den Vorteil, dass er sehr dehnbar ist. Mythen werden nicht an Realitäten gemessen, weil sie über der Realität schweben. Und sie überleben mühelos jeden Untergang. Auch der Mythos vom freiheitlichen, demokratischen Europa ist nach zwei Weltkriegen und einem jahrzehntelangen Kalten Krieg eher gewachsen. Die Zurückhaltung der allermeisten Deutschen im Hinblick auf Nationalismus schmilzt dahin, wenn dieser im Kontext von Europa und Recht und Freiheit auftritt. Ihr patriotischer Stolz liegt im Konstrukt dieser mythischen Verbindung. Hier existiert ein großes WIR, bei dem vor allem diskutiert wird, wer das Recht hat, diesem WIR anzugehören – innerhalb unseres Landes und außerhalb.

Der russische Angriffskrieg erfolgte gegen ein Land, das den Anspruch erhoben hatte, sich diesem WIR anzuschließen – ein Anspruch, der zunächst abgewehrt wurde, denn das Land liegt ja von hier aus betrachtet ziemlich weit im Osten; die Bedenken waren groß. Aber dort sterben Menschen unter Bomben, Städte werden zerstört, da können wir nicht einfach zusehen – auch wenn wir in Syrien, in Tschetschenien, im Irak zugesehen haben und gegenwärtig in Gaza und im Sudan zusehen. Denn die Getöteten sehen aus wie wir, und ihr Krieg ist nah. Und dann, so das gängige Narrativ: Die Ukraine wurde angegriffen, weil sie die westlichen Werte für sich reklamierte. Der Krieg, so der zwangsläufige Schluss, richtet sich eigentlich gegen UNS. Die Ukraine, so war im Frühjahr 2022 in der *FAZ* zu lesen, »hält die Front, die Europa von der Barbarei trennt«.

So wird seither geschrieben und gesprochen: eisern und militaristisch. Front halten. Wehrhaft. Mit Worten wie feige – gemünzt auf ukrainische Männer, die nicht in den Krieg ziehen wollen. Und heldenhaft – für die, die es tun.

Die aus einem überfallenen Land geborgte Sprache des Krieges wurde Teil der Rüstung, die sich Europa seither anlegt. Das der Ukraine durch die russische Invasion aufgezwungene Heldentum wurde umstandslos in den Mythos Europa integriert. Die Verzweiflung, die Wut und die nationale Selbstbehauptung eines Landes im Krieg ging in Europas neue pathetische Sprache ein. Wir stehen fest an der Seite der Ukraine, koste es, was es wolle, und arbeiten an unserer Verteidigungsbereitschaft.

Sehr bald nach Beginn des Krieges kam die Forderung auf, den Himmel über der Ukraine zu schließen. Die Stimmung in diesen Tagen war so, dass Wir angesichts eines Krieges in Europa etwas Starkes, etwas Durchschlagendes tun wollten. Und den Himmel zu schließen, vonseiten der Ukraine als militärische Maßnahme gefordert, hatte poetische Wucht und mythologische Größe. Aber man kann den Himmel nicht schließen, man kann nur Luftschlachten führen, was keineswegs poetisch ist, sondern mörderisch, und unabsehbare Folgen gehabt hätte.

Die damalige Hilflosigkeit brachte symbolische Übersprungshandlungen hervor, wie der Vorstoß eines Berliner CDU-Bezirksabgeordneten, das Thälmann-Denkmal einzuschmelzen und den Erlös in die Ukraine zu schicken. Andere wollten auch gleich das Denkmal mit dem kleinen sowjetischen Panzer an der Straße des 17. Juni in Berlin abreißen. Sogar an der University of Florida griff man auf diese Weise ins Kriegsgeschehen ein und benannte den Karl Marx study room um, so dass er seither den schlichten, des Bolschewismus und alles Russischen unverdächtigen Namen room 229 trägt. Commies lose again!, feierten rechte Plattformen diese erneute Niederlage des Sowjetkommunismus.

Erinnert sich noch jemand, wie während des Zweiten Irakkriegs, als mehrere europäische Staaten sich der Teilnahme verweigerten, in den USA French Fries in Freedom Fries umgetauft wurden? Nicht alle sprachlichen Veränderungen in Zeiten des Krieges sind so albern und vergleichsweise harmlos, falls Sprache je harmlos sein kann.

Wenn Sprache zu Waffen geschmiedet wird, ist es schwer, die richtigen Worte zu finden für die eigene Haltung. Was bedeutet dieses verbal bewaffnete europäische Wir wirklich? Was daran ist mythologisch und was real, und wie kann ich mich als denkendes, fühlendes und einer Identität bedürftiges Individuum in dieses Wir einfügen?

Die Literaturnobelpreisträgerin Swetlana Alexijewitsch, die aus einer ukrainisch-belarussischen Familie stammt, hat großartige vielstimmige Chroniken geschrieben, von denen eine heißt: »Der Krieg hat kein weibliches Gesicht.« Sie erklärte in einer öffentlichen Rede im März 2022, in der Ukraine sei gerade ein Kampf des Lichts gegen die Finsternis im Gange. Mit diesen Worten stellte sie eine mythologische Ordnung her und uns, ihre Zuhörer, auf die Seite des Lichts.

So gern man sich auf dieser Seite sieht, was bei einem Angriffskrieg, den man nicht selbst unternimmt, ja nicht schwer ist: Diese mentale Grenzziehung, die in ihrer unerbittlichen Gradheit an koloniale Landaufteilungen erinnert, ist wie ein brutaler Strich durch eine ethisch vielfältig gegliederte Landschaft mit Bergschatten, Sümpfen und Flachland. Westlich davon liegt Unsere Seite mit Werten, die wir tagtäglich verraten, zuletzt und anhaltend in Gaza.

Das diffuse Bewusstsein, auf der guten, europäischen, westlichen Seite zu stehen, diesseits des Strichs, der Licht und Finsternis scheidet, erzeugt einen Nebel, der den klaren Blick trübt. Denn für den Rest der Welt stellen sich die Beleuchtungsverhältnisse anders dar. Schaut man nach Lateinamerika, nach Afrika, nach Asien, über den europäischen Tellerrand hinaus, wird deutlich, dass dieser unser Wurmfortsatz von einem Kontinent nicht der Ort ist, wo die globale Trennlinie zwischen Gut und Böse verläuft.

Die Politologin Martha Bakwesegha-Osula aus Nairobi schrieb im *Journal für Internationale Politik* mit einiger Bitterkeit, der russische Krieg gegen die Ukraine erinnere daran, »dass die internationalen Reaktionen auf politische und wirtschaftliche Herausforderungen – auch in einer Welt, die in ihrer Ausrichtung vermeintlich multilateral ist – eher durch geostrategische Kalküle als durch menschenfreundliche Wertvorstellungen bestimmt werden«.

Wenn es nun um Geostrategie geht und nicht um das Selbstbestimmungsrecht der Völker, um Freiheitsrechte, um Demokratie, um einen Angriff auf eine mythologische Wertegemeinschaft, was bleibt dann von der leidenschaftlichen Parteinahme für die Ukraine außer der reinen Angst, selbst zum Ziel eines Angriffs zu werden?

Für uns Deutsche scheint sich durch die Waffenlieferungen für die Ukraine (und die westlichen Werte) die Barbarei unserer Vorväter erledigt zu haben. Aufrüstung heißt jetzt Zeitenwende. Unser Verteidigungsminister ist der mit Abstand beliebteste Spitzenpolitiker des Landes.

Die Bundeswehr wird wichtiger und soll wehrhafter werden, auch ehrenhafter, und zwar paradoxerweise indem sie ihr Verhältnis zur Wehrmacht mental überarbeitet: Deren ehemalige Soldaten, die in die Bundeswehr übernommen wurden, sollen nun in den Traditionskanon Eingang finden. Denn, so schrieb Generalleutnant Kai Rohrschneider im Juli 2024, sie »hatten sich zu großen Teilen im Gefecht bewährt und verfügten somit über Kriegserfahrungen, die beim Aufbau der Bundeswehr unentbehrlich waren«. Da hilft die Vorstellung, beim nächsten Krieg dem Guten zu dienen, auf der richtigen Seite zu stehen, westlich des großen Strichs, der West und Ost, Gut und Böse trennt. Uns von Denen.

Oder wie mein Großonkel gesagt hätte: vom Russen. »Der Russe«, manchmal auch »der Iwan«, existierte unter kalten Kriegern und Weltkriegsveteranen sprachlich nur im Singular, pars pro toto, sie sind alle gleich. »Wenn der Russe kommt, wird es finster in Europa«, sagte mein Großonkel. Die Existenz der Berliner Mauer kommentierte er mit den Worten: »Wenn die Bundeswehr nicht so eine Gurkentruppe wäre, hätten wir dem Russen das nicht durchgehen lassen.«

»In der Sprache berühren sich Erwartung und Erfüllung«, schreibt Ludwig Wittgenstein in Absatz 445 seiner »Philosophischen Untersuchungen«.

Die alte Feindschaft, auch die alte Angst vor Russland beziehungsweise der Sowjetunion beziehungsweise einem totalitären System macht es uns leicht, den verzweifelten Patriotismus und Nationalismus eines angegriffenen Landes zu übernehmen. Aber abgesehen davon, dass aus Nationalismus noch nie etwas Gutes gekommen ist: Es ist nicht unsere Nation. Es ist auch nicht unser Patriotismus.

Dabei ist es überaus komfortabel, einmal keine kritischen Abstriche machen zu müssen: Keine Vorsicht mehr im Umgang mit Nationalstolz. Dem Gefühl der Empörung, auch der Rachsucht, einfach nachgeben. Einfach mal simpel sein. Unkompliziert denken: Wir stehen auf der Seite des heldenhaften Volkes der Ukraine.

Wenn Deutschland jedoch verbal und materiell aufrüstet, wenn die Waffenindustrie boomt und Worte wie Schlagkraft, Kriegstüchtigkeit und Wehrhaftigkeit in unser Alltagsvokabular zurückkehren, dann nicht aus Solidarität mit einem anderen Land oder aus hemmungsloser Begeisterung für unsere westlichen Werte, sondern schlicht aus Angst um uns selbst.

Ich erinnere mich an eine Filmsequenz aus den ersten Wochen des Krieges in der Ukraine, in der ein sehr junger Mann zu Wort kam. Er machte Handstand auf einer Hand, turnte in komplizierten Schrauben auf dem Klettergerüst eines Kinderspielplatzes. Er war Akrobat. Ich will kein Soldat sein, sagte er. Ich will nicht schießen.

Er würde einen guten Bürger des mythologischen Europa abgeben, frei und selbstbestimmt, wie er war.

Was mag er jetzt sein? Ein Soldat? Ein Verräter? Ein Feigling? Ein Held? Und wo mag er sein? Im Osten der Ukraine? Im Gebiet von Kursk, Russland? Über oder unter der Erde?

Mobilmachung des Wissens

Vom Vietnamkrieg bis zum israelischen Gaza-Feldzug – der Einsatz von Psychologie und künstlicher Intelligenz

Operationszentrale für den unbemannten Hunter-Hubschrauber auf der 17. Internationalen Helikopterindustrie-Ausstellung, Moskau, Juni 2024. BELKIN ALEXEY | GLOBALLOOKPRESS.COM/PICTURE ALLIANCE

Von Olivier Koch

Hinter einem Bildschirm sitzt ein Soldat und steuert eine Drohne. Tausende Kilometer vom Einsatzgebiet entfernt, eröffnet er das Feuer auf Personen am Boden – ein mittlerweile übliches Szenario im Nahen Osten, im Irak, in Palästina, im Jemen und in Afrika, etwa im Kampf gegen al-Qaida oder Boko Haram.

Doch wie erkennt man den Feind? Die Militärs zielen inzwischen nicht mehr auf Individuen, die zuvor von Aufklärungseinheiten vor Ort identifiziert worden sind. Vielmehr nehmen sie eine bestimmte Datenstruktur, die auf abweichendes Auftreten hinweist, ins Visier. Stufen die Analysten jemanden, der sich deviant gebärdet, als gefährlich ein, können Sie seine »Neutralisierung« ins Auge fassen. Manchmal geschieht das sogar, ohne dass die Identität des Betroffenen vor seiner Tötung bekannt ist. Entscheidend sind vor allem die gesammelten Spuren und Big Data, die zu einer Verhaltenssignatur zusammengesetzt werden: Was macht die Person? Wen trifft sie?

Die Computerisierung des Schlachtfelds begann in den 1940er Jahren mit der Entstehung der Kybernetik. In den USA wurde sie während des Vietnamkriegs (1955–1975) durch die Darpa (Defense Advanced Research Projects Agency) weiterentwickelt, eine auf Verteidigung spezialisierte Forschungsagentur. Seitdem setzt die Armee Computer und Big Data ein, um Waffen zu lenken und Raketen fernzusteuern. Die Besetzung des Irak markierte einen Wendepunkt. Erstmals steuerte das Pentagon mit komplexen Computersystemen Armeeeinheiten auf »menschlichem Terrain«. Mit diesem Euphemismus bezeichnet das Militär schlicht die Bevölkerung.

2003, nach dem Sturz Saddam Husseins, mündete der Krieg in einen asymmetrischen Konflikt zwischen den Streitkräften der internationalen Koalition und bewaffneten Milizen. Die US-Armee besinnt sich seitdem auf die Kunst der Aufstandsbekämpfung, die sie schon in Vietnam praktiziert hat. Zwei Ziele stehen dabei im Vordergrund: Kämpfer von Zivilisten zu unterscheiden und die Unterstützung der Zivilbevölkerung für die bewaffneten Gruppen zu unterbinden. Im Rahmen dieser bevölkerungszentrierten Kriegslogik verwenden die Besatzungstruppen eine neue Kartografie: Berge, Ebenen und Flüsse sind darin nicht verzeichnet. Stattdessen ortet sie »Aufständische« in einer sozialen Umgebung. Verhaltensweisen, Ortswechsel und Interaktionen mit anderen werden registriert und auf Kontrollbildschirmen visualisiert. Der Feind erscheint auf diesen Karten als Knotenpunkt eines Netzwerks.

Die bei der Aufstandsbekämpfung eingesetzte Software greift auf sozialwissenschaftliche Verhaltensmodelle zurück. Damit das System funktioniert, muss die Gesellschaft engmaschig überwacht werden. 2008 brachte das Pentagon das Human Socio-Cultural Behavior Modeling Program (HSCB) auf den Weg, in dessen Rahmen auch das Projekt »Social Radar« vorangetrieben wurde. Die unter diesem Namen entwickelte Software verarbeitet große Datenmengen aus Medien und sozialen Netzwerken sowie Erkenntnisse der Geheimdienste. Mit dem Social Radar soll etwa Sympathien in der Bevölkerung für eine Protestbewegung gemessen werden.

Dafür kombiniert der Radar die Analyse der Onlinekommunikation mit einer Gefühlsanalyse. Er ermittelt, welche Themen die Internetnutzer hauptsächlich diskutieren, und verknüpft sie mit den zum Ausdruck gebrachten Emotionen. Auf dieser Grundlage zeichnen sich »sentiment-target constellations«[1] ab, die dann von der Besatzungsmacht zur psychologischen Kriegsführung genutzt werden. Dienen Radargeräte an Bord von Flugzeugen und Schiffen dazu, Objekte im Kampfgebiet zu orten, verfolgt »Social Radar« das Ziel, die psychosozialen Tiefen der Gesellschaften zu durchdringen, um relevante Veränderungen aufzuspüren.

Im 19. und 20. Jahrhundert bildete die Zivilmoral den Mittelpunkt der Staatspropaganda. Ein Krieg ließe sich nur schwer ohne Unterstützung der Bevölkerung gewinnen, so die Erkenntnis. Regelmäßig wurden Sozial- und Geisteswissenschaften mobilisiert, um Überzeugungstechniken zu perfektionieren und so zum Sieg beizutragen. Die Instrumente der »sozialen Radiografie« stehen in dieser Tradition, unterscheiden sich von ihren Vorgängern aber mindestens in zwei Punkten. Zum einen liegt ihnen der Wunsch zugrunde, das Aufflammen von Unruhen automatisch zu registrieren. Zum anderen soll das alles in Echtzeit geschehen, ohne langwierige Observierungen und Interpretationsprozesse. Vergangen sind die Zeiten, in denen Experten dem Kriegsherrn widersprüchliche Ansichten einflüsterten.

Eine solche Automatisierung der Prognose kam erstmals bei der Aufstandsbekämpfung im Irak zur Anwendung. Im Rahmen des HSCB-Programms finanziert das Pentagon bis heute das Integrated Crisis Early Warning System (ICEWS). Dieses Krisen-Frühwarnsystem wertet Daten zu unterschiedlichen Ländern und ihrer Bevölkerung aus. Auch dieses moderne Orakel bezieht seine Daten aus Medien und sozialen Netzwerken. Soziale Bewegungen werden von ihm lediglich als Sicherheitsrisiko betrachtet. Die Frage nach Gerechtigkeit spielt eine untergeordnete Rolle.

Doch trotz der technologischen Potenz, die im ICEWS und Social Radar steckt, funktionieren die Prognosetools mehr schlecht als recht. Die Vorhersage von Unruhen erfolgt ja auf Grundlage von Äußerungen in den Medien und sozialen Netzwerken. So ist zu erklären, dass die Algorithmen 2011 und 2012 beim Arabischen Frühling nicht Alarm schlugen. Offenbar haben die Programmierer nicht verstanden, dass Revolten ihren Anfang weder auf Facebook noch auf X (damals Twitter) nehmen, sondern offline. Das war in den armen Regionen Ägyptens oder Tunesiens der Fall. Eine weitere Schwäche: Die gescannten Medien bilden die Realität nicht immer verlässlich ab, vor allem nicht, wenn sie vom herrschenden Regime oder von Wirtschaftsinteressen gelenkt werden.

Im Frühjahr 2024 enthüllten das israelische Investigativmagazin +972 und die hebräisch-sprachige Nachrichtenwebsite *Sikha Mekomit (Local Call)*, dass die israelische Armee ein KI-basiertes Programm namens »Lavender« entwickelt hat.[3] Dessen Subsystem »Where's Daddy?« unterscheidet nicht zwischen Menschen und Gebäuden. Die menschlichen Ziele werden auf einer Abschussliste registriert. Wenn deren Standort ermittelt wurde, wird ohne Rücksicht auf die übrigen Bewohner:innen und deren Alter bombardiert. Die israelische Armee nimmt den Tod von unbeteiligten Männern, Frauen und Kindern also bewusst in Kauf. Tatsächlich sollen der Terror und der Schaden, den solche Bombardements bei Nichtkombattanten anrichten, dazu beitragen, die Moral der palästinensischen Bevölkerung zu erschüttern, erklärten die von Yuval Abraham interviewten israelischen Militärs. Man will die Zivilisten dazu zwingen, Druck auf die Hamas auszuüben. Die Spitzentechnologie dient somit einer Form des Staatsterrorismus, von der westliche Armeen in der modernen Geschichte der Aufstandsbekämpfung schon oft Gebrauch gemacht haben.

In diesem Krieg, in dem die KI eine immer größere Rolle spielt, wird die Differenzierung zugunsten der Quantität geopfert. Die automatische Zielgenerierung beruht quasi auf einem quantitativen Blick auf den Gegner. Auf eine Zahl reduziert, verliert er sein Gesicht und wird entmenschlicht. Diese KI-Systeme sind jedoch nicht autonom. Sie funktionieren nicht von selbst. Hinter Lavender, Where's Daddy? oder Hasbora – ein KI-System, das Ziele rasend schnell generieren kann – also hinter all diesen komplexen Instrumenten, die die Entscheidung zum Töten unterstützen, stehen politische Entscheidungen: Gilt bei einem Gegenangriff das Prinzip der Verhältnismäßigkeit oder spielt das keine Rolle mehr? Die Anwendung dieses Prinzips hängt davon ab, wie der Gegner – vermittelt durch die Kriegspropaganda – politisch eingeordnet wird; was er ist oder nicht mehr sein darf.

Die Enthumanisierung ist also nicht nur Produkt eines perfektionierten technischen Systems. Sie zeigte sich schon im Vorfeld in den politischen Reden der regierenden Funktionsträger. Nicht von ungefähr verglich der israelische Verteidigungsminister Joav Galant die Palästinenser am 9. Oktober 2023 – zu Beginn der Gaza-Operation »Eisernes Schwert« – mit »menschlichen Tieren«. Der israelische Ministerpräsident Benjamin Netanjahu hatte sie schon 2016 mit »wilden Tieren« gleichgesetzt. In der Geschichte der Massenmorde begannen Völkermorde oft mit der Animalisierung des Gegners. Auch bei der Mobilmachung mit Big Data dient die KI lediglich als Instrument, das die Entscheidung zu töten unterstützt. Der Befehl zum Massenmord wird anderswo erteilt.

Aus dem Französischen von Markus Greiß

1 Barry Costa und John Boiney, »Social radar«, Mitre Corporation, McLean (Virginia), 2012 www.mitre.org.
2 Global Cultural Knowledge Network, www.community.apan.org.
3 Siehe Yuval Abraham, »›Lavender‹: The AI machine directing Israel's bombing spree in Gaza«, *+972*, 3. April 2024.

Erstmal erschienen in *Le Monde diplomatique* vom September 2019. Aktualisiert.

Amerikas neue Waffennarren

Von Maëlle Mariette und Franck Poupeau

Die junge Frau schiebt das Magazin energisch in die Waffe und drückt ab. Im Bruchteil einer Sekunde fliegt die Patronenhülse durch die Luft und es breitet sich der beißende Gestank von Schießpulver aus. Sandra richtet das Fernglas auf die Zielscheibe, legt ihre Smith & Wesson M&P 40 Shield auf den Tisch und ruft: »Ins Schwarze!«

Die Schützin, Migrantin aus Mexiko, Krankenpflegerin von Beruf, trainiert erst seit Kurzem an der Waffe. Wir treffen sie an einem Samstagmorgen auf dem öffentlichen Schießplatz der Ben Avery Shooting Facility im Norden von Phoenix, Arizona. Die Gun Ranch, die zwischen riesigen Saguaro-Kakteen mitten in der Wüste liegt, ist mit 668 Hektar die größte Schießanlage dieser Art in den USA. Unter einem rustikalen Holzdach reihen sich kleine Schießtische aus Zement, so weit das Auge reicht. Hinter ihnen üben die Schützen allein oder mit ihren Familien – der Zutritt ist ab fünf Jahren erlaubt – eifrig am Luftgewehr, an der Halbautomatik oder einem Weitschussgewehr.

Die Temperatur erreicht an diesem Morgen schon 43 Grad. Doch die Schützen lassen sich durch nichts stören. Nur die Zielscheibe zählt: konzentrische Kreise, menschliche Gesichter oder kleine bunte Außerirdische, die vor allem den Kindern so gefallen. Alle müssen Ohrschützer und Schutzbrillen tragen. Bevor es am Ende zu den Picknicktischen mit eingebautem Grill geht, werden die auf dem Boden verstreuten Patronenhülsen ordentlich zusammengefegt.

»Seit der Coronapandemie läuft der Laden ziemlich gut«, erzählt John, Besitzer eines Waffenladens in Cave Creek am nördlichen Stadtrand von Phoenix. 2020 wurden in den USA 23 Millionen Schusswaffen verkauft, 8,4 Millionen der Privatkunden waren Erstkäufer.[1] Seine neuen Kunden seien allerdings eher untypisch gewesen, erklärt John hinter seiner Glasvitrine, in der alle möglichen Waffenmodelle und -größen ausliegen. Laut einer im Dezember 2021 veröffentlichten Studie waren damals die Hälfte der Waffenkäufer weiblich und 40 Prozent gehörten einer ethnischen Minderheit an.[2]

Colette Jennings hat ihre erste Waffe 2016 gekauft, als Donald Trump gewählt wurde: »Wie viele Schwarze hab ich mir Sorgen gemacht wegen der vielen Angriffe auf Afroamerikaner bei Trumps Wahlkampfauftritten und wegen der Hasskommentare seiner Anhänger in den sozialen Medien.« Seither hat die junge Frau ihre Waffe immer dabei.

Als im Mai 2020 George Floyd von einem weißen Polizisten ermordet wurde, kam es mit »Black Lives Matter« im ganzen Land zu riesigen Protesten. Da beschloss Colette Jennings, sich fortan für das in der US-Verfassung verbriefte individuelle Recht auf Waffenbesitz (Second Amendment) einzusetzen.

Jennings ist kein Einzelfall. 2020 stieg die Zahl der Mitglieder in der National African American Gun Association (NAAGA) um mehr als 25 Prozent – vor allem durch den Beitritt von Frauen. Der 2015 gegründeten Organisation gehören inzwischen fast 50 000 Menschen an – obwohl Schwarze mit einer Waffe oft ins Visier der Polizei geraten. So wurde etwa Colette Jennings' Bruder nur deshalb verhaftet, weil die Polizei in seiner Tasche eine Waffe fand. Dergleichen geschieht Weißen eher selten.

Als Ronald Reagan Gouverneur von Kalifornien war, erließ er ein Gesetz, den Mulford Act von 1967, mit dem das Tragen von geladenen Waffen in der Öffentlichkeit verboten wurde. Es richtete sich in erster Linie gegen die Black-Panther-Aktivisten, die damals durch die Straßen von Oakland patrouillierten, um ihrerseits die Polizei zu kontrollieren. Gesetze zur Waffenkontrolle zielten schon immer darauf ab, die Schwarze Bevölkerung zu unterdrücken[3] – zuerst um Revolten auf den Plantagen zur Zeit der Sklaverei zu verhindern und dann in der Jim-Crow-Ära zwischen 1877 bis 1964, als Schwarze zwar nicht mehr versklavt, aber einem brutalen System der Segregation unterworfen waren.[4]

Philip Smith, Gründer und Vorsitzender der NAAGA, verbindet mit dem Recht auf Waffenbesitz daher auch so etwas wie eine Wiedergutmachung und Anerkennung: »Wir haben für dieses Land gekämpft und sind für dieses Land gestorben, obwohl wir nichts als Sklaven waren. Das Recht auf Waffenbesitz ist Teil unserer amerikanischen Staatsbürgerschaft.«[5]

2020 kamen in den USA aber auch 19 613 Menschen durch Schusswaffen ums Leben[6] – ein historischer Anstieg um 25 Prozent im Vergleich zum Vorjahr und zugleich ein Wendepunkt: 2021 stiegen die Opferzahlen erstmals auf über 20 000, und viele kamen in Massenschießereien mit vier und mehr Toten ums Leben.

Nicht nur Afroamerikaner legen sich immer häufiger Waffen zu. Im April 2020 gründete Philip Gomez, Jurastudent an der University of California in Berkeley und mexikanischer Herkunft, die Latino Rifle Association. Auslöser war das Massaker in einem Walmart in El Paso im August 2019 mit 23 Toten. Der Attentäter, der im Juli 2023 zu mehreren lebenslangen Haftstrafen verurteilt wurde, hatte mit einem Sturmgewehr auf Menschen mit augenscheinlich hispanischem Hintergrund gezielt.

Die Latino Rifle Association schult ihre Mitglieder in Selbstverteidigung, damit sie zum Üben nicht in die üblichen Waffenklubs gehen müssen, wo Konföderiertenflaggen hängen und an den Gewehren der antimexikanische Trump-Slogan »Build That Wall!« klebt.

Auch die LGBTQI-Community organisiert sich. Wir treffen Jason D., den Vorsitzenden der Phoenix-Sektion des Waffenklubs Pink

Avery Skipalis aus Tampa, Florida. Aus: Gabriele Galimberti und Gea Scancarello, »The Ameriguns«, Manchester (Dewis Lewis Publishing) 2020. ■ GABRIELE GALIMBERTI

Pistols, nach seinem Training in Shooter's World, einem Schießstand im armen industriellen Randgebiet von Phoenix: »Das hier ist einer der wenigen Orte, wo wir nicht gemobbt werden. Wir treffen uns einmal pro Woche. Aber eigentlich mag ich keine Waffen, ich schieße auch nicht gern.« Dann zählt er die letzten homo- und transphoben Angriffe mit Waffen auf. Die meisten Opfer gab es bei dem Massaker von Orlando (Florida), als ein Mann am 12. Juni 2016

»Von 50 Millionen Waffenbesitzern sind ungefähr 20 Millionen Konservative, etwa die gleiche Anzahl bezeichnet sich als politisch gemäßigt, die restlichen bezeichnen sich als Liberale.«

im Nachtclub Pulse 49 Menschen erschoss und mindestens 53 teilweise schwer verletzt wurden.

Der typische Waffenbesitzer sei zwar nach wie vor der weiße, alte, männliche, politisch konservative Südstaatler vom Land, erklärt David Yamane, Gründer des Blogs Gun Culture 20 und Soziologieprofessor an der Wake Forest University in Winston-Salem (North Carolina). Doch insgesamt sei das Spektrum vielfältiger: »Von 50 Millionen Waffenbesitzern sind ungefähr 20 Millionen traditionelle Konservative, etwa die gleiche Anzahl bezeichnet sich als politisch gemäßigt, die restlichen bezeichnen sich als Liberale.« Was im US-Kontext gemäßigte Linke meint. Die meisten Neubesitzer kämen aus dieser Gruppe, zu der Yamane »Sozialisten und Anarchisten, aber auch Libertäre und Demokraten« zählt – und Menschen, die dem Staat prinzipiell misstrauen: »zuvorderst Afroamerikaner und Latinos«.

Lara Smith, Anwältin aus Kalifornien, ist nationale Sprecherin des Liberal Gun Club (LGC), des Gegenvereins zur National Rifle Association (NRA) und deren mächtige Lobbyorganisation, das Institute for Legislative Action (ILA).[7] Der LGC sei 2008 als Antimodell gegründet worden zu der rassistischen, extrem rechten Haltung, die in der Welt der Waffen dominiert, erzählt Smith.[8] Nach dem Einzug von Trump ins Weiße Haus sei die Mitgliederquote um 10 Prozent gestiegen. In 33 Bundesstaaten hat der LGC mehrere tausend Mitglieder: »Viele Progressive haben plötzlich begriffen, dass in Washington eine tyrannische Regierung ans Ruder kommen könnte und dass das Second Amendment einen Schutz darstellt.«[9]

In den letzten Jahrzehnten hat die NRA (5 Millionen Mitglieder) mit ihrem Netzwerk aus 14 000 angegliederten Organisationen (Klubs, Vereine, Unternehmen et cetera) eine extensive Auffassung des Rechts auf Waffenbesitz durchgesetzt. Bei ihrer Gründung 1871 ging es in der NRA hauptsächlich ums Jagen und Sportschießen. Zur Waffenlobby entwickelte sie sich erst in den 1960er Jahren.

Tatsächlich hat das Recht auf Waffenbesitz eine heute weitgehend vergessene Geschichte. Es waren die aufgeklärten Ostküsten-Intellektuellen, die es 1789 in die Verfassung der Vereinigten Staaten von Amerika aufnahmen. Dabei ging es vor allem um politische Teilhabe und Emanzipation.[10] Später veränderte die Vereinnahmung des Second Amendment durch die Konservativen dessen Bedeutung hin zu einem unveräußerlichen individuellen Recht.[11] 1986 erließ Präsident Reagan, den die NRA im Wahlkampf massiv unterstützt hatte, ein Gesetz zum Schutz von Waffenbesitzern und -verkäufern (Firearms Owners' Protection Act). 2008 fällte der Supreme Court ein Grundsatzurteil: Im Prozess District of Columbia vs. Heller bestätigte er das individuelle Recht jedes US-Bürgers auf das Tragen einer Waffe zur Selbstverteidigung.

Die Auffassung, dass man sich mit Waffen gegen kriminelle Bedrohungen und potenziellen »Machtmissbrauch« durch den Staat – womit eigentlich alle Regulierungen gemeint sein können[12] – wappnen müsse, war die vorherrschende zu Zeiten der »konservativen Revolution« unter den Republikanern. Das Tragen von Waffen wurde quasi zum heiligen Recht erhoben, das auf gar keinen Fall eingeschränkt werden dürfe.

Und das von Leuten wie Cheryl Todd, Inhaberin eines Waffengeschäfts am Stadtrand von Phoenix und Moderatorin der Sendung »Gun Freedom Radio«, vehement verteidigt wird. Zum Beweis ihrer Standfestigkeit wedelt sie mit einem Exemplar der US-Verfassung und schwärmt von der wachsenden Zahl neuer Waffenbesitzer, die man nun – teilweise »zum ersten Mal in ihrem Leben« mit »unserer Identität« vertraut machen könne und dem, was »unsere Gründerväter in unsere Verfassung geschrieben haben«.

Die NRA ist aber nicht nur eine Lobbyorganisation der Waffenindustrie mit engen Verbindungen zu konservativen Abgeordneten. Jedes Jahr bilden 80 000 von der NRA zertifizierte Schießtrainer etwa 750 000 Amerikaner:innen an der Waffe aus. Zudem beauftragen viele Bundesstaaten die NRA mit den Schulungen zur Erlangung des Kleinen Waffenscheins. Bei solchen Gelegenheiten kann die NRA verbreiten, dass Besitz und Tragen einer Waffe nicht nur eine von der Verfassung garantierte Grundfreiheit ist, sondern ein geradezu staatsbürgerlicher Akt: »Mit einer Waffe bin ich Staatsbürger, ohne Waffe bin ich nur Untertan«, verkündet denn auch Schießlehrer Carlos, bevor er seinen Unterricht in einem NRA-Schießklub in Tuscon beginnt.

Auch Ken Campbell, Ex-Sheriff und Leiter von Gunsite (»das älteste und größte Schießtrainingszentrum der Welt«), geht es um die Ausbildung von »guten Staatsbürgern« und – untrennbar damit verbunden – »guten bewaffneten Kerlen«. Gunsite liegt zwei Autostunden nördlich von Phoenix in der Kleinstadt Paulden. Das vormalige American Pistol Institute wurde 1976 von Oberstleutnant Jeff Cooper gegründet, der als Marine im Zweiten Weltkrieg und im Koreakrieg gekämpft hat. In den USA, so Cooper, soll jedermann darauf vorbereitet sein, sich gegen die »bad guys« zu verteidigen.

Für 2000 Dollar kann man hier ein fünftägiges Intensivtraining absolvieren. Die Trainer sind Polizisten, Eliteschützen oder Ex-Marines und Kommandanten, die im Irak oder in Afghanistan stationiert waren. Das Übungsgelände erstreckt sich mitten in der Wüste über 1300 Hektar. Es ist ausgestattet mit 27 Schießständen, von Kugeln durchlöcherten Autos, an denen trainiert wird, wie man sich bei einer Schießerei auf dem Parkplatz verteidigt, und mit sogenannten *kill houses,* in denen Einbrüche simuliert werden.

Selbst beim Essen im Restaurant sollte man stets auf der Hut sein: »Setz dich immer so hin, dass du den Rücken frei hast und die Eingangstür im Blick behältst. Schau dich ganz genau um, und wenn dir ein Bursche verdächtig vorkommt, sei vorsichtig«, sagt Trainer Campbell. In seinem Bürofernseher läuft Fox News in Dauerschleife.

John Correia ist Selbstverteidigungsexperte, bezeichnet sich als progressiv und ist ein Kritiker der NRA. Früher war er Pastor, daher das Motto auf seinem T-Shirt: »Rifle and Bible«. Man dürfe »von niemandem abhängig« sein, sagt er, vor allem nicht von den »Bullen, die Zeit brauchen, um anzurücken« und »ihren Job schlecht machen«.

Dieses negative Bild von der Polizei ist unter Waffenbesitzern verbreitet, insbesondere seit polizeiliches Fehlverhalten häufiger öffentlich gemacht wird. Auf seinem Youtube-Kanal Active Self Protection – 3 Millionen Abonnenten, 50 Millionen monatliche Aufrufe – veröffentlicht Correia seit 2013 seine Analysen von Gefahrensituationen (Taschendiebstahl, Überfälle aller Art, Freiheitsberaubung et cetera) und Tipps, wie man sich dagegen zur Wehr setzen kann. Wir treffen ihn bei der Aufnahme eines neuen Tutorials im C2 Tactical, einem Schießklub am Stadtrand von Phoenix. Der sechsfache Vater meint, bei der Verteidigung seiner Familie könne er sich nur auf seine Waffe und auf Gott verlassen: »Was die amerikanische Waffenkultur vor allen anderen auszeichnet, ist die Tatsache, dass wir unsere Freiheit mit Waffen erobert haben. Der erste Zusatzartikel, der die Meinungs-, Presse-, Religions- und Versammlungsfreiheit garantiert, ist wichtiger als der zweite, aber der zweite garantiert den ersten, weil er gegen staatliche Tyrannei schützt und weil er daran erinnert, dass der Staat nur da ist, weil wir ihn wollen. Wenn wir ihn verändern wollen, haben wir das Recht dazu, und der bewaffnete Widerstand bleibt immer das letzte Mittel.«

Am anderen Ende des politischen Spektrums ist Schießtrainer Gully derselben Auffassung. Der linke Waffennarr fährt jede Woche von Tuscon in die Wüste zum Schießtraining mit seinen Freunden von der Socialist Rifle Association – die, so der Autor Benjamin Kunkel, »im Grunde nur ein Spiegelbild der National Rifle Association ist«.[13] Wir treffen Gully mit seinem Freund Dave. Sie packen Munitionskisten und eine ganze Sammlung von Waffen aus: Gewehre und Pistolen, mit Aufklebern wie »Patriotism is propaganda«, »Make racists afraid again« oder »Destroy power not people«.

Verrostete Patronenhülsen liegen auf dem Boden. Die beiden Männer zielen auf leere Konservendosen und eine alte Mikrowelle. Gully trainiert »vor allem Schwule und Transpersonen, die in diesen Zeiten besonders gefährdet sind«. Wegen »der alltäglichen Gewalt« und der »immer größeren Brutalität der Bullen« sei es gerechtfertigt, dass alle sich bewaffnen. Er sei bereit, Waffengewalt einzusetzen, sagt er, »wenn die Faschos zu weit« gehen. Er sagt auch, er würde mit ihnen zusammen demonstrieren, sollte die Regierung irgendwann Waffen verbieten wollen.

Der Gunsite-Chef Campbell berichtet, er gebe »immer öfter Leuten Schießunterricht, die nicht öffentlich sagen wollen, dass sie eine Waffe tragen: Hollywoodstars, Anwälte, Professoren und so. Wenn man für einen Demokraten gehalten werden will, ist es schwierig, zuzugeben, dass man eine Waffe besitzt«. Es sei ein Dilemma, das ihn »politisch heimatlos« gemacht hat, erklärt der Soziologe David Yamane, der das Recht auf Abtreibung genauso verteidigt wie das Recht auf Waffen. Mit dieser Haltung sieht er sich sowohl von den Demokraten als auch von den Republikanern stigmatisiert.

Auch Scott Prior, der Vorsitzende der Arizona-Sektion des Liberal Gun Club, weist die Behauptung der NRA und vieler Konservativer zurück, nur ihr politisches Lager trete für Waffenbesitz ein – diese Verknüpfung machen allerdings auch progressive Medien. »Linke, die Waffen besitzen, tauchen in der Öffentlichkeit nicht auf«, meint Prior. »Jedes Mal, wenn wir mit Rechten zu tun haben, nehmen sie uns nicht ab, dass wir genau wie sie das Second Amendment unterstützen. Und die Demokraten haben keine Ahnung vom Waffenthema. Alles, was sie tun, ist, Restriktionen vorzuschlagen, die längst in Kraft sind« – wie etwa die Kontrolle des Vorstrafenregisters von potenziellen Waffenkäufern. Die Vorschrift wurde bereits in allen Bundesstaaten eingeführt.

Auf der Waffenmesse Prescott Valley Gun Show im Norden von Arizona steht der Trumpist Ted hinter einem Stand, der mit »Make Democrats American Again«-Aufklebern übersät ist. Er trägt ein T-Shirt der Kleidermarke »Black on Ammo« (Die Munition ist alle), die sich auf Oberteile, Hosen und Accessoires rund ums Thema Waffen spezialisiert hat. Als wir das Gerücht erwähnen, dass die Demokraten Waffen verbieten wollen, bricht er in schallendes Gelächter aus: »Es gibt in diesem Land Millionen von Waffen, niemand wird sie je verbieten können. Sollen sie nur versuchen, sie uns wegzunehmen! Im Zweiten Weltkrieg haben die Japaner Amerika nicht angegriffen, weil sie wussten, dass hinter jedem Grashalm einer mit ’ner Waffe steht.«

Viele Waffenbesitzer, ob progressiv oder konservativ, fühlen sich von der Demokratischen Partei missachtet und unverstanden, besonders von den Eliten an der Ostküste und in Kalifornien. Die *New York Times* oder die *Washington Post* veröffentlichen »immer seltener Reportagen über Orte abseits der progressiven urbanen Milieus«, beobachtet Yamane. »Sie haben nicht die geringste Ahnung, was in diesen Gegenden wirklich los ist. Weil sie zum Beispiel noch nie Waffenbesitzern vor Ort begegnet sind, rufen sie andauernd bei mir an und fragen: ›Aber warum machen diese Leute das?‹«

Die demokratischen Eliten hätten auf progressive Waffenbesitzer einen noch größeren Hass als auf die NRA[14], sagt Lara Smith vom Liberal Gun Club nach einem Treffen mit den Vertretern von Everytown for Gun Safety. Der frühere Bürgermeister von New York, Michael Bloomberg, hat die Organisation 2013 mit dem Ziel gegründet, eine strengere Waffenkontrolle im Land durchzusetzen. »Das ist einer der Gründe, warum ich aus der Demokratischen Partei ausgetreten bin«, erklärt Scott Prior. »Ich bin in Texas aufgewachsen, meine Tante und mein Onkel hatten ein Waffengeschäft. Unabhängig von meinen politischen Überzeugungen waren und sind Waffen Teil meines Lebens.«

Aus dem Französischen von Uta Rüenauver

1 Jennifer Carlson, »Merchants of the Right. Gun Sellers and the Crisis of American Democracy«, Princeton (University Press) 2023.

2 Matthew Miller, Wilson Zhang und Deborah Azrael, »Firearm purchasing during the Covid-19 pandemic: Results from the 2021 national firearms survey«, in: *Annals of Internal Medicine,* Bd. 175, Nr. 2, Philadelphia, Februar 2022.

3 Siehe Angela Stroud, »Guns don't kill people ...: Good guys and the legitimization of gun violence«, in: *Humanities and Social Sciences Communications,* Bd. 169, Nr. 7, 2020.

4 Siehe Loïc Wacquant, »Ein teuflisch penibles System«, *Le Monde diplomatique,* März 2024, und »Lynchmorde als öffentliches Spektakel«, *Le Monde diplomatique,* April 2024.

5 Lakeidra Chavis und Agya K. Aning, »In a year of racial and political turmoil, this black gun group is booming«, *The Trace,* New York, 16. Dezember 2020.

6 Vgl. »GVA 10 Year Review 2014–2023«, Gun Violence Archive, Washington, D. C.

7 Siehe Deborah Friedell, »Waffen für alle«, *Le Monde diplomatique,* November 2020.

8 Derek Walter, »Vote democrat, love guns? There's a group for you, too«, *The Trace,* 15. September 2017.

9 Siehe die Smith-Zitate bei Kali Holloway, »6 gun groups that aren't for white right-wingers«, salon.com, 3. September 2017.

10 Siehe Benoît Bréville, »Die Freiheit der Waffennarren«, *Le Monde diplomatique,* März 2013.

11 Richard Uviler und William Merkel, »The Militia and the Right to Arms, or, How the Second Amendment Fell Silent«, Durham (Duke University Press) 2003; Patrick Charles, »The Second Amendment. The Intent and Its Interpretation by the States and the Supreme Court«, Jefferson (McFarland & Company) 2009.

12 Mugambi Jouet, »Guns, identity and nationhood«, *Palgrave Communications,* Bd. 138, Nr. 5, London 2019.

13 Siehe Benjamin Kunkel, »Zorn und Waffen«, *Le Monde diplomatique,* Juli 2021.

14 Ben Strauss, »The loneliness of the liberal gun lover«, *Politico,* 4. November 2017.

Erstmals erschienen in *Le Monde diplomatique* vom Mai 2024.

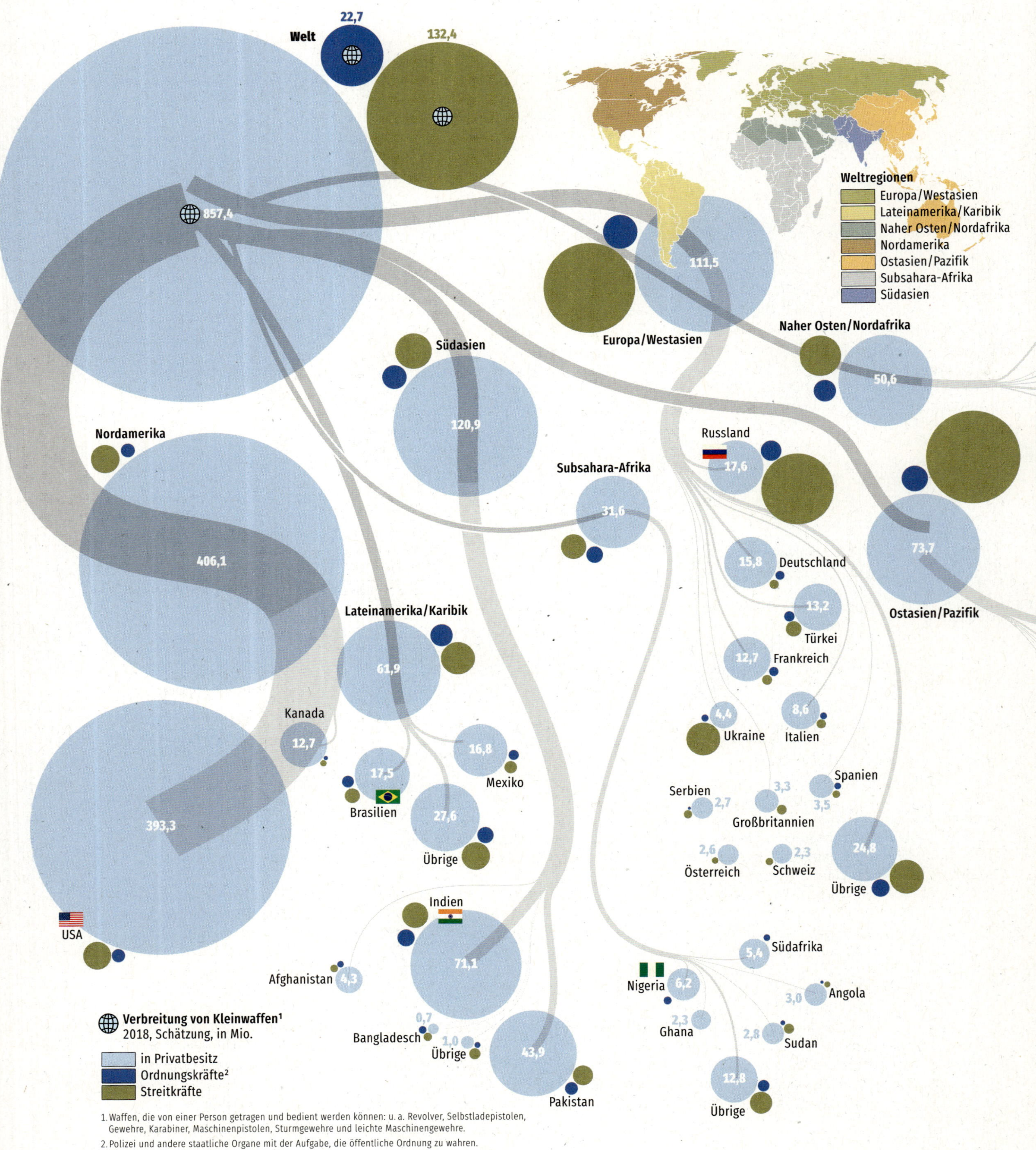

1. Waffen, die von einer Person getragen und bedient werden können: u. a. Revolver, Selbstladepistolen, Gewehre, Karabiner, Maschinenpistolen, Sturmgewehre und leichte Maschinengewehre.
2. Polizei und andere staatliche Organe mit der Aufgabe, die öffentliche Ordnung zu wahren.

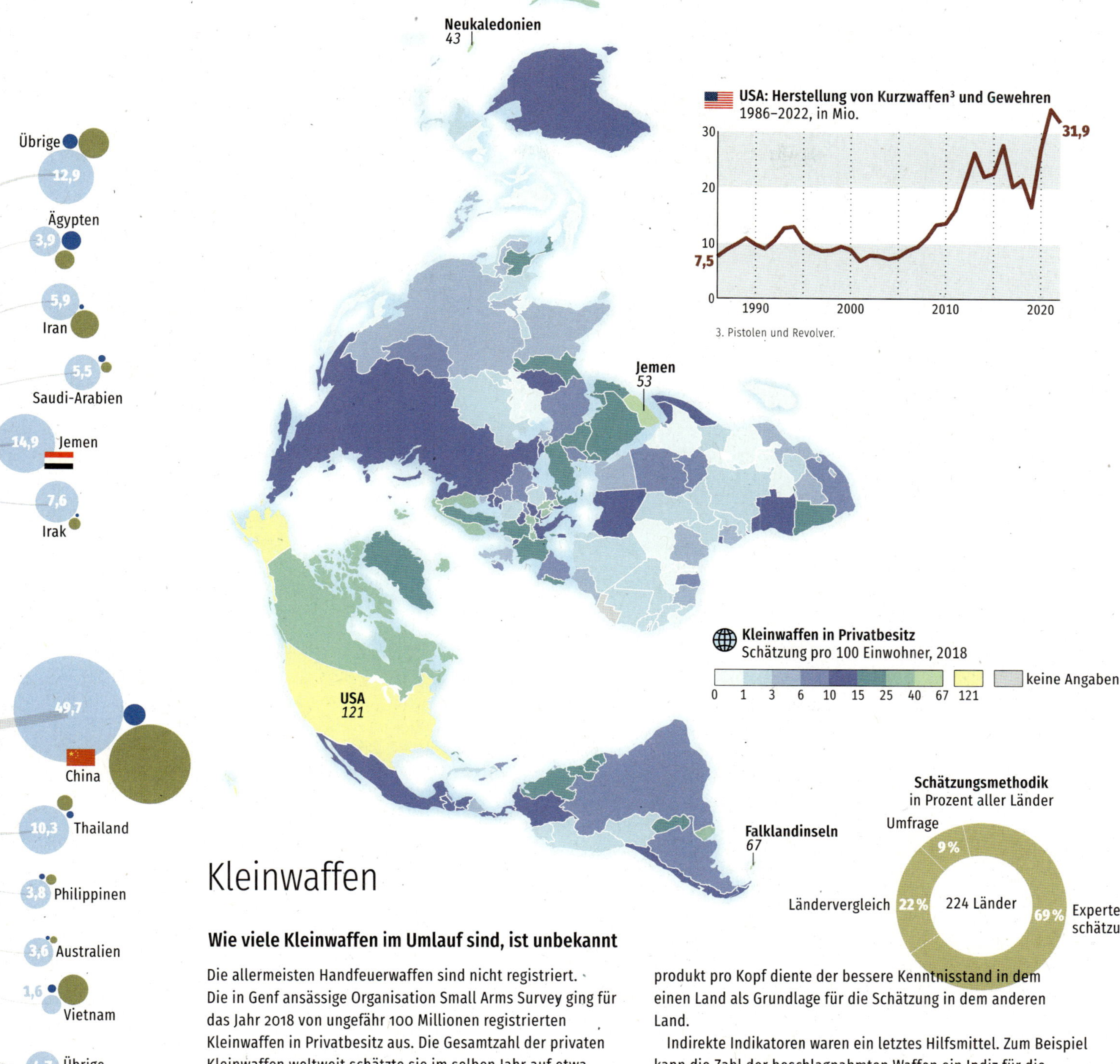

Kleinwaffen

Wie viele Kleinwaffen im Umlauf sind, ist unbekannt

Die allermeisten Handfeuerwaffen sind nicht registriert. Die in Genf ansässige Organisation Small Arms Survey ging für das Jahr 2018 von ungefähr 100 Millionen registrierten Kleinwaffen in Privatbesitz aus. Die Gesamtzahl der privaten Kleinwaffen weltweit schätzte sie im selben Jahr auf etwa 857 Millionen. Neuere oder genauere Angaben gibt es nicht.

Die bevorzugte Quelle für den Bericht waren Umfrageergebnisse – die allerdings gibt es für die wenigsten Länder. Am umfassendsten war 2013 eine Erhebung der Europäischen Kommission in damals 28 EU-Staaten.

Fehlten Umfrageergebnisse wurde auf Expertenmeinungen zurückgegriffen. Sachverständige Schätzungen aber variierten, oftmals um das Zwei- bis Dreifache.

Auch Ländervergleiche wurden herangezogen. Bei vergleichbarer Waffengesetzgebung, Waffenkultur und Bruttoinlandsprodukt pro Kopf diente der bessere Kenntnisstand in dem einen Land als Grundlage für die Schätzung in dem anderen Land.

Indirekte Indikatoren waren ein letztes Hilfsmittel. Zum Beispiel kann die Zahl der beschlagnahmten Waffen ein Indiz für die Verbreitung von Waffenbesitz sein. Einige Untersuchungen greifen außerdem auf die Suizidrate zurück: Wird der Suizid mit einer Feuerwaffe begangen, lassen sich daraus Rückschlüsse auf den allgemeinen Waffenbesitz ziehen. Dies gilt laut dieser Studien wenigstens für die westliche Welt.

Fazit: Zahlen zum weltweiten Privatwaffenbesitz sind höchst unsicher. Eins aber ist klar: Seit 2018 ist die Zahl erheblich gestiegen. Waffen sind langlebig und allein in den USA werden jährlich mehrere Millionen neue Kleinwaffen hergestellt. 2022, im letzten Berichtsjahr, waren es knapp 32 Millionen.

Quellen: Small Arms Survey, www.smallarmssurvey.org/databases; U.S. Bureau of Alcohol, Tobacco, Firearms and Explosives (ATF), Annual Firearms Manufacturers and Export Report 2022, www.atf.gov/resource-center/data-statistics

Adolf Buitenhuis | Le Monde diplomatique, Berlin

Tränengas kann töten

Die Mär vom humanen Kampfstoff

Pressefotografen vor dem Kapitol, Washington, D.C., Dezember 1932. ■ BRANDSTAETTER IMAGE/AKG-IMAGES

Von Anna Feigenbaum

Der Wirtschaftszweig, der sein Geld mit öffentlicher Ordnung und Sicherheit verdient, hat anderen Branchen etwas voraus – er braucht weder soziale Unruhen noch politische Krisen zu fürchten. Im Gegenteil: Sowohl der Arabische Frühling 2011 als auch die vielen anderen Proteste der letzten Jahre ließen die Nachfrage nach Tränengas und sonstiger Ausrüstung zur Abwehr von Revolten rasant steigen. Mit ihren Auftragsbüchern in der Hand bereisen die Händler den gesamten Planeten. Heerscharen von Experten lauern auf jedes Murren in der Bevölkerung, um die Hersteller über die Märkte der Zukunft zu informieren. Tränengas ist dabei der Topseller: Den Regierenden gilt es als ebenso verlässliches wie schmerzloses Mittel gegen jede Form der Unordnung.

Dabei weiß niemand, welche Schäden Tränengas bei den Opfern verursacht und welche Probleme es für die öffentliche Gesundheit aufwirft. Denn niemand fragt danach. In keinem Land der Welt werden die Opfer von Tränengas offiziell gezählt oder Daten über Liefermengen, Einsatz, Verkaufserlöse und Umweltschäden erhoben. Seit fast einem Jahrhundert wird behauptet, Tränengas schade niemandem, es sei schließlich nur eine Rauchwolke, die in den Augen brenne. Wenn Menschen durch Tränengas sterben – wie 2011/12 bei Unruhen in Bahrain, bei denen mutmaßlich 34 Menschen durch Tränengaseinsätze ums Leben kamen[1] –, sprechen die Behörden von Unfällen.

Tatsächlich ist Tränengas gar kein Gas. Die Bestandteile, die so hübsche Namen tragen wie CS (2-Chlorbenzylidenmalonsäuredinitril), CN (omega-Chloracetophenon) und CR (Dibenzoxazepin), sind Reizstoffe, die als Spray, als Gel oder in flüssiger Form verkauft werden. Ihre Kombination wirkt sofort auf alle fünf Sinne und fügt den Betroffenen ein körperliches und seelisches Trauma zu. Tränengas verursacht vielfältige Schäden: Tränenfluss, Verbrennungen der Haut, Sehstörungen, Schleimhautreizungen, Schluckbeschwerden, Husten, Erstickungsgefühl, Übelkeit, Erbrechen. Tränengas wurde auch mit Fehlgeburten in Verbindung gebracht sowie mit anhaltenden Muskel- und Atemproblemen.[2]

Der Einsatz chemischer Waffen hat eine lange Geschichte. Schon im Peloponnesischen Krieg sollen die Spartaner Schwefeldämpfe gegen belagerte Städte eingesetzt haben. Die ersten Versuche, den Einsatz chemischer und biologischer Kampfstoffe zu beschränken, gab es bei den Haager Friedenskonferenzen 1899 und 1907, doch die Abkommen blieben wegen der vagen Formulierungen weitgehend wirkungslos.

Der Erste Weltkrieg diente dann als Freiluftlabor für die Entwicklung eines neuen Arsenals an Giftstoffen. Im August 1914 feuerte die französische Artillerie erstmals mit Xylylbromid gefüllte Geschosse auf deutsche Frontabschnitte – eine Substanz, die Reizungen der Augen verursacht und den Gegner außer Gefecht setzt, aber unter freiem Himmel nicht tödlich wirkt. Die Deutschen schlugen im April 1915 mit dem von Fritz Haber entwickelten tödlichen Chlorgas zurück – der erste Einsatz von Chlorgas als chemischer Kampfstoff.

Die USA waren zunächst skeptisch gegenüber diesen Innovationen. Doch noch am Tag ihres Kriegseintritts setzten sie eine Kommission ein, die »Untersuchungen über Giftgas, seine Herstellung und Gegenmittel für den Einsatz im Krieg« führen sollte.[3] Und sie gründeten eine mit viel Geld und Personal ausgestattete Behörde für chemische Kriegsführung (Chemical Warfare Service, CWS). Im Juli 1918 waren fast 2000 Wissenschaftler an entsprechenden Forschungen beteiligt.

Nach dem Krieg bestand Uneinigkeit unter den Militärs. Viele hatten die verheerenden Wirkungen von Chemiewaffen mit eigenen Augen gesehen und verurteilten deren Unmenschlichkeit. Andere hielten sie für einigermaßen humane Waffen, weil sie angeblich weniger Menschenleben forderten als die Feuerwalze der Artillerie. John Burdon Sanderson Haldane, ein Biochemiker aus Cambridge, pries die Effizienz chemischer Kampfstoffe und warf ihren Kritikern Sentimentalität vor: Wenn man »mit einem Schwert Krieg führen« könne, warum dann nicht »mit Senfgas«?

Nach dem Ersten Weltkrieg etablierte sich die Unterscheidung zwischen »Giftgas« – das schon in Den Haag Gegenstand der Verhandlungen war – und den neuen Chemiewaffen, die erst in den Kriegsjahren erfunden worden waren. Diese Unterscheidung diente dann in internationalen Vereinbarungen immer wieder als Begründung für das Verbot bestimmter Waffen und für die Zulassung anderer, angeblich weniger tödlicher.

Aus diesem Grund fielen auch die rechtlichen Regelungen zu Tränengas großzügig aus. Außerdem nahm man Rücksicht auf die Interessen der expandierenden Chemieindustrie. Ihre Kreativität auf militärischem Gebiet einzuschränken, würde ihr inakzeptablen Schaden zufügen – ein Argument, das auch hundert Jahre später noch zählt.

Seit dem Friedensvertrag von Versailles (1919) und dem Genfer Protokoll zum Verbot chemischer und biologischer Waffen (1925) verschmolzen die ökonomischen Interessen der Alliierten mehr und mehr mit dem Völkerrecht. Jetzt, da der Krieg beendet war, ging es den US-Amerikanern und Europäern vor allem um die Aufrechterhaltung des Friedens innerhalb der nationalen Grenzen und in ihren Kolonialgebieten. Deshalb interessierten sie sich zunehmend für Tränengas, allen voran der Chemical Warfare Service und sein Direktor, der hochdekorierte General Amos Fries.

In den 1920er Jahren gelang es Fries, das Tränengas zu einem politischen Alltagsinstrument zu machen. Mit aggressiver Lobbyarbeit verpasste er ihm ein neues Image. Auf einmal war es keine Giftwaffe mehr, sondern ein praktisch unschädliches Mittel, um die öffentliche Ordnung zu schützen. Fries scharte Werbeleute, Wissenschaftler und Politiker um sich, die in den Medien für diese »Kampfgase für Friedenszeiten« werben sollten. Neben den Präsentationen im Radio und in Zeitschriften inszenierten der General und seine Leute auch öffentliche Vorführungen. An einem sonnigen Julitag 1921 konnten zahlreiche Journalisten dabei zusehen, wie sich 200 Polizisten auf einem freien Gelände mitten in Philadelphia Tränengas direkt ins Gesicht sprühen ließen.

Eine Gelegenheit zu einem größeren Praxistest bot sich Jahre später. Am 29. Juli 1932 erhielt die Nationalgarde den Befehl, eine Demonstration von tausenden Weltkriegsveteranen aufzulösen, die vor das Kapitol in Washington gezogen waren. Die ehemaligen Soldaten besetzten mit ihren Frauen und Kindern den Platz vor dem Kapitol und forderten die Auszahlung von Boni, die das Veteranenministerium nicht freigeben wollte. Ein Regen von Tränengasgeschossen ging über der Menge nieder und löste Panik aus. Bei der Räumung starben 3 Menschen, 55 wurden verletzt, eine Frau erlitt eine Fehlgeburt.

Bei den vertriebenen Veteranen hieß Tränengas von da an »Hoover Ration« nach Präsident Herbert Hoover (1929–1933), der den Einsatz angeordnet hatte. Die Polizeichefs, die Produzenten und ihre Vertreter verbuchten den Einsatz hingegen als Erfolg.

Lake Erie Chemical, der Hersteller des Gases, das vor dem Kapitol verwendet worden war, nahm Fotos von der blutigen Räumung in seinen Verkaufskatalog auf. Später kamen noch Bilder von Streikenden in Ohio und Virginia hinzu, die umhüllt von Gaswolken flohen. »Mit unserem Kampfgas kann ein einziger Mann 1000 bewaffnete Männer in die Flucht schlagen«, stand auf den Plakaten von Lake Erie Chemical.

Zur Zeit der Weltwirtschaftskrise in den 1930er Jahre setzten die USA immer öfter Tränengas bei sozialen Unruhen ein. Einem Senatsausschuss zufolge wurde zwischen 1933 und 1937 Reizgas »hauptsächlich bei oder in Erwartung von Streiks« eingekauft, die Ausgaben dafür beliefen sich auf 1,25 Millionen Dollar (nach heutigem Geldwert 21 Millionen Dollar).

Ein wichtiger Absatzmarkt waren auch die Kolonien. Im November 1933 forderte der britische Hochkommissar für Palästina, Sir Arthur Wauchope, eine größere Menge des Wundermittels an. Eine ähnliche Bitte kam 1935 aus Sierra Leone, wo es die Kolonialverwaltung mit Streiks für Lohnerhöhungen zu tun hatte. Der neue britische Kolonialminister Malcolm MacDonald erhielt den Auftrag, eine globale Strategie für den Einsatz von Tränengas auszuarbeiten. Dazu stand ihm eine Liste der Orte zur Verfügung, an denen diese Waffe ihre Wirksamkeit bereits bewiesen hatte: In Hamburg war Tränengas 1933 gegen Streikende eingesetzt worden; in Österreich hatte es sich 1929 gegen Kommunisten bewährt; in Italien gehörte es zur Grundausstattung der Ordnungskräfte; und in Frankreich war seine Verwendung Alltag.

Damals griffen die Staaten bevorzugt zu Tränengas, um Forderungen nach sozialen Veränderungen abzuwehren und den Widerstand gegen unpopuläre Maßnahmen zu brechen. Tränengas wurde zur Standardwaffe, wann immer es darum ging, Demonstrationen aufzuhalten oder zivilen Ungehorsam im wahrsten Sinne des Wortes zu ersticken. Diese Funktion erfüllt es bis heute. Während der Einsatz von Chemiewaffen in Kriegen inzwischen international geächtet ist, dürfen Polizisten Tränengaswerfer und Pfeffersprayдosen am Gürtel tragen – zur Freude der Unternehmen, die mit dem »Schutz« der öffentlichen Sicherheit und Ordnung ihr Geld verdienen.

Aus dem Französischen von Ursel Schäfer

1 Siehe »Tear gas or lethal gas? Bahrain's death toll mounts to 34«, Physicians for Human Rights, New York, 16. März 2012.

2 Siehe »Facts about riot control agents«, Centers for Disease Control and Prevention, Atlanta, 21. März 2013.

3 Zitiert bei Gerard J. Fitzgerald, »Chemical warfare and medical response during World War I«, *American Journal of Public Health*, Nr. 98, Washington, April 2008.

Erstmals erschienen in *Le Monde diplomatique* vom Mai 2018. Gekürzt.

Die Erfindung des Robocops

Frankreich hat seine Polizei in den letzten Jahrzehnten immer weiter aufgerüstet

Von Laurent Bonelli

Am 4. Mai 1891 verurteilte der sozialistische Abgeordnete Ernest Roche in der Nationalversammlung die Gewalt, mit der die Ordnungskräfte ein paar Tage zuvor in Fourmies, einer Kleinstadt im Norden Frankreichs, gegen Protestierende vorgegangen waren. Am 1. Mai hatten sich Fabrikarbeiter versammelt, um den 8-Stunden-Tag und die Einführung eines Feiertags zu fordern.

Roche erzählte, dass die Gendarmen gegen 9 Uhr den Befehl erhielten, anzugreifen, »ohne dass es vorher eine Provokation gegeben hätte. Ein Mann wurde verletzt, ein Kind verlor ein halbes Ohr. Daraufhin geriet die Menge in Wut und warf Steine.« Nachdem die Situation sich zwischendurch etwas beruhigt hatte, spitzte sie sich am Nachmittag wieder zu: »Gegen 15 Uhr kam es erneut zu Auseinandersetzungen, und die Zahl der Demonstranten wuchs an.«[1]

Die Situation eskalierte: »Die Gendarmen schlugen wild um sich. Frauen, Kinder und Alte wurden niedergeknüppelt. Viele Bürger reagierten mit Steinwürfen.« Es herrschte ein großes Durcheinander, und plötzlich »eröffnete die Truppe das Feuer. Der Platz war übersät mit Verletzten und Toten.« Neun Menschen kostete die Schießerei von Fourmies das Leben (darunter zwei Kinder), 35 wurden durch Kugeln verletzt.

Roche forderte damals Innenminister Jean Antoine Ernest Constans zu einer Stellungsnahme auf. Doch der war unnachgiebig: »Wir haben den Befehl gegeben, für öffentliche Ruhe zu sorgen. Darin waren wir klar, entschieden und umsichtig.« Constans gab an, dass »die örtliche Gendarmerie in der Menge die übliche Klientel aus Schmugglern und zwielichtigen Gestalten ausmachen konnte, schätzungsweise 500 oder 600 Personen, darunter mehr als ein Viertel Ausländer«. Den ganzen Tag über seien Polizei und Armee zunehmend gewaltsamen Beleidigungen, Provokationen und Aggressionen ausgesetzt gewesen. Erst als letztes Mittel sei von der Waffe Gebrauch gemacht worden. Zum Schluss sprach Constans den Ordnungskräften seinen Dank aus. Der Abgeordnete Roche war so erzürnt, dass er den Innenminister zweimal als »Mörder« bezeichnete und daraufhin vorübergehend aus der Nationalversammlung ausgeschlossen wurde.

Die Behauptung, der Staat handle »maßvoll, entschieden und umsichtig«, der Streit darüber, wer die Verantwortung für die Gewalteskalation trägt und welche Rolle »Unruhestifter« spielen, ebenso wie der bedingungslose Rückhalt der Regierung für die Ordnungskräfte – all dies erinnert an die Debatten, die 2023 in Frankreich geführt wurden, nachdem die Polizei teils mit massiver Gewalt gegen Proteste vorgegangen war; im Kontext der Rentenreform ebenso wie bei Demonstrationen gegen den Bau von Wasserreservoirs im Westen des Landes.

Das die Debatten sich so ähneln, überrascht, hat sich doch seit Ende des 19. Jahrhunderts in Sachen staatlicher Ordnungswahrung einiges verändert. Sie fällt mittlerweile nicht mehr in die Zuständigkeit der Armee, die sich damals um die sogenannte Volksstimmung zu kümmern hatte. Sobald die örtliche Polizei oder die Gendarmerie überfordert war, wurde die Armee hinzugezogen, so wie 1891 das 145. Infanterieregiment in Fourmies. Von der Julirevolution 1830 über die Straßenkämpfe im Juni 1848 bis zur »Blutwoche« 1871 führten Staatskrisen und die Niederschlagung sozialer Proteste zu tausenden Toten und zehntausenden Verletzten.

Dies wurde allerdings nicht als politisches Problem betrachtet, nicht einmal als moralisches. Für die damaligen Eliten war das Volk einfach nur eine Masse ohne individuellen Willen, die blindlings bereit war, sich ein paar Rädelsführern anzuschließen. Anne Robert Jacques Turgot, Generalkontrolleur der Finanzen unter Ludwig XVI., fasste diese Vorstellung in einem Brief vom 18. April 1775 an die Vertreter der Generalstände von Burgund zusammen. Nachdem wütende Bauern aus Protest gegen die Getreidepreise eine Mühle zerstört und geplündert hatten, schrieb Turgot: »Vor allem gilt es sich gegenüber dem Pöbel durchzusetzen und der Stärkere zu sein.« Dann müssten die leicht zu ermittelnden Anführer der Meute festgenommen werden, denn Straflosigkeit sei »eine große Ermutigung für zukünftige Aufstände«.

Ende des 19. Jahrhunderts war diese Philosophie nicht mehr tragbar. Während des Ancien Régimes hatte das Herrschaftsmonopol in den Händen des Adels gelegen. In der Zeit der Restauration und der Julimonarchie (1814–1848) lag es bei den Wohlhabenden. Mit der Einführung des allgemeinen Wahlrechts für Männer 1848 wurde auch das einfache Volk in die Politik einbezogen. Die traditionellen personellen Formen von Autorität verloren mit dem Aufkommen von Clubs, Wahlausschüssen, Vereinen und schließlich von Parteien an Bedeutung.

Für die Regierenden wurde es immer heikler, einerseits Grundrechte wie Meinungsfreiheit, Versammlungsfreiheit und das Recht auf gewerkschaftliche Organisation zu garantieren und gleichzeitig auf diejenigen schießen zu lassen, die diese Rechte wahrnahmen. Zumal auf die Armee nicht immer Verlass war. Während des Winzeraufstands im Languedoc 1907 solidarisierte sich das 17. Infanterieregiment in Béziers mit den Demonstrierenden und brachte die Regierung Georges Clemenceau arg in Bedrängnis.

Anfang des 20. Jahrhunderts gab es mehrere Gesetzesvorhaben, um eine von der Armee unabhängige Spezialeinheit für den Einsatz bei Demonstrationen aufzubauen. Am 22. Juli 1921 wurden schließlich 111 mobile Gendarmerieeinheiten ins Leben gerufen. Diese Einsatzkräfte, heute allgemein als »Gendarmerie mobile« (GM) bekannt, bestanden 1939 aus 21 000 Mann. Sie waren allein zuständig für die Aufrechterhaltung der Ordnung auf französischem Territorium, mit Ausnahme von Paris.

Die GM entwickelte eigene Richtlinien, Trainingsmethoden und Kompetenzen. Protestierende sollten nicht mehr als Feinde oder Gegner behandelt werden, sondern als »vorübergehend beeinflusste Individuen«, wie es in den 1930er Jahren hieß. Den direkten Kontakt mit den Demonstranten, der erfahrungsgemäß zur Eskalation führte, galt es zu vermeiden. Vorrang hatten Techniken der Kanalisierung, Einkesselung und Zerstreuung von Menschenansammlungen. Doch zunächst hatte man weiter nur die alten Mittel zur Verfügung: Korpsgeist, Polizeiketten, Gewehrkolben und Schlagstöcke.

Nach dem Zweiten Weltkrieg kamen Blendgranaten, Wasserwerfer und Tränengas hinzu. 1944 schuf die Polizei ihrerseits Spezialeinheiten, die Compagnies républicaines de Sécurité (CRS), die 1947 etwa 13 000 Mann zählten und sich in Organisation und Ausrüstung an der GM orientierten. Beide Truppen kamen bei den hart geführten sozialen Auseinandersetzungen jener Zeit zum Einsatz,

Einsatz der »Gendarmerie mobile« mit Gummigeschosswerfer bei einer Kundgebung gegen Rechtsextremismus, Nantes, Juni 2024. ADRIEN AUZANNEAU | HANS LUCAS/PICTURE ALLIANCE

etwa bei den Bergarbeiterstreiks von 1947/48. Auf beiden Seiten kam es zu vielen Verletzten, doch die Todeszahlen unter den Protestierenden gingen deutlich zurück. Die Hauptstadt Paris blieb allerdings eine Ausnahme: Hier verfügte der Präfekt über eigene Einheiten, die er aus dem Personal der städtischen Polizei rekrutierte.[2] Diese besaßen wenig Erfahrung und waren schlecht ausgebildet. Sie gingen mit äußerster Brutalität vor und »beglichen ihre Rechnung« mit protestierenden Algeriern (sieben Tote am 14. Juli 1953 und mehrere Dutzend am 17. Oktober 1961) oder den Kommunisten (zehn Tote an der Metrostation Charonne am 8. Februar 1962).

Die heftigen, landesweiten Unruhen im Mai und Juni 1968 stellten die Ordnungskräfte auf eine harte Probe. Entgegen den offiziellen Angaben, es hätte keine Toten gegeben, starben fünf Menschen (drei Studenten und zwei Arbeiter). Vor allem aber zeigte sich, dass die Ordnungskräfte zahlenmäßig unterlegen und schlecht ausgerüstet waren. Zwischen 1968 und 1974 wurden daher 20 000 zusätzliche Polizisten eingestellt und die CRS und die GM erhielten neue Schutzausrüstungen sowie gepanzerte Fahrzeuge und Granaten verschiedenen Typs.

Im April 1969 wurde in Saint-Astier in der Dordogne ein Ausbildungszentrum, das CPGM, eröffnet. 1977 entstand hier eine ganze Stadt (Cigaville), in der Sicherheitskräfte alle erdenklichen Einsatzszenarien trainieren konnten. Auch die CRS nutzten das CPGM, bevor sie eigene Trainingszentren errichteten.

Die Fischerproteste in Rennes im Februar 1994 gelten als die gewalttätigsten der jüngsten Vergangenheit: Das bretonische Parlament wurde in Brand gesteckt, die Protestierenden schossen mit Leuchtraketen und Harpunen, Polizisten und Gendarmen erlitten teils schwere Verletzungen. Danach wurden GM und CRS weiter aufgerüstet. Die Fahrzeuge wurden mit Gittern ausgestattet, und für die Einsatzkräfte wurden sogenannte Robocop-Monturen angeschafft: ein schwer entflammbarer Anzug, Armschützer, Ellenbogen- und Schulterpolster, dazu ein Kevlar-Helm.

Trotz der Behauptung, die Ordnungskräfte hätten sich in ihrem Vorgehen gemäßigt, kommt es bei Demonstrationen immer noch regelmäßig zu einer großen Zahl von Verletzten. Tote gab es seit 1968 jedoch nur noch selten.

Seit Ende der 1990er Jahre ist in Frankreich jedoch eine Veränderung zu beobachten: Weil sich das gesellschaftliche Konfliktpotenzial verringert habe, kamen führende Politiker auf die Idee, dass Kräfte der CRS und der GM auch als Personalreserve im Kampf gegen Kleinkriminalität und »antisoziales« Verhalten dienen könnten. Angestoßen wurde diese Entwicklung während der Amtszeit von Premierminister Lionel Jospin (1997–2002) und nahm danach weiter Fahrt auf. Im Aktionsplan, einem Anhang zum Gesetz für innere Sicherheit vom 29. August 2002, heißt es: »Die friedliche Demokratie, die seit vielen Jahren in unserem Land gelebt wird, erlaubt es, den Einsatzbereich der mobilen Ordnungskräfte grundlegend zu ändern.« Wichtigstes Einsatzfeld der damals 30 000 mobilen Einsatzkräfte sollte nicht mehr die öffentlichen Ordnung sein, sondern die innere Sicherheit.

Insgesamt ist die Zahl der Polizisten und Gendarmen, die zur Aufrechterhaltung der öffentlichen Ordnung bereitstehen, geschrumpft. Obwohl mittlerweile mehr Aufgaben in ihren Bereich fallen, waren es 2015 nur noch 25 786 Personen, fast 15 Prozent weniger als 2002. Weil die Einheiten unter Überlastung leiden, wurden die Compagnies départementale d'Intervention (CDI) aufgebaut. Die CDI sind auf regionaler Ebene organisiert. Sie setzen sich aus Polizeikräften zusammen, die vor allem im Kampf gegen »städtische Gewalt« und Drogenhandel eingesetzt werden.

Zu erkennen sind die CDI an den zwei blauen Streifen auf den Helmen (im Unterschied zu den gelb gestreiften Helmen der CRS). Seit Ende der 2000er Jahre sind sie ein zentrales Instrument zur Aufrechterhaltung der öffentlichen Ordnung. Sie sind in ihrer Kommando- und Einsatzstruktur autonomer als die CRS und die GM. Zudem stimmen sie sich offenbar besser mit der Judikative ab.

Verhaftungen spielten beim Demoeinsatz nur am Rande eine Rolle. Der frühere Leiter des CPGM-Ausbildungszentrums, General Bertrand Cavallier, erklärte im Oktober 2020 bei einer Diskussionsveranstaltung, der traditionelle Ansatz ziele darauf ab, die Gewalt zu »absorbieren«, denn sie sei »gemeinhin vorübergehend«.

Er sprach vom »Konzept der zumutbaren Unordnung« und dass vielleicht nicht jede Sachbeschädigung geahndet werden müsse. Denn das eigentliche Ziel sei, dass nach »dem Anstieg der Emotionen eine Rückkehr zur Normalität möglich ist und wir versuchen können, auf die Forderungen der Demonstranten einzugehen, selbst wenn sie gewalttätig waren«.[3]

Die wechselnden Regierungen seit Anfang der 2000er Jahre formulierten jedoch immer wieder auch das Ziel, der »Straflosigkeit« ein Ende zu setzen und Unruhestifter festzunehmen. Die CRS und die GM begannen Videoüberwachung einzusetzen, in jüngerer Zeit kamen chemische Produkte zur Markierung hinzu (Produit de marquage codé, PMC), die Spuren auf der Haut und der Kleidung hinterlassen, um eine nachträgliche Festnahme zu ermöglichen.

Die Staatsanwaltschaften erlauben mittlerweile immer häufiger präventive Festnahmen und haben sich so organisiert, dass sie sehr schnell auf polizeiliche Anfragen reagieren können. Vor allem aber wurde die Polizeitaktik überarbeitet: Sie unterscheidet nun zwischen friedlichen Demonstranten und jenen, die sich an illegalen Handlungen beteiligen (»les casseurs«). Letztere werden nun auch direkt aus der Menge gezogen.

Die Unterscheidung zwischen friedlichen Demonstranten und Gewalttätern findet sich auch im 2021 verabschiedeten nationalen Plan zur Aufrechterhaltung der Ordnung (SNMO). Er formuliert zwei »verschiedene und sich ergänzende« Ziele für den Umgang mit Demonstrationen: die unverzügliche Auflösung gewaltbereiter Gruppen einerseits und schnelle und gezielte Festnahmen andererseits.

Obwohl die GM und die CRS über Einheiten verfügen, die in der Lage sind, solche Aufgaben zu erfüllen, werden sie in der Regel von den CDI und vor allem von den ebenfalls regional organisierten Brigades anticriminalité (BAC) übernommen; und seit 2019 auch von den neu geschaffenen, umstrittenen Brigades de répression des actions violentes motorisées (BRAV-M).

Trotz aller rhetorischer Zusicherungen, dass die unterschiedlichen Taktiken sich ergänzen würden, sind sie teilweise widersprüchlich: Der Zugriff auf einzelne Personen führt häufig dazu, dass der gesamte Demonstrationszug stoppt und Gewalt provoziert wird. Tränengas unterscheidet nicht zwischen friedlichen und gewalttätigen Demonstrant:innen, oft trifft es diejenigen mit wenig Demoerfahrung und löst bei ihnen Unverständnis und Wut aus.

Das hohe Risiko, als Polizist beim Zugriff in der Menge verletzt zu werden, erhöht die Wahrscheinlichkeit, dass die Beamten bei ihrer Aktion selbst Gewalt anwenden. Die sozialen Medien sind voller Videos, die das Chaos zeigen, das die nicht spezialisierten CDI, BAC und BRAV-M verursachen, wenn sie in eine Menge hineingehen. Manche Videos zeigen auch, dass diese Einheiten mit der GM oder

der CRS in Konflikt geraten, weil sie deren Einsatzpläne durcheinanderbringen. Bei Schwierigkeiten wird dann schnell zu Tränengasgranaten gegriffen oder sogar zum Gummigeschosswerfer, wie zum Beispiel dem stark umstrittenen LBD 40 (lanceur de balles de défenses 40 mm).

Diese sogenannten nicht tödlichen Waffen existieren seit Mitte der 1990er Jahre (unter dem Handelsnamen Flashball) und waren ursprünglich für Spezialeinheiten zur Neutralisierung von Amokläufern oder Geiselnehmern bestimmt. Nach und nach kamen sie auch bei den BAC und CDI zum Einsatz. Seit den Ausschreitungen in den französischen Banlieues 2005 ist ihr Gebrauch allgemein üblich.

Die Kontroverse über Verletzungen durch Gummigeschosse hat zwar dazu geführt, dass sie etwas weniger benutzt werden. Der jährliche Bericht der Generalinspektion der nationalen Polizei (IGPN) gibt für 2022 gut 7000 Schüsse an; 2018 waren es 19 000. Doch zur Standardausrüstung gehören sie mittlerweile trotzdem.

Die Rolle, die den städtischen Polizeikräften bei Demonstrationen zukommt, verändert auch ihr Selbstbild. Die Polizisten verstehen sich als »Jäger« und sind wenig geneigt, die Demonstranten als »vorübergehend irregeleitete Bürger« wahrzunehmen. Sie betrachten sie eher als Kriminelle. Und handeln dementsprechend: Sie demütigen, schikanieren und gehen bei Festnahmen übermäßig brutal vor.

All dies sind Elemente, die eine »Brutalisierung der Ordnungswahrung«[4] erklären können, die seit Mitte der 2000er Jahre zu beobachten ist und mit dem Vorgehen gegen die Gelbwestenbewegung 2018/19 einen vorläufigen Höhepunkt erreicht hat. Ein zusätzlicher Faktor ist die Tatsache, dass Demonstrationen als politische Ausdrucksform zunehmend delegitimiert werden. Das Bemühen um die Aufrechterhaltung der öffentlichen Ordnung beginnt allerdings nicht erst in der Konfrontation zwischen Polizei und Protestierenden. Es handelt sich um eine Dreierbeziehung, an der auch die Regierenden Anteil haben.

Im Laufe des 20. Jahrhunderts haben sich bestimmte Protest- und Aktionsformen herausgebildet und etabliert. Sowohl Bürger:innen als auch Ordnungskräfte haben sich dieser Entwicklung angepasst: Aufstände sind selten geworden, das Mittel der Wahl sind Demonstrationen, die häufig nach dem immer gleichen Schema ablaufen: ein Zug von A nach B, Transparente, Forderungen, Parolen.

Allerdings ist eine Demonstration nur möglich, weil sie als demokratischer Ausdruck des Dissenses anerkannt ist und die Möglichkeit politischer Verhandlungen beinhaltet. Der stellvertretende Direktor der öffentlichen Sicherheit in der Polizeipräfektur von Paris, Jean-Marc Berlioz, erklärte 1997: »Jeder Bürger wird in seinem Leben einmal ein Demonstrant sein, und ich teile die Auffassung, dass Demonstrationen ein Korrektiv zu Wahlen sind.«[5]

Die heutigen politischen Eliten scheinen diese Auffassung nicht mehr zu teilen, ihnen fehlt, anders als ihren Vorgängern, die Erfahrung kollektiven Handelns. Das Wahlergebnis, egal wie knapp, gilt ihnen als einzige Legitimationsquelle und fungiert praktisch als Blankoscheck. Man weigert sich, mit den Gewerkschaften und Protestgruppen in Dialog zu treten; man wendet alle rechtlichen Instrumente an, um das Parlament mundtot zu machen (etwa die Anwendung des Artikels 493); all dies zeugt von einem Konzept vertikaler Machtausübung, das dem Einspruch wenig Platz einräumt.

Die Brutalisierung der Polizeiarbeit und der Politik sind zwei Seiten derselben Medaille. Mit Ausdrücken wie »Masse«, »Mob« oder »Meute« wird eine Vorstellung des ungebildeten, brutalen Pöbels reaktiviert. Die Weigerung, zu verhandeln und Demonstrationen als legitime politische Ausdrucksform anzuerkennen, schüren die Wut der Protestierenden, was das Ausmaß der Gewalt erhöht. Dass sich die Presse auf jeden noch so kleinen brennenden Mülleimer stürzt, verstärkt diese Dynamik.

Das führt dazu, dass spektakuläre Einzelaktionen ein Maß an Aufmerksamkeit erhalten, das in keinem Verhältnis zu ihrer Bedeutung für die Gesamtbewegung steht. Selbst wenn es sich um eine Massenbewegung handelt, wird diese dann auf die Handlungen derjenigen reduziert, die man im Innenministerium gern als »schwarzen Block«, »Autonome« oder »Linksextremisten« bezeichnet.

Der unmittelbare Nutzen für die Regierenden liegt auf der Hand. Mittelfristig aber sind die Folgen bedenklich. Zunächst einmal passen sich die Protestierenden den neuen Gegebenheit an, etwa mit besserer Ausrüstung zum Schutz vor Tränengas. Sie setzen stärker auf Konfrontation und machen Polizeigewalt durch Filmaufnahmen öffentlich. Diese Entwicklung könnte dazu führen, dass auch radikalere Aktionsformen wie Sabotage, Brandstiftung, Blockaden oder Besetzungen zurückkehren beziehungsweise häufiger werden.

Wer ein Land regieren will, braucht ein Mindestmaß an Zustimmung derjenigen, über die er regiert. Für diese Zustimmung erwartet das Volk jedoch Gegenleistungen. Unmittelbar nach der Tragödie von Fourmies im Jahr 1891 wandte sich der Abgeordnete und spätere Staatspräsident Alexandre Millerand wütend an Innenminister Constans: »Wenn die Republik gegründet wurde, wenn sie durch alle Krisen hindurch Bestand hatte, dann verdanken Sie dies, das wissen Sie sehr wohl, allein den Millionen von Arbeitern in den Fabriken, auf den Feldern, in den Bergwerken, die heute von der Republik die sozialen Reformen erwarten, die sie ihnen schuldig ist.«

Die Konsolidierung eines demokratischen Staats in Frankreich ist untrennbar verbunden mit dem Schutz der Arbeitnehmer:innen, mit den Kompromissen, die zwischen Arbeit und Kapital gefunden werden müssen. Das offensichtliche Ungleichgewicht, das sich in den letzten Jahrzehnten zugunsten der Privilegierten entwickelt hat, untergräbt diesen impliziten Gesellschaftsvertrag.

In einer repräsentativen Demokratie tarieren kollektive Mobilisierungen regelmäßig die Kräfteverhältnisse zwischen Repräsentanten und Repräsentieren neu aus. Bei Massenprotesten wird die Meinung einer großen Zahl von Menschen sichtbar. Insofern eignen sie sich weit besser, um politische Macht zu legitimieren, als es Richtlinien zur Strafverfolgung und Anweisungen zum Einsatz von Tränengasgranaten oder Gummigeschossen je vermögen werden. ●

Aus dem Französischen von Uta Rüenauver

1 Die Zitate sind dem *Journal officiel de la République française* vom 5. Mai 1891 entnommen: gallica.bnf.fr.
2 Die Pariser Polizei wurde erst 1966 in die nationale Polizei integriert.
3 »Maintien de l'ordre: du terrain au politique«, Vortrag vom 16. Oktober 2020, verfügbar auf Youtube.
4 Olivier Fillieule und Fabien Jobard, »Politiques du désordre. La police des manifestations en France«, Paris (Seuil) 2020.
5 *Les Cahiers de la sécurité intérieure*, Nr. 27, Paris 1997.

Erstmals erschienen in *Le Monde diplomatique* vom Juni 2023. Gekürzt und aktualisiert.

Geschichte als Waffe

Seit jeher wird in Kriegszeiten mit historischen Vergleichen Politik gemacht – das gilt auch für den Ukrainekrieg

Der ukrainische Präsident Wolodymyr Selenskyj bei einer Rede vor dem US-Kongress, Washington, D.C., 21. Dezember 2022. CLIFF OWEN | CONSOLIDATED NEWS PHOTOS/PICTURE ALLIANCE

Von Benoît Bréville

Es ist wie beim Ratespiel »Finde die Unterschiede« – nur umgekehrt: Das Ziel ist nicht, in zwei nahezu identischen Bildern die Abweichungen, sondern in zwei unterschiedlichen Vorlagen das Übereinstimmende zu finden: Vor allem in Kriegszeiten durchstöbern Kommentatorinnen und politische Entscheidungsträger die Vergangenheit nach Beispielen, aus denen sich Parallelen zur aktuellen Situation ziehen lassen.

Im Ukrainekrieg sind die historischen Vergleiche besonders zahlreich: Erster Weltkrieg (auch ein Stellungskrieg in schlammigen Schützengräben); Kubakrise 1962 (ebenfalls die Gefahr einer atomaren Vernichtung); die sowjetischen Militärinterventionen in Berlin (1953), Budapest (1956), Prag (1968) und Afghanistan (1979–1989) oder der Kosovokrieg (1998/99).

Bei seinen öffentlichen Auftritten stimmt Wolodymyr Selenskyj die historischen Querverweise stets auf die jeweils angesprochene Zielgruppe ab: Vor dem US-Kongress beschwor er den japanischen Überfall auf Pearl Harbor 1941 und die Anschläge vom 11. September 2001, im belgischen Parlament die Schlacht von Ypern. In Madrid war es der Spanische Bürgerkrieg und das Massaker von Guernica, in Tschechien der Prager Frühling.[1]

Je dramatischer das Ereignis, desto wirkungsvoller die Analogie, die Empathie und Zustimmung erzeugen soll. Der häufigste aller historischen Bezüge ist der Zweite Weltkrieg, und zwar auf beiden Seiten. Während Putin den »Großen Vaterländischen Krieg« beschwört und alle seine Feinde als »Nazis« bezeichnet, wird er selbst mit Adolf Hitler gleichgesetzt, Mariupol mit Stalingrad und die Annexion der Krim mit der Annexion des Sudetenlands.

Ein Dauerbrenner ist das Münchner Abkommen vom September 1938, also die Appeasement-Politik, mit der Großbritannien und Frankreich den Westen der Tschechoslowakei den Deutschen auslieferten, in der Hoffnung, Hitlers Expansionsdrang zu bremsen. Seither steht Appeasement für Feigheit und Verrat. Der Begriff wird benutzt, um Kräfte zu diskreditieren, die eine kriegerische Eskalation durch Beschwichtigungen aufhalten wollen und für Kompromisse eintreten. So geschah es mit den Stimmen, die sich 1956 in der Suezkrise gegen die Intervention Frankreichs und Großbritanniens erhoben, oder in den 1960er Jahren gegen den Vietnamkrieg und 1990/91 gegen den Golfkrieg. Sogar Präsident de Gaulle wurde in die »Nie wieder München«-Schublade gesteckt, als er 1962 mit den Verträgen von Evian die Kämpfe in Algerien beendete.

Es ist aber nicht nur bloße Rhetorik. Mitunter beeinflusst die Wahl der historischen Vergleiche sogar strategische Entscheidungen. Wie der Politikwissenschaftler Yuen Foong Khong aufzeigte, hat das »Münchner Abkommen« das politische Denken der US-amerikanischen Führung im Kalten Krieg immer noch so stark beeinflusst, dass ihr die militärische Intervention in Vietnam als schiere

Notwendigkeit erschien.[2] Hätte man sich in Washington stattdessen an Frankreichs Niederlage von Dien Bien Phu im Mai 1954 erinnert, hätte man wahrscheinlich vorsichtiger agiert.

Die Relevanz der München-Parallele steht in keinem Verhältnis zu ihrer Präsenz in der öffentlichen Diskussion. Das gilt besonders in Bezug auf die Ukraine. Es stimmt zwar, dass Europa abermals einen Invasionskrieg erlebt, doch damit endet die Gemeinsamkeit. Alles andere ist anders. Erstens stellte Nazideutschland, das damals innerhalb weniger Monate die Tschechoslowakei, Polen, die Niederlande, Belgien und Frankreich besetzt hat, eine ganz andere militärische Bedrohung dar als das heutige Russland. In zwei Jahren haben es Putins Truppen nicht vermocht, Kyjiw einzunehmen; es ist auch schwer vorstellbar, dass sie den Krieg auf mehrere Fronten ausweiten und die Nato angreifen.

Zweitens ließ sich Hitler in seinem Expansionsdrang von nichts und niemandem aufhalten. Das hatte Frankreichs Regierungschef Édouard Daladier 1938 absolut begriffen: Er wollte mit der Unterzeichnung des Münchner Abkommens vor allem Zeit gewinnen, um seine Armee auf die unvermeidliche Konfrontation vorzubereiten.

Und drittens ist die Welt ist heute stärker als damals von wechselseitigen Abhängigkeiten geprägt, zudem hat die atomare Bedrohung das globale Kräftegleichgewicht erheblich verändert.

Angesichts dessen ist es absurd, die heutige Situation in Analogie zum Münchner Abkommen erklären zu wollen. Marc Bloch bezeichnete einst »das Erfassen der Unterschiede« als wohl wichtigstes Ziel der vergleichenden Methode, die es ermögliche, die »Besonderheiten von gesellschaftlichen Systemen« im innersten Kern zu erfassen.[3] Nach Bloch können Analogien durchaus fruchtbar sein, wenn sie über das Partikulare hinaus allgemeine Regeln sichtbar machen.

Das erfordert allerdings Präzision und Gründlichkeit. Wer sich diese Perspektive zu eigen macht und Konflikte in ihrer Verschiedenheit in den Blick nimmt, erkennt bestimmte wiederkehrende Phänomene – wie die Diskreditierung abweichender Stimmen oder die Tendenz, den Gegner zu diabolisieren.

Unter einem solchen Blickwinkel erweist sich der Zweite Weltkrieg – der obligatorische Bezugsrahmen in jeder internationalen Krise – nicht als Regel, sondern als Ausnahme. Es gab und gibt nicht viele Konflikte, bei denen die Schuld so eindeutig zuzuordnen ist. Dieser Krieg brach aus, weil Hitler die Welt beherrschen wollte; und er endete entsprechend einseitig mit der totalen Niederlage der Besiegten. Diese Gut-Böse-Konstellation taugt in einer karikaturesken Zuspitzung als ideales Instrument zur Rechtfertigung militärischer Interventionen. Aber die Vergleiche sind schief.

Kriege entstehen häufig aus Eskalationsprozessen, an denen zumindest teilweise mehrere Akteure beteiligt sind. Diese Erkenntnis setzt sich manchmal erst nach jahrzehntelangen Forschungen durch, wenn die Propaganda verstummt ist. Zum Beispiel galt Deutschland lange als allein verantwortlich für den Ersten Weltkrieg: Das Kaiserreich hatte den Rüstungswettlauf befeuert, es hatte Österreich-Ungarn nach dem Attentat von Sarajevo zum Angriff auf Serbien ermuntert und Belgien überfallen.

Heute ist unbestritten, dass auch das zaristische Russland eine Mitverantwortung trug, weil es den serbischen Nationalismus befördert hatte. Gleiches gilt für Frankreich, wo ein Großteil der politischen Klasse nach der Niederlage von 1870 und dem Verlust von Elsass-Lothringen auf Revanche aus war. Deutschland habe »keineswegs allein das Pulver beschafft, das im Juli 1914 explodierte«, resümiert der Historiker Gerd Krumeich, auch wenn es »eindeutig das Feuer an die Lunte gelegt hat, die der gesamteuropäische Imperialismus geschaffen hatte«.[4]

Das ist bei den meisten Konflikten so. »Heute sind wir uns alle einig, dass für den Krieg die russische Regierung die Hauptverantwortung trägt, weil sie beschlossen hat, in die Ukraine einzumarschieren«, schreibt der britische Politikwissenschaftler Anatol Lieven.[5] Er stellt jedoch die Frage, »ob auch künftige Historiker allein Russland verantwortlich machen und die USA und die Nato völlig von dem Vorwurf freisprechen werden, dass sie mit ihrem Versuch der Westintegration der Ukraine das bedroht haben, was Moskau als vitale russische Interessen betrachtete; worauf sowohl russische als auch zahlreiche westliche Experten (einschließlich des gegenwärtigen CIA-Chefs William Burns) warnend hingewiesen haben«.

Häufig enden Kriege nicht mit der Vernichtung einer Konfliktpartei. Die Kriegsparteien streben dieses Ziel zwar an, aber wenn sie es nicht erreichen, lassen sie sich am Ende auf Kompromisse ein, verzichten auf bestimmte Forderungen und schließen heikle Friedensverträge ab, die für alle Beteiligten frustrierend sind.

Es kommt aber auch vor, dass das Streben nach dem totalen Sieg in eine strategische Sackgasse führt, wenn sich eine der Parteien an ihren eigenen Erfolgen berauscht – bis die überzogenen Ambitionen zum Bumerang werden. Ein Beispiel: 1950 wollten die USA mit dem Eingreifen in den Koreakrieg die nordkoreanischen Truppen über den 38. Breitengrad nach Norden zurückdrängen. Nachdem sie dieses Ziel problemlos erreicht hatten, setzten sie sich als nächstes Ziel die Wiedervereinigung Koreas unter ihrer Ägide. Also rückten die Truppen von General MacArthur nach Norden vor, überschritten die Demarkationslinie und näherten sich der chinesischen Grenze. Das rief Peking auf den Plan, das eine 1,5 Millionen starke »Volksfreiwilligenarmee« mobilisierte. Einige Wochen später eroberten die Kommunisten Seoul zurück. Es folgten ein zweijähriger Stellungskrieg und am Ende die Rückkehr zum Status quo.

So endeten 1965 auch der Zweite Kaschmirkrieg und 1988 der Iran-Irak-Krieg, Letzterer nach acht Jahren mit einer Million Toten und ohne Sieger.

2023 hat Wolodymyr Selenskyj, nachdem die Ukraine die Schwachstellen der russischen Armee ausgemacht hatte, mit der Unterstützung westlicher Regierungen die eigenen Kriegsziele weiter gefasst. Damals sprach er im Einklang mit US-Präsident Biden, der von der »Zukunft der Freiheit« redete, vom »totalen Sieg«. Nach dem Scheitern ihrer Gegenoffensive musste die Ukraine feststellen, dass sie den Donbass nicht so leicht wieder unter ihre Kontrolle bringen würde, geschweige denn die Krim. Es sei denn, die USA und europäische Nato-Partner würden militärisch eingreifen, mit ungewissen Folgen für den ganzen Planeten. ●

Aus dem Französischen von Andreas Bredenfeld

1 Matej Friedl, »War in Ukraine as the Second World War: How is Zelensky shaping the perception of war through historical analogies«, Adapt Institute, 2. August 2023.
2 Yuen Foong Khong, »Analogies at War. Korea, Munich, Dien Bien Phu, and the Vietnam Decisions of 1965«, Princeton University Press, 1992.
3 Kapitel »Vergleich«, in: Marc Bloch, »Aus der Werkstatt des Historikers. Zur Theorie und Praxis der Geschichtswissenschaft«, Frankfurt am Main (Campus) 2000.
4 Gerd Krumeich, »Die Kriegsschulddiskussion im Schatten von Versailles 1919–1933«, in: *Sitzungsberichte der Leibniz-Sozietät der Wissenschaften zu Berlin*, 142 (2020), S. 65.
5 Anatol Lieven »Ukraine's war is like World War I, not World War II«, *Foreign Policy*, 27. Oktober 2022.

Erstmals erschienen in *Le Monde diplomatique* vom Mai 2024.

Mit Dudelsack und Kufija

Wie das schottische Blasinstrument seinen Weg in die Militärkapellen des Nahen Ostens fand

Von Coline Houssais

Beirut, 23. August 1982. Mit gesenkten Köpfen, müden Gesichtern und feuchten Augen ziehen knapp 1200 Männer der Palästinensischen Befreiungsorganisation (PLO) schweigend zum Hafen. Von dort wird sie ein Schiff nach Piräus und weiter nach Tunis bringen. Nach 77-tägigem Kampf gegen die israelische Armee müssen die Fedajin die libanesische Hauptstadt räumen und ihre Familien in den zerstörten palästinensischen Flüchtlingslager zurücklassen.

Die Atmosphäre ist drückend und bedrohlich, doch die Bewohner drängen sich an den Fenstern, jubeln den Soldaten zu und bewerfen sie mit Reis. Die Kämpfer antworten mit dem Victory-Zeichen und schießen mit ihren Kalaschnikows in die Luft. T. Elaine Carey, Sonderkorrespondentin der US-amerikanischen Zeitung *The Christian Science Monitor,* beschreibt, wie sich ein Kreis von Soldaten bildet, die zu den Klängen eines Dudelsacks tanzen und Hymnen auf Jassir Arafat singen.[1]

Dass in diesem historischen Moment ein Dudelsack erklingt, ist weniger abwegig, als es scheint. Die merkwürdigen Wechselfälle der Geschichte haben das einzigartige Instrument mit Doppelrohrblatt und Luftsack bis ans Ostufer des Mittelmeers gebracht. Beziehungsweise muss man eigentlich sagen, dass es nach Jahrhunderten imperialer britischer Expansion dorthin zurückgekehrt ist.

Mitte des 18. Jahrhunderts bekämpfte die englische Armee die Jakobitenaufstände, die die Wiedereinsetzung der katholischen Stuart-Dynastie auf dem schottischen Thron zum Ziel hatten. Nach dem englischen Sieg in Culloden (1746) wurden die Feinde von gestern in die Armee integriert. Zum einen, um sie besser unter Kontrolle zu haben, zum anderem, weil den Highlandkriegern in ihren bunten Röcken der Ruf besonderer Tapferkeit vorauseilte.

Fortan begleiteten schottische Einheiten die britische Kolonialexpansion im Siebenjährigen Krieg in Kanada (1756–1763) und sicherten das Machtmonopol der Britischen Ostindien-Kompanie ab. So wurde die schottische Kultur, die im eigenen Land erst verboten, dann unterdrückt wurde, mit dem Tartan (dem karierten Wollstoff) und dem Dudelsack, Piob Mhor (auf Gälisch) oder Great Highland Bagpipe, zum Symbol eines Imperialismus, deren erstes Opfer sie selbst gewesen war.

Die schottischen Regimenter und ihre Piper wurden nach Kanada, Australien, Neuseeland, Südafrika und auf den indischen Subkontinent entsandt. Im Maghreb waren die Briten kaum präsent, doch im Nahen Osten kontrollierten sie mehrere strategische Punkte: das Niltal, das die Kolonien in Ostafrika (British East Africa) mit dem ägyptischen Hinterland verband, den Suezkanal und die Häfen der Arabischen Halbinsel, über die sie die Indienroute sicherten, und schließlich die Erdölregionen im Norden der Halbinsel und in Persien, wo das »schwarze Gold« ab 1908 gefördert wurde.

Vom Krieg gegen Napoleon in Ägypten und den ersten Abkommen mit Vertragsoman (den späteren Golfemiraten) über den Bau des Suezkanals und die Eroberung Sudans nach der Niederlage der Ägypter 1882 bis zur Einrichtung des britischen Mandatsgebiets in Palästina, Irak und Jordanien 1922 reihten die Briten zu den durchdringenden Klängen des Piob Mhor Schlachten und Siege aneinander.

Als Soloinstrument oder im Zusammenspiel von mehreren Dudelsäcken und Schlaginstrumenten in einer Pipeband beeindruckt das Instrument durch seine enorme Lautstärke und seinen schrillen Ton, verstärkt durch die Polyfonie, die die Bordunpfeife erzeugt, und das kontinuierliche Spiel, das der Luftsack ermöglicht.

Die Great Highland Bagpipe, unverzichtbar bei Paraden, Märschen oder Gedenkveranstaltungen, als Signal zum Angriff oder zum Rückzug, ist bis heute fester Bestandteil des britischen Militärzeremoniells. Seit den beiden großen Weltkriege des 20. Jahrhunderts ist sie im kollektiven Bewusstsein in Europa und in der arabischen Welt fest mit dem Mythos vom mutigen Piper verknüpft, der ohne Furcht musizierend vorangeht und den feindlichen Kugeln trotzt.

In den ehemaligen britischen Kolonien machten sich die nationalen Armeen und paramilitärische Gruppen nach der Erlangung der Unabhängigkeit das Instrument zu eigen. Neben der persönlichen Faszination, die manche Staatsführer hegten, überlebte der Dudelsack den britischen Rückzug vor allem in den Ex-Kolonien, deren Bevölkerung den britischen Inseln kulturell und historisch nahe standen (etwa in Nordamerika, Australien und Neuseeland), und dort, wo es bereits zuvor eine Tradition von Sackpfeifen und Instrumenten mit Doppelrohrblatt gegeben hatte: im Nahen Osten, am Persischen Golf, im Norden Pakistans und Indiens (wo das Lied »Scotland the Brave« bis heute die offizielle Hymne des 9. Gorkha-Füsilier-Regiments ist).

In den Ländern, die aus dem früheren Britisch-Ostafrika hervorgegangen sind, gibt es hingegen keine Dudelsäcke in den Militärkapellen. Die einzige Band in Kenia, die Shree Muktajeevan Swamibapa Pipe Band, gehört zur indischstämmigen Community in Nairobi. Im Sudan hinterließ das Britisch-Ägyptische Kondominium, das das Land von 1899 bis 1955 kontrollierte, Spuren in der Volksmusik, die einige Blechblasinstrumente der Militärorchester und den Dudelsack übernahm, der aber vor allem von Berbern und Nubiern aus dem Norden des Landes gespielt wird, wo es eine eigene Sackpfeifen-Tradition gibt.

Militärische Blaskapelle, Amman, Jordanien, Januar 2018. ■ JOHN MACDOUGALL | ASSOCIATED PRESS/PICTURE ALLIANCE

Viele Länder, die früher unter britischer Herrschaft standen, übernahmen die Pipebands, um sich damit die Kühnheit des früheren Feindes anzueignen, der erst bewundert, dann gefürchtet und schließlich besiegt worden war. Die Aneignung erfolgte auf unterschiedliche Weise und mischte sich mit anderen nationalen Mythen. Davon zeugt die ägyptische Ehrengarde, die 2006 bei der Eröffnungszeremonie des Afrika-Cups im Fußball in Pharaonengewändern und mit Dudelsäcken aufmarschierte.

Dabei zog die Militärführung den Piob Mhor den lokalen Versionen des Instruments vor, die es in Nubien und Oberägypten gab. Die seltsame Mischung von Dudelsack und Pharaonengewändern erinnert daran, dass eine nicht belegte Theorie besagt, der Dudelsack sei von römischen Legionären aus dem antiken Ägypten nach Schottland gebracht worden. Vom Girba, der nubischen Sackpfeife, gibt es in den Katalogen der Gramophone Company Aufnahmen von 1914. Und der nubische Sänger Ali Hassan Kuban trat am Anfang seiner Karriere mit einem Girba auf Festen und Hochzeiten auf.

In den Golfmonarchien haben die Militär- oder Polizeicorps ihre eigenen Pipebands, wie die Dubai Police Pipe Band, die bei vielen Anlässen, sogar bei Reitwettkämpfen öffentlich auftritt. Solche Musikgruppen lassen nicht nur das Sinnbild des heldenhaften Kriegers auferstehen, sondern helfen den jungen Staaten auch dabei, neue Codes und Traditionen zu installieren, die fortdauern sollen.

Davon zeugt auch die Bedeutung, die der Sultan von Oman, Qabus bin Sa'id Al Sa'id (1940–2020), dem schottischen Dudelsack verlieh. Er hatte in seiner Jugend die britische Militärakademie Sandhurst durchlaufen und eine Zeit lang in einem schottischen Bataillon in Westdeutschland gedient, wo Piper an den Wochenenden bei Hochzeiten und Volksfesten in der Region aufspielten. 1970 verjagte er mit Hilfe der Briten seinen Vater vom Thron und gründete später zahlreiche Pipebands, deren speziell gefertigten Tartans erinnerten an das indische Madraskaro, wie es auch bei den einheimischen Fischern beliebt war.

Im Dezember 2010 grüßte der bereits kranke Herrscher zu seinem vierzigsten Thronjubiläum von der Tribüne die Vertreter der rund einhundert Stämme des Landes, die zum Zeichen ihrer Treue an ihm vorbeidefilierten. Anschließend erwiesen ihm mehrere omanische und ausländische Militär-Pipebands die Ehre, bevor die Zeremonie mit einem Feuerwerk endete. Zwei Monate vor seinem Tod organisierte er im November 2019 wie jedes Jahr einen prächtigen Empfang im Ehrenhof der Oper von Maskat, wo unter dem Motto »Oman und die Welt« lokale Bläser zusammen mit extra eingeladenen mexikanischen Mariachi-Bands auftraten.

Auch im Königreich Jordanien steht der Dudelsack hoch im Kurs. Wie Sultan Qabus hatte König Hussein (1935–1999) Sandhurst besucht und das Instrument bei seinen Truppen eingeführt. Sein Sohn, König Abdallah II., Absolvent derselben Akademie, setzt die Tradition fort. Im Stadtviertel Khalda in Amman zeigt ein riesiges Wandbild einen Soldaten der Royal Jordanian Army mit Dudelsack und der von den Beduinen, die den Großteil des Militärpersonals bilden, geschätzten rot-weißen Kufija.

Viele Armeen in den ehemaligen britischen Kolonien im Nahen Osten wurden mit der Unterstützung Londons gegründet. Für die Briten ist die Ausbildung nahöstlicher Piper – neben der von Soldaten und Offizieren – ein Mittel, ihren Einfluss zu bewahren und sich auch nach dem Ende der Kolonialzeit feste Bindungen zu sichern. Jordanien und Oman, vor allem die berühmte Oman Air Force Band, spielen regelmäßig mit Vertretern aus anderen britischen Ex-Kolonien auf internationalen Tattoos – Paraden und Festivals von Militärorchestern.

In der britischen Armee gibt es wegen der Zusammenlegung von Regimentern immer weniger Stellen für Dudelsackspieler, weshalb viele frühverrentete Piper »Ihrer Majestät« bis heute ihre Dienste in den Golfmonarchien verkaufen. Schon in den 1970er Jahren suchte Muammar al-Gaddafi für die Libysche Dschamahirija per Anzeige in Fachzeitschriften zwei Dudelsacklehrer. 2015 engagierte Katar fünfzig schottische, englische und irische Musiker, um die Pipeband seiner Armee für die Fußball-WM im November 2022 auszubilden.

Auch bei paramilitärischen Gruppen wie der palästinensischen PLO, der Hamas und der libanesischen Hisbollah steht die Great Highland Bagpipe hoch im Kurs. Sie schätzen sie für ihre martialische Kraft und die ihr innewohnende historische Symbolik des Widerstands gegen Invasoren. Die sehr populäre Nachid (Hymne) der Hisbollah, »Nasrak haz-el-deni« (»Dein Sieg hat die Welt begeistert«), beginnt symbolträchtig mit einem Dudelsack-Intro. ●

Aus dem Französischen von Claudia Steinitz

1 T. Elaine Carey, »Arafat packs bags for Tunisia, but plans to be elusive«, *The Christian Science Monitor*, 23. August 1982.

Erstmals erschienen in *Le Monde diplomatique* (Paris) vom November 2021. Gekürzt.

Schrille Klänge im Schützengraben

Während des Ersten Weltkriegs, als das Geschützfeuer über den Schützengräben der schottischen Bataillone in Ostfrankreich dröhnte, vernahm man nicht selten auch das typische Quietschen eines Dudelsacks. Oder man sah seltsame Silhouetten, die sich vor dem Stacheldraht am Horizont abhoben, wie auf einem unscharfen Foto, das 1916 bei der Schlacht an der Somme aufgenommen wurde: Mit Helm auf dem Kopf und Dudelsack unterm Arm marschiert ein Mann mit seinen Kameraden in Kilt durch eine von Bomben verwüstete Landschaft. Auf einem anderen grobkörnigen Foto, das in derselben Zeit aufgenommen wurde, führt der Piper seine Männer mit ihren Bajonetten zwischen Rauchsäulen und Granatenkratern in die Schlacht.

Unbewaffnet, kaum geschützt, buchstäblich an vorderster Front: Die Dudelsackspieler erlitten Rekordverluste.

Die Great Highland Bagpipe wurde nach dem Gemetzel des Stellungskriegs offiziell auf den Schlachtfeldern verboten. Von der Kriegsbühne verschwand sie aber nicht, wie Archivbilder aus dem Zweiten Weltkrieg zeigen. Von einem Schiff aus wurde ein verschwommenes Foto des Sword Beach aufgenommen, einen der fünf Strände, an denen die Alliierten am 6. Juni 1944 landeten. Darauf erkennt man im Vordergrund William »Piper Bill« Millin auf dem Weg zum Strand, auf dem bereits die Kampfpanzer stehen, während die Soldaten noch vorsichtig durch das Wasser waten.

Millin war damals der persönliche Piper von Lord Lovat, Chef des Fraser-Clans und Kommandant der neu aufgestellten 1st Special Service Brigade. Die Legende erzählt, dass Millin ihn an die Vorschrift erinnerte, die Dudelsackspieler an der Front verbot, und Lord Lovat entgegnete, das sei die Vorschrift des English War Office, sie aber seien Schotten.

Der 20-jährige Millin gehorchte. Im Kilt seines Vaters und als einzige Waffe den Sgian Dubh, ein kleines traditionelles Messer, im rechten Strumpf, marschierte er los. Mitgerissen von den Klängen von »Highland Laddie«, »The Road to the Isles« oder »All the Blue Bonnets Are Over the Border« warfen sich Lord Lovat und sein Kommando den deutschen Scharfschützen entgegen, die nicht auf den Musikanten zielten, weil sie ihn für verrückt hielten.

Wie durch ein Wunder überstand der Millin den D-Day unbeschadet und nahm am ganzen Normandie-Feldzug teil, auch an einer Rettungsaktion für alliierte Soldaten, die auf der anderen Seite der Brücke von Bénouville (danach in Pegasusbrücke umbenannt) zu träumen glaubten, als sie plötzlich Dudelsackklänge vernahmen.

An der Front in Norwegen und Jugoslawien, auch bei der Landung der Alliierten in Italien 1943 trug der legendäre »Mad Jack« Churchill, ausstaffiert mit Schwert, Langbogen und Dudelsack, zum romantischen Bild des Kriegers mit schottischer Kühnheit und britischer Exzentrizität bei.

Die Kriegsgeschichte des Dudelsacks endet in der arabischen Welt. 1967 zogen sich Colin »Mad Mitch« Campbell Mitchell und seine Männer des 1st Battalion of Argyll and Sutherland Highlanders in der »letzten Schlacht des britischen Empire« unter anderem unter den Klängen von »Scotland the Brave« aus Aden im Jemen zurück. Seither erfüllt der Piob Mhor eine rein zeremonielle Funktion in Großbritannien, bei Auslandseinsätzen der britischen Armeen und in den früheren europäischen, ozeanischen und nordamerikanischen Kolonien.

Coline Houssais